T0153683

Les Premiers Écrits

André Suarès

Les Premiers Écrits

Documents et manuscrits

Édition critique par Frédéric Gagneux

PARIS
CLASSIQUES GARNIER

Spécialiste de littérature et civilisation françaises, Frédéric Gagneux a consacré ses recherches à l'œuvre d'André Suarès. Ses travaux ont permis de réévaluer l'œuvre du poète marseillais à la lumière de textes et documents inédits.

Couverture : Rouault, *Portrait Intime de André Suarès*, lithographie 1926
Source : nonagones.info

Réimpression de l'édition de Paris, 2010.

ISBN 978-2-8124-2796-1
ISSN 2417-6400

À Yamina.

« ... et comme Amour est le fond
de toute musique, Musique est le
fond de toute chose. »
Les Jardins d'amour, XXI

INTRODUCTION

Tous les documents et manuscrits d'André Suarès présentés ici sont inédits et appartiennent au fonds Suarès de la Bibliothèque littéraire Jacques Doucet. Leur édition complète un premier ouvrage paru en 2009 : *André Suarès et le wagnérisme*[1]. Ces deux volumes n'auraient pas existé sans l'autorisation de Mmes Roumanet et Waldspurger, ayants droit d'André Suarès. Elles ont été sensibles à ces projets de publication et nous leur en sommes extrêmement reconnaissant. La redécouverte des projets de jeunesse d'André Suarès doit aussi beaucoup à M. François Chapon, directeur honoraire de la Bibliothèque littéraire Jacques Doucet et représentant des ayants droits. Il a été un guide précieux dans l'identification de certains manuscrits et dans le déchiffrement de quelques-uns particulièrement ardus. D'autre part, la politique d'ouverture de la Bibliothèque littéraire Jacques Doucet menée par sa directrice, Mme Coron, encourage le travail des chercheurs et facilite ce type de publication.

Les textes d'André Suarès qui constituent ce volume ont été écrits à la fin du dix-neuvième siècle, entre l'arrivée à Paris du jeune marseillais de quinze ans en 1883, jusqu'à la parution de son *Wagner* en 1899. L'écrivain s'engageait alors dans de nombreux projets qui n'ont jamais été édités et sont restés en grande partie

---

1   Dans ce premier volume, nous étudiions l'influence de la théorie wagnérienne de l'art total sur les premiers écrits de Suarès. Nous analysions les textes mais nous n'en présentions que des extraits et des citations. Devant la richesse des textes et leur originalité, nous avons décidé d'en proposer un état le plus complet possible. Les deux volumes se complètent donc et on pourra se reporter à notre premier volume pour avoir tous les éléments d'analyse les concernant.

inachevés. Profondément marqué par le wagnérisme véhiculé, en particulier, par la *Revue wagnérienne*, Suarès est à la recherche d'un art total dans lequel la musique et la poésie se trouveraient liées. Décidant de devenir «Wagner plus que lui», comme il l'écrit à Romain Rolland dans une lettre du 28 mars 1890, le jeune homme commence une série de projets qui doivent répondre à cet idéal d'un art nouveau. Il mêle les genres et ses recherches formelles sont d'une grande richesse, même si elles le conduisent bien souvent à une impasse, en raison de la trop haute idée qu'il se fait de la littérature et de l'art. Wagner lui apparaît comme un modèle inaccessible. Il est bien pour Suarès «le mancenillier à l'ombre mortelle» dont parle Julien Gracq[1]. La profusion de documents de cette époque est aussi impressionnante que difficile à déchiffrer et à classer. Ce sont des cahiers ou des carnets dans lesquels Suarès note des idées, des ébauches de textes, parfois de simples petits papiers griffonnés. Mais, heureusement, on trouve aussi des parties entières de projets comme les grands ensembles poétiques de *Lylian* ou de *Psyché*, recopiés et facilement déchiffrables[2].

Ces textes sont importants à plus d'un titre.

D'une part, ils révèlent une première période de la création suarésienne, par certains aspects très originale et très personnelle, mais aussi très ancrée dans son temps, très symptomatique de cette époque particulière durant laquelle les symbolistes (à la suite des wagnéristes), en se référant à la théorie wagnérienne de l'art total, cherchaient à mêler les genres, explorant alors des formes nouvelles d'écriture. De ce point de vue, les ensembles poétiques sont des exemples aboutis. Cherchant à lier musique et littérature, Suarès utilise des indications musicales dans la marge de ses textes, proposant une forme dont on ne trouvera pas d'autre exemple. Cette recherche de la musicalité se retrouve

---

1   *Cf.* les préfaces d'*Au Château d'Argol* et du *Roi pêcheur*. Le mancenillier est un arbre dont on tire un poison mortel, qui produit un curare naturel.

2   Sur les problèmes de lecture des manuscrits, sur leur état matériel, on se reportera à notre précédent ouvrage.

dans les textes dramatiques qui ne se distinguent pas toujours de ses écrits poétiques. Ses «fééries musicales» sont plus destinées à la lecture qu'à une véritable représentation. Le mysticisme de *Jésus* ou de *Lazare* doit beaucoup au *Parsifal* wagnérien, et la volonté de «fonder un culte» est clairement revendiquée. Les textes théoriques et les projets métaphysiques éclairent le lecteur sur la conception suarésienne de l'art, influencée par les écrits de Wagner et de Schopenhauer.

D'autre part, le regroupement de ces textes aide à comprendre l'évolution future de Suarès. On voit bien en particulier comment évolue ce mélange des genres. Petit à petit, Suarès abandonne le roman, comme les ouvrages purement théoriques, pour explorer la forme qui correspondra le mieux à sa création et dans laquelle il trouvera sa véritable forme d'expression : celle de l'essai. Il se servira plus tard du matériau très riche contenu dans toutes ces premières tentatives pour mêler, comme dans *Voici l'homme*, ou *Musiciens*, réflexions, pensées, maximes et passages narratifs ou descriptifs[1].

Nous présentons ces textes en les classant par genres : successivement les textes poétiques, les projets dramatiques, les textes romanesques ou narratifs, les essais théoriques ou métaphysiques puis des extraits des carnets et cahiers. Nous les accompagnons à chaque fois d'une introduction qui fournit les éléments nécessaires pour en saisir toute la portée, pour les situer dans leur contexte littéraire et esthétique et faciliter leur compréhension.

---

1 Nous montrons en particulier dans notre volume sur le wagnérisme comment *L'Homme de beauté*, projet inabouti de jeunesse, est un premier état de *Voici l'Homme* qui paraîtra en 1906. Albert Thibaudet met en valeur le polymorphisme de l'écriture des essais en définissant ainsi l'auteur : «l'auteur qui a la vocation des essais [...] est devenu polygraphe [...] qui s'exprime tantôt directement, tantôt en mythes romanesques et dramatiques», in «Les essais», *L'Encyclopédie française*, 1935. Plus loin, Thibaudet présente André Suarès comme la «figure dorée de proue de l'essayisme contemporain». Pour lui, ce «génie solitaire», «a créé sur les limites de la critique et de la poésie un *essai lyrique*, dont il est le maître (...)». *Cf.* Marielle Macé : *Le Temps de l'essai. Histoire d'un genre en France au XXᵉ siècle*, Belin, 2006, p. 100, 124. Sur la constitution de ce genre particulier et ses relations avec les autres formes littéraires, on se reportera à cet ouvrage. La présentation aujourd'hui des projets de jeunesse de Suarès doivent éclairer, de ce point de vue, le processus créateur de l'écrivain.

Nous ajoutons en annexe des éléments de travail qui aideront le chercheur à mieux comprendre l'organisation de ces textes, à les retrouver dans le fonds Suarès de la Bibliothèque littéraire Jacques Doucet[1] et à les dater, ainsi que la liste des principaux projets d'André Suarès, leurs références, la liste des abréviations qui les désignent, et des tableaux de datation des carnets.

Le but de ce volume est d'établir un état le plus complet et le plus fidèle possible de ces textes et documents inédits. Nous respectons en particulier la mise en page choisie par Suarès. Le maître mot est la fidélité aux textes. D'autre part, nous désignons toujours les documents par leur cote à la Bibliothèque littéraire Jacques Doucet, afin qu'on puisse ultérieurement les retrouver.

Ajoutons enfin que cette volonté de publication est très délicate pour plusieurs raisons. D'abord, pour la plupart, nous l'avons dit, les textes sont inachevés. Nous n'en présentons donc que les extraits qui nous sont parvenus. Parfois nous disposons tout de même de pans entiers d'une œuvre, de scènes ou d'ensembles. C'est le cas des ensembles poétiques qui s'offrent avec bonheur à la lecture. D'autres fois, on ne retrouve que des paragraphes qu'il est difficile de relier entre eux. Certains feuillets sont facilement lisibles, d'autres demandent de nombreuses notes pour qu'on en perçoive l'intérêt. Nous les présentons néanmoins en raison de leur importance pour la compréhension de l'esthétique suarésienne.

D'autre part, il est souvent difficile de dater les textes. C'est le cas de ceux qui sont conservés dans les carnets inédits. Nous fournissons tous les éléments de datation dont nous avons connaissance. Il a été malaisé de choisir les textes. Suarès se plaçant lui-même dans la perspective wagnérienne, et se revendiquant du compositeur, nous avons choisi des textes qui relèvent de cette esthétique. Pour

---

1   On trouvera dans notre ouvrage sur le wagnérisme de Suarès une présentation complète du Fonds Suarès de la Bibliothèque littéraire Jacques Doucet, son histoire, son organisation, son contenu. De même, si nous donnons toutes les références des manuscrits présentés ici, on trouvera dans notre précédent volume une bibliographie complète et générale sur l'œuvre de Suarès.

autant, tous ne parlent pas du compositeur ou de ses œuvres, loin s'en faut. Nous parlons bien ici de l'esthétique wagnérienne telle qu'il l'a développée dans ses nombreux textes en prose et telle que les symbolistes l'ont comprise.

C'est pourquoi, pour bien percevoir la portée et l'originalité des documents présentés ici, il faut d'abord rappeler l'importance du wagnérisme sur la littérature française et particulièrement sur les premiers projets suarésiens.

En effet, le wagnérisme est une manifestation esthétique tout à fait originale. Il n'existe pas d'équivalent pour les autres musiciens et il serait vain d'essayer de construire pour eux des formules sur le même schéma. Il n'existe pas de « mozartisme » par exemple. Le suffixe « isme » suppose l'expression et le développement d'une théorie. Il existe un wagnérisme comme on parle de marxisme ou de darwinisme tout simplement parce que Wagner n'était pas seulement un musicien. Il était aussi théoricien de l'art et il existe bien une conception esthétique propre à Wagner, une théorie ou, comme on aimait à l'appeler au dix-neuvième siècle, une « doctrine ». Cette théorie, développée dans des articles largement publiés et commentés, ou dans des opuscules variés, a donné lieu à des essais formels tout à fait originaux, a ouvert des voies à la création musicale mais pas uniquement. Ses échos ont été particulièrement puissants pour les écrivains français. Ainsi, pour aborder correctement le wagnérisme à la fin du dix-neuvième siècle, il faut commencer par bien différencier ce qui est *wagnérien* de ce qui est *wagnériste*, car ce terme, pour être méconnu aujourd'hui, a longtemps été de mise et ce, dans tous les milieux artistiques. Être wagnérien, c'est aimer Wagner, défendre sa musique ou ses opéras. Une œuvre musicale, par ses échos, ses références, peut paraître aux oreilles de l'auditeur comme étant wagnérienne, comme une autre pourrait apparaître mozartienne. Mais être wagnériste, c'est bien autre chose. Le wagnériste suit la théorie exprimée par Wagner et cherche à créer à son tour une œuvre nouvelle qui en respecterait les préceptes, qui en appliquerait les règles. Précisons encore que cette théorie de l'art exprimée par Wagner-théoricien peut s'appliquer à toute forme artistique qu'elle soit musicale ou non[1].

On sait que Wagner écrivait à la fois ses livrets et la musique de ses drames lyriques. Mais on oublie trop souvent que le compositeur est aussi l'auteur d'une dizaine de volumes d'écrits en prose. C'est une dimension qu'on laisse facilement de côté, tout simplement parce que le vingtième siècle et le vingt-et-unième siècle sont devenus méfiants envers les théories globalisantes, trop conscients des récupérations politiques totalitaires dont elles ont fait les frais ou qu'elles ont pu inspirer (parfois même malgré leur auteur, du moins en partie). Mais les contemporains de Wagner, jusqu'au début du vingtième siècle, ont connu ces théories, les ont lues, étudiées, méditées, assimilées et ont parfois essayé de les appliquer, sans la méfiance que nous avons aujourd'hui envers les pensées utopiques et globalisantes. Au contraire, ils pensaient y déceler la source d'une création plus puissante, plus féconde et ils n'en attendaient rien moins que la promesse d'une révélation du sens de l'existence. Wagner est donc aussi connu et reconnu pour avoir écrit une somme importante de textes à caractères esthétique, philosophique, religieux, moral, politique, parus d'abord sous forme d'articles ou de volumes séparés et tous réunis en Allemagne en dix volumes sous le titre de *Gesammelte Schriften* entre 1871 et 1883 pour la première édition. Une édition française parut entre 1907 et 1924 aux éditions Delagrave en treize volumes. Sa pensée fut connue en France rapidement et particulièrement par sa *Lettre sur la musique* (1860) qui reprenait en particulier les idées développées plus largement dans ses ouvrages *L'Œuvre d'art de l'avenir* (1849) et *Opéra et Drame* (1851). La *Revue wagnérienne* a largement développé et défendu le wagnérisme entre 1885 et 1888, posant la question du renouveau de l'art, de la création d'un art total. C'est d'abord une revue esthétique et littéraire avant même la dimension purement musicale de la connaissance des œuvres wagnériennes proprement dites.

---

1   *Cf. André Suarès et le wagnérisme*, Classiques Garnier, Paris, 2009, p. 111-134.

Il existe donc bien deux formes d'influences wagnériennes. La première est émotionnelle. Elle est due à l'impact de la musique sur l'auditeur. C'est celle qui fait écrire à Baudelaire après avoir assisté à un concert dirigé par Wagner en 1860 :

> À partir de ce moment, c'est-à-dire du premier concert, je fus possédé du désir d'entrer plus avant dans l'intelligence de ces œuvres singulières. J'avais subi (du moins cela m'apparaissait ainsi) une opération spirituelle, une révélation. Ma volupté avait été si forte et si terrible, que je ne pouvais m'empêcher d'y vouloir retourner sans cesse. [...] Pendant plusieurs jours, pendant longtemps, je me dis : «où pourrais-je entendre ce soir de la musique de Wagner[1] ?»

Cette émotion peut être à la source d'une écriture nouvelle qui chercherait l'équivalent littéraire de l'émotion musicale. L'écriture se chargerait alors d'une puissance émotive qui est habituellement l'essence du fait musical. Julien Gracq s'interroge dans ce sens dans *En lisant, en écrivant*[2] :

> Le commentaire choral tout-puissant de l'orchestre comme un bruissement de forêt, pourquoi serait-il interdit de l'opérer dans le roman ?

Yves-Alain Favre, dans «Musique du mot chez Suarès : *Lais et Sônes*[3]», résume ainsi l'influence de ces réflexions :

> Gorgés de musique et notamment des puissantes et prestigieuses harmonies de Wagner, les jeunes poètes rêvèrent d'obtenir par le charme des sonorités du langage les mêmes effets que la musique produisait sur leur sensibilité[4]

Cette émotion peut se doubler de la découverte de l'univers mythique wagnérien, de la connaissance des situations, des personnages des opéras. La *Revue wagnérienne* présente de nombreux textes poétiques reprenant des scènes de *La Walkyrie*, du *Vaisseau fantôme* ou de *Parsifal* par exemple.

---

1 «Richard Wagner», *Revue européenne*, 1ᵉʳ avril 1861.
2 *En Lisant, en écrivant*, José Corti, Paris, 1981, p. 121
3 «André Suarès et le symbolisme», *La Revue des lettres modernes*, 1973, p. 183-200.
4 Nous reviendrons sur l'importance de Mallarmé pour le jeune Suarès dans la partie sur les projets poétiques.

La seconde forme d'influence est directement liée à la théorie wagnérienne. Les textes de Wagner, et surtout les présentations et les analyses que la *Revue wagnérienne* a présentées sont à l'origine de multiples recherches formelles. La *Revue wagnérienne* a paru entre 1885 et 1888 et présente Wagner comme le créateur d'une nouvelle forme d'art. La question posée par Édouard Dujardin, fondateur de la revue, est révélatrice de son état d'esprit : « voulons-nous un nouvel art ? Ou n'en voulons-nous pas ? ». Selon lui, Wagner a légué, non seulement une « série d'œuvres supérieures », mais aussi « une conception nouvelle de l'art[1] ».

Quelle est-elle donc, cette nouvelle conception de l'art ? Dans les principes retenus par les écrivains français, on retiendra l'idée de la correspondance des arts telle que Baudelaire l'a exprimée dans l'article précédemment cité sur *Tannhäuser* :

> Ce qui serait vraiment surprenant, c'est que le son *ne pût pas* suggérer la couleur, que les couleurs *ne pussent pas* donner l'idée d'une mélodie, et que le son et la couleur fussent impropres à traduire des idées ; les choses s'étant toujours exprimées par une analogie réciproque, depuis le jour où Dieu a proféré le monde comme une complexe et indivisible totalité[2].

Baudelaire citait ensuite les deux quatrains de son sonnet des *Correspondances*, les replaçant de fait dans la perspective du wagnérisme. L'autre élément est exposé par Wagner dans sa *Lettre sur la musique*. Il résumait ses idées esthétiques pour le public français et énonçait en particulier cette idée fondamentale :

> Il me sembla voir clairement que chaque art demande, dès qu'il est aux limites de sa puissance, à donner la main à l'art voisin ; et, en vue de mon idéal, je trouvais un vif intérêt à suivre cette tendance dans chaque art en particulier : il me parut que je pouvais la démontrer de la manière la plus frappante dans les rapports de la musique à la poésie […].
> […]

---

1   *Revue wagnérienne*, « À nos lecteurs », janvier 1887. Signé la direction.
2   « Richard Wagner et *Tannhäuser* à Paris », in Baudelaire, *Œuvres complètes*, Tome II, Bibliothèque de la Pléiade, Gallimard, 1976, p. 784.

> Je cherchais à me représenter l'œuvre d'art qui doit embrasser tous
> les arts particuliers et les faire coopérer à la réalisation supérieure de
> son objet[1].

Wagner perçoit ici l'Art véritable (ou ce qu'il considère comme tel) dans une forme unique qui unirait toutes les autres. Il envisage un continuum entre les différentes formes d'art qu'il perçoit plus facilement entre la poésie et la musique, le domaine de la seconde commençant là où s'arrêtent les frontières de la première. Wagner, dans ses drames lyriques, tentait de proposer une œuvre d'art totale, union de la musique et de la poésie. C'est cette forme d'art que certains écrivains wagnéristes ont tenté de retrouver dans des formes nouvelles d'écriture. Loin d'imiter à proprement parler l'œuvre wagnérienne, certains trouvent en lui et en ses œuvres un écho à leurs propres recherches. Ses écrits, sa théorie, les aident à formaliser les tentatives qui sont les leurs. C'est particulièrement vrai pour les symbolistes qui vont se nourrir de la *Revue wagnérienne*. À ce propos, Jean-Michel Nectoux dans *Mallarmé, peinture, musique, poésie*, écrit :

> Plus que la musique de Wagner, ce sont ses idées que les symbolistes
> admiraient, dans la mesure où elles confortaient leurs conceptions
> propres et semblaient formuler idéalement leurs idées : Wagner devint
> ainsi, par une série de dérives plus ou moins conscientes, le modèle
> sur lequel s'appuyer[2].

Édouard Dujardin lui-même était conscient de ce lien fort entre le symbolisme et le wagnérisme. Il l'a écrit dans ses *Souvenirs sur la* Revue wagnérienne[3] :

> Sa conception de l'art, sa philosophie, sa formule même étaient à l'origine
> du symbolisme. Il était impossible d'aller au fond du wagnérisme sans
> rencontrer le symbolisme, c'est-à-dire qu'il était impossible d'exposer
> la conception wagnérienne sans y reconnaître la doctrine ou tout au
> moins l'un des éléments primordiaux de la nouvelle doctrine poétique.

---

1 *Lettre sur la musique*, trad. Jean Launay, Mercure de France, 1976, p. 184-185
2 Jean-Michel Nectoux, *Mallarmé, peinture, musique, poésie*, Biro, 1998, p. 177.
3 André Cœuroy, *Wagner et l'esprit romantique*, Gallimard, Paris, 1965, p. 269.

André Suarès va se trouver confronté à cette période de réflexion sur le sens de l'art, de l'écriture, sur la remise en question des formes, sur la recherche du lien entre les différents arts. Né en 1868, il arrive à Paris à 15 ans pour parfaire ses études, et ses années d'École normale supérieure (1885-1888) sont nourries de la lecture de la *Revue wagnérienne*.

Il se donne rapidement comme but principal de réinventer la tentative wagnérienne de la fusion des arts à l'intérieur même de la littérature. Il aimerait que cette recherche soit réalisée cette fois par un écrivain et non par un musicien. Il écrit à Romain Rolland le 7 septembre 1888 : «Je me demande si l'Art complet est possible en littérature.» Il imagine quelques éléments d'écriture qui seraient l'équivalent des formes musicales : «développement des rythmes, des allitérations, des strophes, des leitmotivs littéraires [...].»

La question de la forme est donc essentielle car il s'agit de trouver la véritable œuvre d'art. Selon lui, elle ne peut «se produire que par le concours des trois arts. Car elle doit être complète. C'est l'œuvre d'art de l'avenir. Cette œuvre est un drame, où la raison et l'intuition, les idées et les sentiments sont unis au geste qui est fait pour les traduire.»

Quels sont ces trois arts cités par Suarès ? D'abord la musique, expression de l'intuition et des sentiments. Ensuite la poésie (ou plus généralement le texte littéraire), expression des idées et de la raison. Enfin, le jeu scénique de l'acteur au théâtre, expression du corps par le geste. Le «drame» est ici cette «œuvre d'art de l'avenir» qui, en unissant les formes, marie aussi des modes différents de perception (raison et intuition) aussi bien que différents modes d'expression (musique, texte, geste).

Ses projets de jeunesse sont, on le comprend, des essais et des tentatives pour mêler les formes et atteindre une expressivité qui lie à la fois le sens et l'émotion. L'œuvre d'art totale se doit d'être l'expression de l'être tout entier, à la fois intellectuel et émotionnel. C'est en ce sens qu'il faut comprendre le terme de «drame». Le «drame», dans le sens wagnérien comme dans cette lettre de Suarès, désigne cette œuvre complète. Cette recherche d'un art complet est essentielle pour Suarès dès ses premiers projets littéraires. C'est ce qu'il exprime à son ami Romain Rolland dans une de ses lettres :

> Je demande l'Un ; depuis que je sens et que je raisonne, l'Un, Dieu, est le but incessant de ma prière et de ma quête. Je n'y peux rien changer. Ou un homme, à défaut de Dieu mais pas les fragments d'un homme.

On reconnaît ici les accents baudelairiens dans la recherche de l'unité, Dieu étant invoqué ici comme celui qui a « proféré le monde comme une complexe et indivisible totalité ». Suarès ajoute dans la même lettre à Romain Rolland :

> La musique exprime précisément ce que rien n'exprime, sinon elle : la totalité de notre vie, âme et chair unis, – la misère des autres arts me semble justement de séparer ces éléments inséparables, de l'Unité Divine – En tout cas, l'âme (ou ce qui s'appelle aussi faussement pensée, etc...) ne peut être réduite en musique[1].

On le voit ici, dans la lignée des symbolistes, Suarès recherche une œuvre d'art sacrée, mystique qui prenne le relais de la religion affaiblie en des temps de plus en plus matérialistes. Cette idée était largement développée dans les textes de Wagner. Il s'agit pour Suarès de « fonder un culte » comme il le déclare à Romain Rolland le 30 mars 1890 dans une lettre consacrée à *Axël* de Villiers de L'Isle-Adam. L'influence de Wagner chez le jeune Suarès est donc essentielle, elle touche sa conception de la littérature et ne concerne pas uniquement son goût musical ou son intérêt pour l'imaginaire mythologique des drames lyriques.

Il faut ajouter encore que l'œuvre d'André Suarès est profondément liée à la musique. Il est lui-même musicien, il joue du piano, déchiffre les partitions, et sa correspondance avec Romain Rolland montre qu'il hésite longtemps entre la composition et

---

1   Lettre inédite du 4 janvier 1889

l'écriture. Il a aussi écrit de nombreux portraits de musiciens et consacré de magnifiques pages à Beethoven, Wagner, Debussy, Bach, et tant d'autres. Mais plus profondément, la musique est pour lui la forme la plus proche de son esprit créatif. Il écrit à Romain Rolland en 1888 :

> La musique était bien la forme d'art de mon âme. Elle est encore celle de mon élection, de mon amour. Tout est mesquin et incomplet à côté de l'orchestre. Là les timbres, les harmonies, les sons combinés à l'infini donnent de la vie intime une représentation puissante : les mots font piteuse figure auprès. Et les mots peuvent s'unir en plus à la musique [...]. L'Artiste, le vrai Artiste Complet, je ne le conçois ni en peinture, ni en sculpture, – en musique. Et puis, la musique est tout pour moi depuis l'éveil de ma conscience d'enfant – et sera tout pour moi, jusqu'à l'heure de mon sommeil[1].

Ainsi, Suarès hésita longtemps entre la musique et la littérature. De plus, il existe chez lui une mystique de la musique qui le lie en profondeur à la philosophie allemande et particulièrement à celle de Schopenhauer. Pour le philosophe, le moyen de la connaissance est l'intuition qui est perception directe de l'essence des choses. La musique participe de ce mode de perception. Au-delà des mots, elle est participation directe, par l'émotion, au cœur de l'Être et des choses. Ainsi, la musique n'est pas seulement un domaine de l'art cher à Suarès, elle est l'essence même de l'art. Au fond, pour Suarès, toute création vraie est musique même si elle passe dans l'écriture. Cela signifie que la création appartient principalement au domaine de l'émotion, de la révélation, de la participation intuitive à l'essence des choses, du monde, de la vie. Fondamentalement, philosophiquement, esthétiquement, son rapport à la musique est donc au cœur même de sa sensibilité et de sa conception de l'écriture. Le wagnérisme, en ce qu'il est une formalisation du rapport entre les arts, est en ce sens une des clefs qui permet d'appréhender le sens profond de la création suarésienne.

---

1   Lettre du 24 oct. 1888.

L'influence de Richard Wagner, de ses œuvres, de ses écrits, du wagnérisme tel qu'il est perçu par les écrivains et les symbolistes prend des formes très variées et fondamentales pour la formation d'André Suarès. La dimension la plus évidente est la connaissance des œuvres wagnériennes et leurs traces dans l'œuvre de Suarès. Elles sont nombreuses et Suarès a souvent écrit sur le compositeur. Mais, on l'aura compris, le plus surprenant est la recherche suarésienne d'une nouvelle forme d'art comme les wagnéristes pouvaient l'envisager. C'est pourquoi les textes que nous présentons ici n'ont pas forcément comme thème l'œuvre de Wagner ou la figure même du compositeur. Certains sont qualifiés de «wagnériens» par Suarès lui-même alors qu'ils peuvent apparaître très éloignés à première lecture de l'univers germanique auquel on pense à propos de compositeur. Mais ils peuvent correspondre à cette recherche de l'art de l'avenir tel que le définit Wagner et tel que certains wagnéristes cherchent à l'inventer.

PREMIÈRE PARTIE

LES PROJETS POÉTIQUES

La recherche d'un «nouvel art» engage André Suarès dans des projets poétiques tout à fait originaux. Ce sont de grands ensembles, le plus souvent accompagnés d'indications musicales dans la marge, ce qui ne connaît pas d'équivalent dans la littérature de la fin du dix-neuvième siècle, même dans les recherches formelles novatrices qui s'efforcent de lier musique et poésie. On ne trouvera pas d'exemples pareils y compris dans les textes parus dans la *Revue wagnérienne* censés engager la fameuse «rénovation» wagnérienne, pour reprendre l'expression de Dujardin, pas plus que chez les symbolistes.

Suarès perçoit alors Mallarmé comme un précurseur. Il le compare à Bach ouvrant de nouvelles perspectives à la musique occidentale et annonçant les créations de Beethoven et surtout de Wagner. Mallarmé est le Bach de la nouvelle poésie dont on attend le Beethoven et le Wagner qui apporteront la réalisation complète de la nouvelle forme à venir :

> [...] à lui, le Bach, qui fraya le divin chemin avec la sagesse prudente des antiques errants, doit succéder l'émancipateur de toutes vieilles attaches, le Beethoven attendu d'une émotion totale... ainsi, un art neuf, musical si tu veux, émotionnel surtout de son vrai nom[1]...

Bien entendu, Suarès se voit comme cet «émancipateur des vieilles attaches» qui doit révéler «l'émotion totale» et apporter l'art «neuf», «musical», «émotionnel». La même année il commence un grand projet, *Les Récitatifs*, dont il ne reste rien si ce n'est une préface. Mais il continue sa recherche avec deux grands ensembles poétiques : les sonates de *Psyché martyre* et les poèmes de *Lylian* dont il reste de très larges passages que nous présentons ici.

---

1 *Le Cloître de la rue d'Ulm*, Paris, Albin Michel, 1952, p. 281. Lettre à Romain Rolland du 15 octobre 1889.

LES SONATES DE *PSYCHÉ MARTYRE*

Psyché martyre est composée de trois « sonates » : *L'Innocente passionnée, Douleur de Psyché,* et *Éros le repenti.* Selon Yves-Alain Favre[1], l'ensemble fut commencé en 1890 et terminé en 1892. Le terme de « sonate » montre assez la recherche d'une forme musicale.

Le dossier [Ms. Ms. 43.006] de la Bibliothèque littéraire Jacques Doucet portant le titre de *Douleur de Psyché* présente de larges extraits de cet ensemble poétique. Son titre est inexact car le dossier contient en réalité quelques pages de *L'Innocente passionnée,* une version recopiée de *Douleur de Psyché* et *Éros le repenti.* Les deux premières sont datées de 1892-1894 et la troisième de 1891. Si nous avons les deux dernières sonates dans leur intégralité, il manque la première dont il ne reste que quelques feuillets. Il n'est pas impossible qu'on arrive à les retrouver dans le fonds de documents de la Bibliothèque littéraire Jacques Doucet mais toutes nos recherches avec les membres de la bibliothèque n'ont rien donné pour le moment.

Il faut signaler encore un manuscrit d'*Éros le repenti,* portant la référence [Ms. Ms. 43.971] écrit de la main de Suarès. Il correspond au texte précédemment cité.

Il faut ajouter à cette liste le « Lied de la Langueur » du cahier n° 5. On trouve une référence aux *Récitatifs* dans une dédicace pour *Psyché martyre* datée de septembre 1892. Nous la reproduisons au début des sonates de *Psyché martyre* car elle permet de comprendre combien tous ces projets étaient liés entre eux. En particulier on remarquera cette demande :

> On supplie les musiciens de ne pas faire à ces vers-ci le terrible honneur de les mettre en musique. On le leur interdit, au besoin : mais seulement, si la prière ne suffit pas à réfréner la générosité de leur génie : on s'en défend, on veut faire respecter sa défense. S'il était passé outre,

---

1   Sur la question des dates, voir « Lais et Sônes », *La Revue de Lettres modernes,* n° 346-350, 1973, p. 183-200.

on poursuivra par tous les moyens sa propre vengeance. Il y a, tout compte fait, beaucoup trop de grands musiciens : surtout on l'entend bien, depuis la mort de Wagner, – et même celle de BEETHOVEN. Puis, enfin, tous ces grands musiciens ont d'assez grands poètes en leurs grands librettistes. Tous n'ont pas l'esprit de l'abbé Da Ponte : mais l'abbé est délicieux.

D'autre part, on voit bien ici que le lien entre la poésie et la musique doit se faire à l'intérieur même de l'écriture. Il ne s'agit surtout pas de mettre ces textes en musique. Nous ne sommes pas dans une esthétique de livrets d'opéra, de mélodies ou de lieder mais bien dans une forme nouvelle.

Enfin, précisons que le mythe d'Éros et de Psyché est cher à Suarès. On le retrouve dans des projets plus récents comme *Chanson de Psyché* commencé en 1907 dont nous présentons un extrait en complément de ces sonates de *Psyché martyre*. Il s'agit d'une autre forme « musicale » puisqu'un texte en vers est accompagné d'un autre, en prose celui-là, présenté par l'auteur comme une « basse-continue ».

La première sonate de *Psyché martyre* correspond au départ d'Éros. Attiré par le monde et ses passions, il s'éloigne de Psyché malgré tout l'amour qu'elle lui porte. Suarès présente lui-même cette première partie comme le combat symbolique de l'Âme et de l'Amour. La seconde sonate montre tout le désespoir de Psyché et se déploie en une longue et douloureuse déploration. Enfin, l'atmosphère de la dernière sonate tranche par son caractère d'extrême jubilation au moment du retour d'Éros. Trois « voix » se mêlent dans ces textes : Psyché, le chœur, et une instance dont la voix, plus large que celle du chœur, commente les scènes.

Le caractère musical de ces textes est très marqué. Nous l'avons déjà dit, ils sont accompagnés d'indications musicales dans la marge (*lent, andante, adagio…*) ce qui est la « marque de fabrique » de tous ces textes de la fin du dix-neuvième siècle y compris théâtraux. On trouve même quelques noms d'instruments (cor, flûte, cuivres). Suarès cherche à présenter de véritables *poèmes-partitions*.

Il n'est pourtant pas si facile de savoir comment comprendre ces indications. Est-ce qu'il s'agit d'éléments expressifs pour lire le texte à haute voix ? Faut-il les considérer comme les didascalies des textes dramatiques ? Comme des indications destinées au lecteur y compris dans une lecture à voix basse ?

Suarès mêle de grands passages lyriques (introduction à *Douleur de Psyché*) à des vers plus courts composés de mots d'une ou deux syllabes, à la façon des noires et des blanches (intervention du chœur), comme ici : « Ah,/qui dira/l'âpre fin,/les ténèbres/et l'airain/ de la nuit/». Suarès recherche alors une légèreté d'écriture qui peut surprendre dans un contexte wagnérien. Pourtant il faut se reporter au style wagnérien du poème de *Tristan* (que Suarès connaissait bien pour l'avoir traduit à 19 ans) et qui rejette justement les grandes formes pour les jeux sur les mots courts, les sonorités et les répétitions (comme dans la « mort d'Isolde », les derniers vers de *Tristan et Isolde*).

L'ensemble est varié. Dans *Douleur de Psyché*, on trouve aussi bien des dialogues (chœur f° 8), que des monologues (celui de Psyché rêvante, f° 11), des récits (f° 1). Les intervenants sont Psyché, le Chœur, la nature (le souffle des feuilles). Dans *Éros le repenti*, la jeune prairie récite l'histoire malheureuse des amants, et les indications musicales de la marge créent tout un univers riche d'évocations. Il y est question d'un hautbois, d'une voix de haute-contre avec une chanterelle, de cuivres. L'ensemble se termine par un grand duo entre Éros et Psyché, qui s'achève lui-même dans un large crescendo expressif marqué « presto » et accompagné par les « cuivres ».

D'autre part, Suarès utilise les termes d' « opus » et de « sonate ». Une « sonate » correspond à un ensemble poétique, à un volume de vers formant une unité. Chaque sonate est en effet construite autour d'un même sentiment. Successivement la passion amoureuse, la douleur de la séparation, la joie des retrouvailles. Chaque ensemble étant important, le terme de sonate peut surprendre. Le modèle musical serait plutôt à chercher dans les préludes wagnériens ou les poèmes symphoniques de Liszt, larges formes orchestrales plutôt que dans les pièces instrumentales.

Le caractère wagnérien de ces textes se révèle dans la volonté de créer un art complet, beaucoup plus que dans la thématique proprement dite. Wagner avait réalisé cet « art complet » en mêlant plusieurs formes artistiques en une seule création scénique qui lie musique, poésie et jeu du comédien-chanteur. C'est le drame lyrique. Suarès veut agir autrement : il envisage de « mettre dans l'art de la poésie les autres arts[1] ». Devenir le poète qui intègre la musique dans son œuvre, voilà la recherche suarésienne de ses jeunes années. D'autre part, l'image des amants divins, le lyrisme exacerbé, l'expression d'un amour sublime, la longueur démesurée des ensembles poétiques, tout cela fait songer aux larges variations musicales des préludes wagnériens, comme celui de *Tristan*. Les derniers vers de ce vaste ensemble de *Psyché* renvoient également à la rencontre de Siegfried et Brünnhilde à la fin de *Siegfried*, lorsque les deux amants saluent l'Aube et prennent le monde entier comme témoin de leur amour. On cherchera donc le wagnérisme ici dans la forme et non pas dans la reprise ou la réécriture d'éléments wagnériens, comme cela a pu être courant dans la *Revue wagnérienne*.

Nous présentons successivement les trois sonates de *Psyché martyre* telles qu'elles sont parvenues à la Bibliothèque littéraire Jacques Doucet. C'est-à-dire que nous transcrivons ici l'intégralité des deuxième et troisième sonates et le peu qui reste de la première.

Nous avons travaillé à présenter le texte tel qu'il apparaît sur le feuillet manuscrit. Suarès soigne particulièrement l'organisation de la page, et les dessins que forme le texte correspondent aussi à son contenu expressif.

De plus, nous indiquons sous forme de notes les numéros de feuillets concernés afin qu'ils puissent être retrouvés précisément et qu'il soit possible de les citer de façon exacte.

Nous complétons cet ensemble par un texte de *La Chanson de Psyché* que nous présentons plus loin.

---

1   Cahier n° 20

PSYCHÉ MARTYRE

[Ms. Ms. 43.006]

L'Innocente passionnée
Douleur de Psyché
Éros le repenti

J'ai composé un livre de poésie sous le titre de RÉCITATIFS. J'ai cherché quatre ans à le faire paraître. Je n'ai pu y arriver. Voilà, j'espère, un beau mérite.

Il y a plus de riches éditeurs à Paris, que de potiers à Athènes, au temps de Périklès : mais ceux-ci écoutaient les vers au moins les jours de fêtes. – Et ne les imprimaient pas. De là vient qu'ils savaient en faire choix. On a depuis, par bonheur, assez changé de mode. Les libraires de Paris ont beaucoup de fameux carrosses, où je ne rentrais jamais. Ils n'y admettent qu'à la condition de servir sur le siège, en cocher – sans doute pour se faire conduire à la gloire*. Je fus fort aise de l'apprendre. Mais c'est déjà bien assez du public, sans se donner des maîtres : celui-là paie au moins pour vous maltraiter (quelle délicatesse), celui-ci veut être payé. On m'a demandé partout un fort bon prix de mes ouvrages. Je m'extasiai qu'ils valent si cher : je ne pensai jamais pouvoir en vivre, mais je ne comptais pas qu'ils dussent me coûter la vie. Je m'y refusai donc, ayant le caractère à contre dire. Je n'aime pas le public, et tout mon cœur dédaigne l'opinion des gens ; il appartient tout entier aux Trois Amis que j'ai dans le monde : ce sont trois princes que je n'ai jamais vus, qui ne me connaissent pas, et par conséquent ne m'admirent point.

Qu'Attis Fréron, de Thèbes, et Triomphat Gagnard, de Sybaris, journalistes incomparables l'entendent bien – s'ils daignaient se moquer de moi et par aventure faire admirablement la bête à mon sujet : je n'appartiens à aucun cercle, ils chercheraient vainement où je prodigue mon éloge pour en recevoir l'échange. Bien plus : il m'arrive de n'avoir aucun goût pour moi-même. Voilà ce que le scepticisme fastueux de ces éminents gens de plume n'aurait pas osé prévoir, mais aussi, puisque je la leur offre, quelle occasion inimitable d'exercer leur doute, car enfin, c'est pour eux seuls, et les premiers, qu'il a tous ses charmes.

Mais laissons cela. C'est au public, et à la multitude des rentiers d'esprit, on loue je crois, dans cette classe la petite épargne, – à se divertir avec la beauté de ses journaux et de ses sceptiques : un peuple n'a jamais que ceux qu'il mérite. Qu'il les garde.

Quant à ce grand nombre d'éditeurs à carrosses, il m'a fait la cruelle faveur de rouler sans moi. Mon âme lui en doit des grâces infinies. Toutefois, il n'a pas tenu qu'à eux que ce magnifique équipage, ce faste heureux des coursiers, pégases et marqués comme tels, et ces automédons superbes, ne m'ôtent le souffle au corps et ne m'écrasent. La coutume du Parnasse eut exigé que je tombe dans les petits papiers d'Odéon et que je me venge des Académies et de la France dans l'auguste sérénité et la Belgique des cénacles. J'en suis bien incapable.

Qu'y ferais-je ? Je hais la bière et le moyen-âge, le tabac et les cigares, les médiums, les grandeurs journalières, le gouverne-ment paternel de la Russie, l'absolu selon les étudiants en droit et la métaphysique des députés. Je le dirai nettement : j'exècre les grands pieds plats qui se sont chaussés des petits souliers de Renan, leur scepticisme m'incommode. Je pensai jusque-là que ce fût une vertu de n'affirmer trop rien, quand on nie beaucoup, et d'être indulgent aux innombrables retours d'âge de l'esprit. Mais ceux-ci quémandent l'estime, et leur grâce est surtout intolérante. Ils ont produit ce prodige : ils ont vulgarisé la tournure noble et méditante de la raison.

[…] Ainsi, personne n'a voulu imprimer les RÉCITATIFS. C'est à cette immense injustice, ne l'a-t-on pas deviné, que tout ce discours tend. […]

En un mot, je demande pardon aux Trois Princes, mes adorables amis, de leur offrir trois sonates séparées par un livre de musique[1], dont l'unique mérite était à avoir, comme tout bon poème[2] le doit, un commencement, un milieu et une fin, sans quoi nulle œuvre ne fut jamais digne de l'Art.

Septembre 1892

*Les malheureux! je les y aurais bien menés.

---

1   Nous n'avons pas retrouvé ce «livre de musique». Suarès composait un prélude. Il en parle plusieurs fois à Romain Rolland dans sa correspondance. S'agit-il d'une pièce de sa composition, d'une partie musicale empruntée à une autre œuvre qu'il comptait utiliser en guise d'intermède entre les sonates? Dans ce cas, les sonates étaient-elles prévues pour être représentées? La correspondance avec Romain Rolland ne va pas dans ce sens. Il semble bien que le recueil de *Psyché* soit un ensemble poétique destiné à être lu comme les recueils classiques. Cette préface était d'ailleurs écrite par Suarès pour lui-même. On envisage mal comment un tel avertissement puisse être publié tel quel.

2   Il s'agit des trois sonates de *Psyché martyre*.

L'INNOCENTE PASSIONNÉE
[Ms. Ms. 43.006]

mf

Seul y répond parfois
le Chœur des Âmes Apaisées :
compatissant, mais sans souffrances,
il mêle en souriant
ses pleurs plus frais que des baisers

p

aux larmes passionnées, qu'il ne peut arrêter
dans le cœur, dans les yeux de la Tendresse ardente

plus vite

et du désespoir suppliant.

mf

«Ô transes, ô passions, chante le paysage,
qu'est-il de vos tourments ?
que sont toutes vos rages ?
Et jamais parmi vous personne qui consente

Lent

à s'affranchir de soi, alors que tout lui crie :

pp

rien ne finit,
rien n'a sans doute commencé,
ni rien ne finira.
Le monde est l'infini débat
et le colloque inachevé

p

de l'Amour et de Psyché.»

Le Chœur

Les yeux charmants de l'univers,
les doux yeux bleus du ciel et de la mer
rient entre les arbres
les cyprès noirs et les pins verts.

mf

Et vous, divins amants, c'est en vain que l'envie
d'un sort divin aussi vous hante et vous dévore.

Quand ils aiment les dieux sont soumis au destin,
ils sont hommes par là, leur ciel devient humain,
comme par là les hommes
sont des dieux dont les cieux font le mortel festin.

Plus vite.   Voici, voici venir des dieux,
p. diminuendo   victimes de soi-même,
de l'ivresse de vivre et de sa fin prochaine ;
ainsi que des mortels puisque ces dieux s'aimèrent,
bien qu'ils fussent innocents de la vie,
par elle les voici frappés de mort :

Lent   l'amour enflamme au cœur le feu de l'éphémère,
pp.   et fait un lit de cendre à la victoire vaine
de l'âme sur le sort.

[…][1]

---

1 Il ne reste hélas que ce court passage de la première sonate.

DOULEUR DE PSYCHÉ
[Ms. Ms. 43.006]

« Je ferai tout ce que l'amour
m'ordonne », dit-elle.

Introduction – Récit.
Grave
p

Psyché seule, pâle et défaillante :
debout, contre un arbre frémissant
qui verse l'ombre compatissante,
et où s'appuie son bras tremblant,
les yeux gorgés de baisers d'amante,
Psyché suit et suit la nef fuyante
qui lui arrache de l'âme son amant.
Cependant, les heures du soir se hâtent,
et glissent, en jouant, de beaux contrastes
entre le ciel et la contrée.
Pur et blanc, attentif à la Vierge trompée,
le Chœur ému des Âmes Apaisées[1]
où la paix fait fleurir l'éternelle jeunesse,
s'est réuni pour recueillir la Délaissée,
et lui prépare au moins l'asyle de ses bras ;
tandis que quelques-unes,
pp   cœurs candides et délicats,
accordent doucement
leurs chastes instruments
avec leurs tendres voix.

---

1   [Ms. Ms. 43.006[1]]

I.

Chœur

Allegretto
sempre pp   Là-bas, au loin,
du côté
de la terre
tout s'efface,
et la trace
du sable humain
s'est troublée
et se perd[1].
Là, le lac,
plein de l'ennui
d'amour,
sourit de plis
mélancoliques
à la galère
qui s'éloigne,
telle Ariane
lasse de pleurs
rall°   et de soucis, ..
ppp   ou toi
Psyché.
Ce nom, ce n'est
pas moi,
c'est le vent
qui l'a dit.

Tempo I° :
un poco meno presto
Et le lac

---

1   [Ms. Ms. 43.006²]

presse ses frêles vagues
contre l'Île aux bords verdis[1],
qui sent le musc
avec la valériane,
sempre p   et où se mêlent
en accords assourdis
les blancs narcisses
poco piu All°   et les lys
que le soir noircit,
les cygnes blancs
et l'hyacinthe
grêle et meurtri,
entre les flots
de lierre noir.

Poco andante Tout se sépare,
mf   ô sœurs, et même
à l'horizon
la mer entraîne
la lumière,
et le ciel erre
comme en retard
sur sa prison[2].

mf   séparons-nous
aussi ô sœurs
l'une de l'autre,
pour que des cœurs
pareils aux nôtres
prennent partout
dans la douceur
de leurs anneaux

---

1   [Ms. Ms. 43.006³]
2   [Ms. Ms. 43.006⁴]

p   celle qui pleure
            et se croit seule
            au désespoir de tant de maux.

All° mod°   Demi-Chœur
            {les plus jeunes}

mf   Horreur du soir
            où les fanaux
            du clair Amour
            ne marquent pas
               les pas,
p   par des clous d'or,
               de la retraite
            triste, grise et distraite
               du jour ;[1]
f   horreur encore
               de la déroute
               du bel espoir
               que chaque cœur
                 écoute,
pp   et cherche à voir
                 rire et renaître
               au détour de sa route
                 le soir.

                 Demi-Chœur
                 {Les plus belles}

mf   Ah,
            qui dira
            l'âpre fin,
            les ténèbres

---

1 [Ms. Ms. 43.006[5]]

pp   et l'airain
     de la nuit
     où aura
     enfoui
     l'adieu dit
     par la lèvre
     à la lèvre,
     par ses yeux
     à ses yeux,
     l'âme amie ?[1]

mf   Ô Psyché,
     pâle sœur,
     qui aura
     moins que toi
rall°   trêve, trêve
f   de soi ?
presto Elle tombe !
     Ha ! douleur
pp   des douleurs
     où succombe
     le cœur,
     pour revoir
     et sans fin
     sa misère
     profonde,
     le voici
     c'est le soir
     sans matin
     où l'on est
     où l'on reste
     où l'on meurt

---

1 [Ms. Ms. 43.006⁶]

sans mourir
où renait
la douleur
de ses cendres
de pleurs[1].

Rall° poco a poco   Tout le chœur.
Decrescendo
ff
                        — Ô mes sœurs,
                        — sœurs, ô sœurs
                        — berçons-la
                           dans nos âmes,
                             que nos bras
                        et les étreintes les plus tendres
                        lentement la délassent,
                        pour qu'elle puisse,
                        la Vierge des Supplices,
                        pleurer plus doucement
Adag° pp   à son réveil en renaissant
                        au profond de la nuit où elle a dû descendre.

---

1   [Ms. Ms. 43.006[7]]

II

Récit. – Andante.

Chœur.

mf   — Qu'elle est belle !
           La douleur l'a parée
             la douleur
f   qui flétrit toute chose,
             la douleur
           dont les stigmates du Néant,
pp   sont l'unique marque éternelle.
             Qu'elle est belle[1] !
All° mf — Ses pâles, ses beaux seins,
             ardente neige,
p   de tout son être
f   d'où la vie cherche à disparaître,
          seuls se soulèvent
       tels que les blancs essaims
            de ses douleurs tremblantes
               au vol de fièvre
               de ses destins.

Andante   — Qu'elle est belle,
f   et pourtant qu'elle souffre !
All°   chaste bouche,
          ô rayonnante haleine
           fière candeur
            ô feu divin,
p   ô bouche, belle bouche,
f   pourquoi donc es-tu pleine
            de mots humains ?
         pourquoi t'es-tu ouverte,
p   ô transfuge céleste,

---

1   [Ms. Ms. 43.006[8]]

f   aux vents, aux voix,
               aux vapeurs,
           aux vagues de la vie ?
           pourquoi as-tu quitté ta couche
           de ciel complice et d'insouci ?

p   pourquoi as-tu ouvert tes yeux
           si tu ne pouvais voir comme tu veux ?

Andante mf   – maintenant te voici, –
pp   (hélas que tu es belle
            et pourtant que tu souffres !)

mf   accrochée aux cruelles ronces
          du chemin solitaire et errant de la Nuit,
           qui murmures, qui balbuties
              des appels sans réponse,
          aux souvenirs de maux anciens,
             de nouvelles tortures
          et pour toujours les mêmes cris.

adagio f   — Dors, dors encor,
pp   ô malheureuse,
           dors, toi pour qui la porte d'or
              même des Rêves[1]
            ne laisse passer
            sur la brumeuse
            plainte des cors
            que la mémoire douloureuse
            de cette vie
            évanouie,
pp   et du Passé.
           Dors, dors, Psyché.

          — Mais son sommeil ne trompe pas sa peine ;
          et Psyché défaillante se souvient.
          Elle halète et se plaint dans l'évanouissement.

---

1   [Ms. Ms. 43.006⁹]

Psyché (rêvante)

f   Pars, cruel, ..
pp   va .. où ta félicité t'appelle.
f   Pars, .. et laisse-moi à mon martyre, ..
pp   car aimer c'est souffrir, — et chérir sa souffrance.
f   Pars, .. emporte avec toi même mon espérance.
      Ne laisse rien de toi, ni de moi : — ce fut Nous.
pp   Le désir de la mort est encore plus doux
          Que l'espoir de rentrer dans ce qu'on a perdu[1].

Adagio
                    Chœur

mf   Ce qui fut ne peut plus être,
              ce qui était ne sera plus.
          Le bonheur et l'espoir ne font qu'un être
              à des âges très divers.
              Dors, va, dors, Psyché :
          les dieux sont condamnés à n'espérer jamais :
          ils savent, c'est assez ; savoir, c'est posséder.
              Les dieux sont maîtres de leurs maux :
              voilà leur royauté ;
          et le privilège de leur divinité
          a toujours été de connaître leurs misères.
              Et toi, si tu t'éveilles
          déesse, cherche-toi des œuvres et l'oubli :
          le désespoir des dieux fait le bonheur des hommes :
          les dieux tournent à l'homme alors qu'ils sortent d'eux.
              Psyché murmure en revenant à elle,
p   « Adieu », dit-il, « adieu :
              ne mourez pas si vous pouvez.

---

1   [Ms. Ms. 43.006[11]]

<table>
<tr><td>pp</td><td>Adieu », répète t-il ; « adieu :
sachez du moins combien je vous aimai :
c'est pour que vous viviez que je vous ai quittée[1]. »</td></tr>
</table>

pp   Adieu », répète t-il ; « adieu :
      sachez du moins combien je vous aimai :
      c'est pour que vous viviez que je vous ai quittée[1]. »

Récit. Ad° Etait-ce lui ? — était-ce moi ?
      mf   n'est-il plus là ?
             y suis-je ? — ou est-ce vrai ?

                    Chœur

pp   — Psyché, reconnais-toi.
        Il n'est plus là et tu y restes.
        L'heure est venue de l'accepter.

All°   Psyché, (encore incertaine et rêvante)
    mf   — Est-ce vous qui parlez,
            étoiles, vents du soir,
            beaux regards,
            belle voix
            de la nuit ?
f   est-ce vous tous, ô témoins admirables
p   autrefois mes amis,
              et aujourd'hui haïs ?

                    Chœur

pp   Reviens à toi
          si tu veux croire
          non pas ce que tu es
          mais seulement ce que tu vois.
          Tout est changé autour de toi[2].

---

1 [Ms. Ms. 43.006[12]]
2 [Ms. Ms. 43.006[13]]

Psyché

Ad° mf   Que disent-ils ? que disent-elles ?..

All° f   Je ne suis qu'un sillon,
          la trace de ses lèvres,
          tout n'a pour moi qu'un son.
          Je n'entends qu'une voix,
          tout a pour moi la sienne.

Le chœur

Ad° pp   — Perdu hélas. Lui seul ou rien. Ou rien sans Lui.
          C'est le verset de la passion ;
          c'en est aussi l'antienne.

p   Ô fuite, ô confusion
          de l'âme esclave :

Andante mf pour elle, avec l'Amour tout l'univers a fui,
          pour elle, l'univers est complice et la brave,
             s'il l'éloigne de Lui.
          Et s'il rencontre son oreille,
          pour elle, l'univers n'a qu'une voix pareille
             à celle qu'elle suit ;
          et tous ses sons, et tous ses bruits
          ne sont que des messages

f   qui lui parlent de Lui[1].

Psyché

Adagio M° p — « Adieu » disait-il ; ce mot mortel de la perte résonne
          « ô vous que j'aime
          si vous m'aimez, gardez la vie..
          et m'oubliez.. »

---

1 [Ms. Ms. 43.006[14]]

Chœur

Allegro : f   — Tu n'écoutes que Lui ;
                 tu crois l'entendre encore :
                 la fin du jour pourtant n'est une aurore
                    que pour la nuit.

                 C'est toi qui dis au monde
                 tout ce que le monde te dit ;
                 et il serait sans voix
                 s'il n'avait pas la tienne en toi.

Demi-Chœur
{Les plus jeunes}

Alleg^tto – mf Oubliez-le Psyché, oubliez son fantôme.
                 Tout l'Amour est en vous.
                 Allez, allez où les voluptés naissantes
                    de n'aimer plus que soi
                 vous font des rêts tissus de soie
                 et de lentes douceurs aux mailles excellentes[1].

Psyché

All° mod° f   — Non, non, c'est à jamais que j'aime.
                   Non, l'Amour est mon Roi, l'Amour est mon
                                                    [royaume.
                   puisque j'ai voulu vivre
                   Je veux mourir d'aimer
                   plutôt que vivre et n'aimer pas.

---

1 [Ms. Ms. 43.006^15]

Demi-Chœur
{les plus belles}

— Tu ne le pourras pas, infortunée :
ta nature t'a condamnée
à d'éternels supplices
ou d'éternelles joies.

Lento assai Staccato.   Si c'est là ton sort,
p   douce téméraire,
                         savoure la mort
                         qui ne te veut pas.
                    Elle-même est moins amère
                         à qui aime,
                         que la haine
                         des jours solitaires
                         voilés de regrets,
                         et bientôt parés
                         de remords[1].
pp   Chacun peut tout porter
                    hormis le poids de ses regrets.

{Demi-Chœur
les plus jeunes}

pp   — Hélas, combien chaque homme se regrette..

{Demi-Chœur
les plus belles}

mf   — Ô Psyché, flatte-toi de courir à ta perte.
      Cherche donc à mourir : il vaut mieux que tu
                              [quêtes la mort.

_____
1   [Ms. Ms. 43.006[16]]

Goûte les seules joies pour toi alliciantes
de tour à tour succomber à ta peine et d'y renaître,
va, chère fleur sans cesse renaissante,
et sans cesse mise en croix.

Andante.
Decrescendo   Retirons-nous, ô sœurs.
Brisons les lyres
de nos cœurs.
Pour celle-ci bien assez chantera son martyre.
Entendons-la vivante dans sa veille,
plus morte en son espoir que n'est mort ce qui
[passe[1].

pp   Quel rêve est plus fugace,
Quel rêve est plus trompeur et plus involontaire
Que la vie ?

---

1   [Ms. Ms. 43.006[17]]

III

Psyché

Récit.
Méditation.. Adagio
ff   .. Que je t'aime, ô mon amour, que je t'aime !
          Tu me sembles lui en porter la belle nouvelle,
              ô monde triomphant que rien n'arrête
              et où tout doit ou haïr ou aimer.
              Ha, gloire de ne jamais oublier,
              terrible honneur de toujours être,
              à quel prix je t'achète,
              à quel prix, et par quel sanglant prestige
              dois-je te conserver
          que de moi-même incessamment, je te nourrisse ?
              Hélas, je me vois seule et je dois l'être.
              Je n'étais plus que Lui : sans lui que suis-je ?
              Je ne sens plus en moi que le reste d'un reste.
              Et je ne serais rien si je ne souffrais pas[1].

In modo de Arietta.
Andantino p   Mon cœur, mon cœur,
                tu es percé
                et ta blessure
            chante quelque bonheur
                enchanté
            de tout ce qu'elle endure.

            {Le souffle des feuilles alors murmure :}

                Qu'as-tu ?
pp   Quoi ce sont là tes pleurs ?

---

1 [Ms. Ms. 43.006[18]]

Ô Déesse, que ferons-nous
nous qui devons mourir presqu'aussitôt nés,
si vous pleurez ?

Tempo pr°   Psyché

f   Je souffre : ce n'est rien que pour l'éternité,
             ô bienheureux, vous qui êtes mortels et qui mourrez ;
             car je regrette d'être née
             peut-être pour toujours puisqu'ainsi ma peine est
                                                    [éternelle[1].

p   heureux que la terre rejette
             quand il est rejeté.

             (et le souffle des feuilles soupire :)

pp   — Beaucoup ont perdu leur amour et ont joui de vivre.
         — Non leur amour jamais ne fut le nôtre.
pp   — Ô Psyché, vous en aimerez peut-être un autre,
         et peut-être alors vous réjouirez-vous de la vie..
ff   — Quant je pourrais l'aimer, ce ne serait plus Lui.

mf   {Et le souffle des feuilles, que rien n'apaise ni ne lasse
             qui passe et qui expire,
             qui respire et repasse,
             encore semble sourire
             au profond de la nuit :}

p   — Pourquoi as-tu souffert ? pourquoi t'es-tu laissé séduire ?
             Psyché, ne le savais-tu pas ?
             puisque tu souhaitais d'aimer
             il fallait te plaire
pp   à souffrir, .. à souffrir..

---

1   [Ms. Ms 43.006[19]]

Psyché

ff   — Il est venu. Il a paru. Il a vaincu.
              Et j'ai chanté le chant de ma défaite
                sur les doux airs de l'adorable joie, comme ma
                                    [plus heureuse fête[1].

ff   Le jour d'alors ce fut le jour de l'ardeur et de la lumière,
              Sous le ciel du bonheur, idéale Journée que n'as-tu été
                                            [la dernière ?
p   Je suis venue dans la prairie d'été, ô jeune été, —
En sourdine. dont les herbes prennent l'air à l'ombre des monts ;
                  la prairie s'étend dans la vallée,
mf long   qu'elle est claire !
pp   C'est là que je le rencontrai ;
                  quand tout parlait de lui dans la belle contrée,
                  les feuilles, les cyprès, les rondes du soleil, les ondes
                      de la mer,
                  il était dans les pleurs.

Plus lent mf
pp   Ô mon cœur,
                    que vous avez souffert
                    que vous avez frémi
                    de sa douleur…

Plus vite. p cresc. Il fallait essuyer des larmes..
                  Et moi, que la route avait lassée de sa longue aridité,
                    quand je parvins à lui
mf   et sur les bords sacrés de sa mélancolie,
                    que j'ai bu à longs traits
                    dans le fond de ses yeux[2]

---

1   [Ms. Ms 43.006[20]]
2   [Ms. Ms. 43.006[21]]

f dec°   le charme inaltéré
        du passé de ses cieux,
        et la suavité
        de sa tristesse dévorée
p   dans le secret des dieux !
Poco All° f J'allais, j'allais toute en baisers
        à ses paupières :
        ô ravissants concerts
        des paroles premières
        des âmes désirées !

Tempo l°
mf   Grâce d'aimer, je n'ai plus voulu vivre que pour vous.
       Je me baignai dedans ses belles larmes.
       Qu'il vous fut doux d'y descendre mon âme.
f   Que leur tiédeur, mon cœur, fut douce à tous vos
                   [coups.
        Car c'est là le baptême
p   de ce qui aime à ce qui aime.
mf   C'est dans ces eaux que s'opère tout le miracle
        et l'adorable perfidie
        du vide avec la vie,
       sous l'éclair de vos feux, ô clairs mirages
        qui savez préparer
       ce refuge divin des prunelles amies,
        entrée de l'asyle infini[1]
Plus lent   de l'amour et son temple sacré.

p   Quand il leva les yeux et les coucha au lit des miens,
f   ô prairie de ses purs regards
       que vous fûtes douce et verte après cette pluie !
pp   Ainsi nous nous donnâmes
        le cher trésor
       de l'amour de nos âmes.

---

1 [Ms. Ms. 43.006[22]]

mf cresc° Sur nous, que les pins ont alors
    secoué follement leurs fraternelles têtes !
    Sur nous, qu'alors les heures
    ont coulé sans languir, que les couleurs
    ont mêlé sans mentir leurs langues indiscrètes ;
ff   sur nous, que tout s'est tu pour nous entendre ;
    qu'en nous l'âme du monde alors se fit surprendre,
    et que tout le bonheur en nous rit à ses maîtres !

pp   Déjà ce jour avait pris fin, et nous n'avions rien vu.
    Les arbres au déclin se penchaient doucement
    et succombaient aux voluptés de l'extase dernière :[1]
    l'ardente mélancolie
    tombait sur moi de toutes ces lumières
    et j'aperçus que la prairie
  avait fait en nous les ombres brûlantes de toutes ses
              [couleurs claires.

f   Hélas, me voici où j'étais,
    sur les bords du double océan
    de la roulante mer et l'immobile nuit.
Ritard° pp J'étais venue dans la prairie d'été
    dont les herbes prennent l'air à l'ombre des monts.
    La prairie rit dans la vallée
    Qu'elle était claire !

A tempo mf Ô mon amour, descendrez-vous jamais
      désormais de ces rocs
      qui cachent votre front ?
      Ô mon amour, ne vous étendrez-vous jamais
      ainsi entre les monts
      sur les fleurs de mes vœux
      ou celles de ma mort[2] ?

---

1 [Ms. Ms. 43.006²³]
2 [Ms. Ms. 43.006²⁴]

In modo
di arietta All° Je suis née l'adorante,
p   et j'adorais dès toute éternité ;
        mais je portais le germe
        de la douleur prochaine,
        et je fus la martyre anticipée ;
        car il n'est pas de terme,
        il n'est pas de retour
Adagio pp pour l'Amante innocente et pour la Passionnée,
        l'ardent désir ni la mélancolie ardente.

Arietta Allegretto
mf   Quand j'ai perdu mon Roi
        j'ai fait vœu de me perdre,
        ô mon âme de neige
        qu'il enchâssa en soi,
        et qu'attacha la fièvre
        au bois des chères croix
p   de ses touchantes lèvres,
        mon âme, vous prié-je,
        fondez en moi[1].

mf   Ô mon amour, sans toi
        je ne puis me connaître,
        hélas si tu n'es pas
f   je ne puis plus rien être,
        où tu n'es pas, mon Roi,
        où donc est tout mon être ?
        Je ne suis née qu'en toi,
        j'ai régné dans mon maître
         et lui en moi.

---

1 [Ms. Ms. 43.006^{25}]

Andant[no]   Si tous ses maux,
pp   si tous ses pleurs
                    ont arraché mon cœur
                    de sa gaine de plâtre,
                    et l'ont mis en lambeaux,
                    ils ne l'ont pas vaincu :
mf   rayonnant de douleur
                    il n'a pas répondu
                    au funeste bonheur[1]
                    de ne palpiter plus
                    et de cesser
pp   de battre.

All[tto] 1[o]
p   Le départ de mon Roi
                    m'a chassée de mon être,
                    mais c'est lui qu'il n'a pas
                    pu proscrire de moi :
mf   sans lui rien n'est pour moi,
                    hors lui rien ne peut être.

mf   Ô mon amour, ô frère,
                    dieu complice de moi,
                    à la Nuit lente et brève
                    du Nil vidé de rêves,
                    arrache, arrache-moi,
                    du fleuve aux flots d'émoi
                    qui roule le non-être
f   de l'aveugle Non-Toi,
                            arrache-moi[2].

p   Ô ma voix,
                        harmonie de sa lèvre,

---

1 [Ms. Ms. 43.006[26]]
2 [Ms. Ms. 43.006[27]]

viole d'amour qu'il fit
l'instrument de son rêve,
brisez en moi
ce qui n'est plus qu'à lui.

mf   Ô ma vie,
dec° mod°   s'il ne te refait pas
                     réelle de lui-même,
                     si tu ne revis pas
                     en ce qu'il t'aime
pp   éteins-toi.

Récit Ad°   C'est toujours au sauveur que l'Amour vient à l'âme ;
pp   et l'amour m'a perdue..
mf   Pour un peu d'amour recouvré
p   que d'éternelle adoration je donnerais..
mf   pour le mirage d'être aimée[1].
pp   que tout mon sang volontiers coulerait..
                    Ha pour
                un peu d'amour..

        {Et les feuilles se disent des souvenirs railleurs
              de leurs bouches de miel :}

1°   « Idéal océan de sourires et d'yeux,
        je voudrais me baigner au ciel »
                criaient-ils dans leur joie :
                et il est encor bleu
                maintenant qu'ils s'y noient.
pp   Si son orgueil était plus grand que sa divinité
                sa peine serait moindre ;
                mais sa passion fait fi de sa fierté,
                et dans son mal elle ne saurait feindre,
                pas même qu'elle puisse moins aimer.

---

1 [Ms. Ms. 43.006[28]]

In modo dell'Arietta. rall°

Psyché

pp   Comment penser à soi[1]
            lorsque l'on aime ?
            À qui penser
            lorsqu'on n'est plus aimée ?
            Quant je vivrais
            autant que la vie même,
            ah ! désormais
tous mes bonheurs ne sont que de douces tristesses,
            et de tristes douceurs ;
            et tout le reste
n'est que déchirement ou que douleur.

All° con moto
mf   J'ai senti naître
            et je sens vivre
            au fond de moi,
            au secret de mon être,
            une plante
p   la plus belle de toutes
f   et la plus dangereuse,
mf   une fleur sans saison,
                la fleur
            de ma douleur[2].
f   Ô lys
            lys qui m'alanguis
            et qui m'enchantes,
mf   lys, pâle lys
            qui noircis ma raison,
f   ô fleur de deuil

---

1   [Ms. Ms. 43.006[29]]
2   [Ms. Ms. 43.006[30]]

p   triste néant
        dont la parure chante,
        ô lente,
        douce fleur de ma nuit ;
f   ah c'est en vain que je me bouche
        les oreilles : c'est toi, toi seule que j'écoute ;
        et c'est en vain que je ferme les yeux,
        en vain que je te foule,
p   ô pâle fleur,
        je te vois
        pousser partout en moi
        tes cruelles racines,
        et je sens s'exhaler de toi
           les parfums[1]
        de la mort de mon cœur
        et les délices de sa ruine.

récit. Mod°
pp   Quand l'âme a perdu son amour
        elle a perdu sa vie
        Et l'amour qui fuit l'âme a fui aussi le jour :
pp   ô mon amour, c'est tout moi qui te pleure :
        si tu as cessé d'être pour mes yeux
ff   pour qui donc es-tu, ô mon dieu ?
pp   et si moi-même tu n'es plus,
        que serais-tu ?

Larghetto
ff   Ô, ô
mf   mon pauvre amour, que puis-je maintenant pour toi ?
        et désormais qu'es-tu pour moi ?
        Je ne puis que souffrir et pleurer de ta perte.
        Je ne puis que t'aimer sans être aimée de toi.

---

1 [Ms. Ms. 43.006[31]]

	Et sur qui verserai-je ces larmes brûlantes et lassées
	de parler de l'amour et d'être sans langage
	que l'on puisse exaucer,
f	est-ce sur toi, mon bien aimé[1]
long	que je pleurerai ? —
pp	ou bien est-ce sur moi ?
mf	Je vis, et tu n'es plus —
pp	Mais c'est à peine si je suis plus que tu n'es.
Stacc° mf	Ô tremblement de mes lèvres, —
p	ses lèvres sont inertes ;
mf	ô brûlure de mes yeux, —
p	je ne vois plus les siens ;
pp	toute ma vie a perdu son sourire,
	et ses doubles cieux ;
	il ne me reste que les larmes, —
	les larmes seules — rien que les larmes.

Allt°
In modo dell'Arietta

ma ppp	J'ai perdu mon amour,
	je ne crois plus en rien ;
	j'ai subi l'épreuve suprême,
	j'ai perdu ce que j'aime :
	ainsi l'amour ne pouvait rien[2].

Subito

Andante	Hé bien !
mf	Rêves, rêves ! Ô vous,
Cresc	rêves, crêpes divins du jour,
	rêves
	rêves, céleste fièvre,
	berceau, couche suprême,

---

1   [Ms. Ms. 43.006[32]]
2   [Ms. Ms. 43.006[33]]

feu nuptial,
ardente braise,
ardente cendre,
creuset lustral,
f   lit de soleil
du dernier sommeil où descendent
les derniers désespoirs de nos glaces humaines,
mf   triomphe dédaigneux,
sépulcre expiatoire,
f   rêves, rêves,
tissu sacré de la même œuvre,
dernier essai désespéré,
rêves, rêves,
extrême exploit de la guerre sans trêve[1]
de l'Infini à l'Infini
et de nos dieux contre les dieux,
ff   que mes rêves enfin! peuplent l'unique Rêve,
mf   le triste songe de ma vie;
decr° s'ils peuvent, qu'ils le réjouissent
s'il en peut être réjoui;
et s'il peut être consolé,
p   surtout qu'ils le consolent;
f   mais d'abord plaise, plaise à vous,
pp   mon âme, qu'ils l'endorment.

---

1   [Ms. Ms 43.006[34]]

IV

Allegro

Chœur

ff   Rends-toi, rends-toi,
            jusqu'à la nuit de ton espoir
            tout a sa fin ;
            et il faut souffrir même en vain ;
            va, Psyché, vois
            vois tout le reste[1]
            des mêmes yeux que tu te vois.

p   Il n'y a rien :
            le mal est d'être né ;
            ce mal est sans remède ;
            la mort
            n'est même pas un bien,
            et tout bien a d'abord
            en soi son mal contraire.

pp   La nuit et le jour
            se haïssent et sont frères ;
            la haine et l'amour
            s'engendrent et s'enterrent.
En sourdine Tout est tout. Rien est rien.
            Et tout n'est rien que rien.
Pred mf   Souffrir d'avoir joui ; jouir de souffrir moins ;
            vouloir être et cesser ; mourir sans cesser d'être ;
            croire qu'on est ; désespérer de disparaître,
                c'est toujours n'être point.
                Tout n'est que fin[2].

---

1   [Ms. Ms 43.006[35]]
2   [Ms. Ms 43.006[36]]

f   Il faut tout oublier pour ne souffrir de rien.
             Pour échapper aux maux il faut fuir tous les biens.
p   L'oubli de tout prépare seul chacun au sien.

                          Psyché

f   Hélas, oubli de moi
                où, où t'atteindre ?
             Car jusqu'ici je t'ai touché,
             Accueillant et gracieux
                où toi-même tu descendais
                pour mieux m'étreindre ;
             là où s'ouvrait l'azur prochain et radieux
                   de ses si douces lèvres,
                   porte où depuis j'ai tant prié,
                   de sa Grâce inimitable,
rall°   parvis que j'ai depuis tant supplié :
pp   C'était alors, quand je n'avais besoin
             que de penser au ciel pour y entrer..
mf   Hélas oubli,
             où donc t'atteindre[1] ?
             Ah que ne suis-je plus en moi,
                je n'aurais pas à craindre
             en me fuyant de plainte en plainte
             de me retrouver sans cesse où je ne suis pas.

Tempo 1°
                         Le Chœur

pp   L'on arrive à l'Oubli par la porte des Songes.
                C'est l'unique royaume
                où l'on règne à jamais sans se savoir des bornes,

─────────
1   [Ms. Ms 43.006^{37}]

et où sans sujets l'on soit Roi.

mf   C'est l'Empire Infini,
L'à-jamais pure et paisible Suprématie,
où l'on n'a de limites que soi

f   et qui immensément silencieux et morne
peut-être à peine emplit
l'œil qui le voit.

Psyché

f   Hélas, hélas, je fus trop libre,
et j'ai trop usé de mon droit

p   de briser mon cœur à ma guise,

f   Je veux des liens[1]

mf   mais non pas ceux du souvenir
et de l'ennui.

f   Je veux la prison de la nuit,
mais non pas les humides murs hantés
où perlent les pleurs de l'éternité.
Est-ce la paix du néant qui m'est seule chère ?
Ou l'espoir d'y laisser tous les maux de la vie ?
Ou n'est-ce pas plutôt celui
d'y retrouver les biens contraires ?

Rall° poco

pp   Hélas, pour tes bonheurs
cœur de verre
que tout ternit,
hélas, pour tes malheurs
cœur de terre
où tout fleurit

mf   Tu voudrais oublier sans connaître l'oubli.

---

1   [Ms. Ms 43.006[38]]

Tempo L°
ff

Le Chœur

Pour poursuivre l'oubli
il faut se créer sa chimère,
et chevaucher le triste Rêve
de n'en plus faire[1].

Psyché.

mf Non, non. Je rêverai jusqu'à la fin.
Je veux rêver la soif
Je veux rêver la faim
de mon désert ;
Je veux rêver mon ombre
si je ne puis moi-même,
si je ne puis ma vie,
je veux rêver ma tombe,
mais non pas que mes songes
en moi se soient levés en vain.

Le Chœur

Presto
ff Ô contrainte des cœurs divins
ainsi rêve donc encore la mort de tes rêves :
endors-toi, endors-toi,
fuis d'où tu es,
va où tu ne croiseras
plus que tu sois,

---

1 [Ms. Ms 43.006³⁹]

fuis, fuis ô sœur qui fus sans frères
et en cherchas
cœur de souhaits
qui crut ne s'adresser
pas seulement qu'à soi[1].

Psyché (peu à peu, elle défaut)

f   Ainsi, que l'on me mène où l'on oublie.
mf   Ah, pauvre de la nuit,
p   Ah
J'ai vu passer une pâle déesse
assise entre les ailes
d'une profonde rêverie,
merveilleuse de tranquille tristesse,
de sombre lumière,
de douce tristesse,
et ciselée de pierreries
mf   de cœurs récents entrelacés
et de larmes dernières ;
et la pâle déesse,
pareille à une fleur
qui plane sur la terre,
a traversé
le ciel sur sa chimère,
p   le regard étranger, ..
f   est-ce là la douleur
de se perdre, hélas
et d'oublier[2] ?..

---

1   [Ms. Ms 43.006⁴⁰]
2   [Ms. Ms 43.006⁴¹]

Le Chœur

f   Que t'importent les cieux ?
            C'est eux qui nous traversent :
            n'ayons point de regard pour eux,
p   ils sont déjà passés.
f   Que t'importent les cieux ?
            ce n'est que l'atmosphère,
            et vus de près, entre les yeux
            rien de mieux que la terre.

Psyché (tombant)

Adagio poco
pp.   Amour, je tombe,
f > p   mais je ne t'oublie pas..
            Je t'entraine.. avec moi..
            dans le lit
            dans la lèvre..
            dans les bras..
            de ma tombe[1]..

Le Chœur en souriant

Prestissimo
ff
        Meurs donc, jusqu'à ce que tu te réveilles
ton amour et ta mort ne sont que des sommeils.
       La mort n'est même pas le bien
            d'un mal contraire.
            le mal est d'être né,
            ce mal est sans remède,
              il n'y a rien[2].

---

1   [Ms. Ms 43.006[42]]
2   [Ms. Ms 43.006[43]]

ÉROS LE REPENTI
[Ms. Ms. 43.006]

« Ironie de l'amour, tout n'est donc
qu'ironie »

La jeune prairie	Ce fut une amour sans pareille
pleine de beauté,	par l'ardeur et la peine,
blonde, et vêtue d'ombres,	l'innocence et le péché
avec des bleuets dans ses	l'amour d'Éros et de Psyché ;
cheveux et des narcisses,	
à voix très douce, récite,	Au bord du ciel et de la mer,
naïvement.	sous les yeux bleus
	de l'univers
	devant les Îles blanches,
	les lierres noirs et les noirs branches
	des pins,
crescendo	c'est là que tous deux ils s'aimèrent,
	si tendrement
	qu'ils se brisèrent,
	et si doucement
mf	que leur amour enfin plus que la mort
	leur fut amère.
Oboe.	…
pp	hélas si tendrement.
La jeune prairie	..
pp	Lorsque descend le soir,
	il faut pleurer
	si l'on est tendre,

à la mémoire
d'Éros le Repenti
et de l'Innocente Psyché ;
l'on doit, dit-on beaucoup pleurer.

Oboe   surtout,
si les pieds du silence sont las et lents,
et si sur les pas de la nuit qui descend
le crépuscule est doux.

Voix de haute-contre,
claire et ferme   Elle l'aime, il la hait ;
avec une chanterelle   Elle le fuit, Il l'aime.
Il la délaisse, Elle l'adore,
et la douleur d'amour la mène
jusques aux portes de la mort.

Cuivres   Alors
mp   Las et blessé, dolent et lourd de peines,
lorsque percé des blanches flèches des songes
[dépouillés qu'il voulut caresser,
languissamment orné de la triste parure
[des ailes de ses rêves,
f   Il revient à celle qu'il aimait,
Ha ! sera-t-Elle la même ?
p   car, peut-être, Il est oublié.
Quattuor   ..
Lent   Trouble du repentir, émouvante magie,
mf   tout semble s'éclairer à votre flamme,
d'espoir pour l'avenir, pour le passé d'oubli ;
mais cependant quand tout serait enseveli
parmi tous les pardons de l'âme à l'âme,
tout Lui a pardonné, tout Lui pardonne
[tout, –
hormis ses seules larmes.

II

La jeune prairie   « Qui est plus fort que moi ? »
reprend son récit :   jadis,
sa voix est étonnée,   disait Éros,
non sans ennui,   et l'écho répondit
et les bois   trois fois
l'accompagnent.   avec une grosse voix :
(vif)   « moi, moi, moi. »

           « Je suis Artiste
           et seul le suis. »
           répétait-il
           avec folie ;
           et la triste
           Psyché, chère subtile,
           jamais ne lui répondit
      qu'Elle l'était bien plus que lui.

Deux cors assourdis

           Ô lamentable exil,
           ô cœur fat aux écoutes
           ô le sot excès d'esprit.

           Qui dira les douloureuses routes
               tour à tour
               de ses déroutes
               et des retours
               du Repenti ?

La voix de la prairie   Mais pour Psyché
orgueilleusement   qui n'a jamais pêché
sur un point d'orgue   que par excès d'innocence,
de tous les   il n'est offense
instruments :   qui ne soit effacée,
      il n'est méfait qui ne soit innocent.

III

Lui

Vite Rhythmé   «Oubli, oubli, ô baume de la peine,
f   où te boire
cuivres   pour perdre aussi l'ivresse
         et la verte verveine,
         et l'appétit cruel
         de l'espoir?»

Plus f   «Regrets, regrets, ivraie de la détresse,
         où t'arracher
        où répandre le sel
       sur cette plaine amère,
        et sur le sol
        de sa malignité
        où trancher
       cette graine funeste
      et n'en pas même ensevelir
        les restes
        ô souvenir?»

Elle

Récit
Le quat. à demi voix «Ô mon amour, puisque tu te dédaignes,
       et qu'enfin la mémoire
      du monde, où t'égara l'inquiétude de croire
     au spectacle innocent des fééries de ta Reine –
       hélas pour douter d'Elle; –
       te jette à la perte suprême
        de l'espoir,
     puis donc que ton erreur fait l'objet de ta haine,

                              ô
                   chair de ma chair,
                   quel cher rachat
                   ton désespoir
                   accomplit désormais
                   de la longue impiété
                   de tous les adultères,
          et c'est donc ma pitié qui pour toi, la première,
          a versé ta rançon entre mes propres mains.
                   Les voici :
                   pour des baisers d'oubli,
                   ô cher meurtri
                   elles réclament ta tête :
                   mets-toi à leur merci,
                   succombe à leur conquête
                   vois :
Lent   mes lèvres par mes mains te sont ouvertes.
p   Va, tu peux venir,
Le cor et la flûte   ô mon infortuné,
s'ajoutent au quatuor   la sourde voix des souvenirs
                          et la bouche jalouse
                          à jamais s'est fermée.
Très lent   Va, pourquoi craindrais-tu ?
pp   Toute haine pour moi est insensée
                          si tôt qu'on l'a voulu
                   toute mort pour soi-même et par soi est vaincue.
                   Et tout est éternel dès qu'il est commencé.
moins lent   Viens, sois paré de tes larmes,
mf   viens, vêtu de ma douceur.
                   Sois fleuri des gouttes de ton cœur,
                   parfumé de l'encens de tes pleurs
                   qui se consument ardemment sur le feu de
                                        [mon âme ;

au lieu de les couvrir de blâme,
montre, montre-moi les plaies du cœur :
c'est moi qui t'en retirerai le couteau,
qui sécherai le sang versé par la haine,
et, cousant les morceaux au fil d'or de moi-même,
t'arracherai au fer de l'arme,
et te rendrai à ce qu'enfin tu aimes

Très lent   pour toujours.

pp   Oh, mélancolique aurore du plus doux de tous
                                                      [les jours,

trombones   jour
qui sera éternel et que nul lendemain ne guette,
oh,
l'humble préparatif d'une immortelle fête.
Salut, aube du jour qui mettra fin pour nous à
                                          [tous les jours,
Salut, pudeur divine, divin silence
de l'Infini qui recommence
après l'horrible attente de cette lente nuit,
salut, lever du Renouveau céleste
des Amis,
ô reprise de l'Infini qui s'élance,
et lève l'ancre
dans la rade voilée, au départ matinal des amants
                                          [qui s'adorent.

Plus vite assez f   «Va, je suis toujours ton âme,
et ton cœur délivré est mon palais fidèle.
Ô cher amour, que tu me fis souffrir
à me forcer au blâme ;
et pourtant, pour le mal que ta folie
m'obligea de pâtir,
céleste Ami,
que tu es donc aimé de ta céleste femme !»

Lui

pp

«Ô miséricordieux,
est-ce à moi que tu parles?»

Elle

«Ô bien-aimé
Ô mon faste, ô mon luxe
Ô ma fantaisie mélodieuse,
C'est à toi,
c'est bien moi,
c'est ces yeux
que blessa
ta main cruelle et cependant harmonieuse,
c'est tout moi
qui te revois
et te regardes»

Fort. Accord.   Lui

«Ha,
quelle Vie verse cette voix».
...

IV

Récit
À demi-voix   Lui

«Hélas, Psyché,
Vous savez tout, et vous ne me méprisez pas!
Que mes péchés

avaient donc peu prévu une si rude peine.
Êtes-vous donc si détachée
et ne m'aimiez-vous pas
ou qu'à peine, que vous n'avez que tant de grâces ?
Ô Psyché
condamnez-moi.
Vous avez ignoré combien j'errai, peut-être,
et comment, par quels chemins,
à quelles ronces,
à pleines mains,
je jetai
tous ces morceaux de moi que je n'ai plus trouvés.

F. Quatuor

Ô misère,
ô mirages,
ô soif
ô voyages
ô amères
affres,
ô passages
de ce désert,
ha, soupirs
portes de la perte
vents de la tempête,
où courir

Adagio
p. Quat. Et bois

aux naufrages.
Ah, qu'aurais-je fait sans l'espoir
[morne du trépas ?
Que la douleur, alors, me fit paraître long
[l'espace
où, absent de moi, lentement les yeux et
[les pas las,
rien n'était plus depuis que je n'y étais pas.

Hélas, que tout est vide, hors vous-même, mon Âme ;
avec l'âpre dégoût d'avoir si peu de place
combien tout passe
sans Vous, comme s'il n'était pas,
et qu'il n'ait nulle part laissé même de traces
que les seules où vous avez marqué vos pas. »

V

assez f.
Quat. Bois et cors

Psyché
« Infortuné, infortuné
Quoi ? tu veux conserver l'horrible privilège
de tous tes maux comblés
et l'orgueil de ta fièvre ?
fais-toi grâce, et pour toi aie donc quelque pitié.
C'est toi qui te souviens, quand j'ai tout oublié.
Enfin
Aime-moi mieux pour te savoir assez aimé. »
« Va,
Lêve le front, r'ouvre les yeux, reprends ta place
[au sein de notre rêve ;
reviens sans crainte à l'éternelle amante,
dont la tendresse a fait pour toi les mains
[toutes-puissantes.
Reviens, cruel qui ne t'épargnas point ;
reviens, ô cœur, que sous mes doigts ta fièvre
soit rafraîchie par les charmes de la caresse.
Reviens, je vais faire tomber tes chaînes
d'implacables désirs et de fleurs noires ;
je vais te détacher ta sombre armure
de regrets que tu crus immortels
et les lourds châtiments que ta haine

Vite et f.   te forgea pour ta torture de toi-même.»
                          «Ô cher amour
                          viens, voici la liqueur
                          qu'a versée, pleur à pleur
                          la vendange suprême
                          du vin pur de ton cœur
                          et de toutes les vignes vaines.»

                          «Ô mon cher cœur,
                          viens, voici la liqueur
                          et le philtre d'ivresse
                          du Néant qui te tenta,
                          et de la Fleur
                          et de la vie
                          qui te resta,
                          et jamais n'a
                          fleuri ni vécu que pour toi.»

                          «Ô mon amour
                          viens puiser à la source
                          que n'a pas pu tarir
                          l'ardeur brûlante de ta course
                          loin de moi.

                    Viens, voici le breuvage d'amour,
                    et de l'Innocente Tendresse,
                    le parfait Hydromel qui donne
                          et qui laisse
                    la mort à la mort, et la vie à la vie,
                          celui
                    par qui l'on meurt où l'on n'est point,
                    pour revivre où l'on aime,
                    viens, viens le boire au verre
                    des fiançailles éternelles,
                    viens le boire à la coupe
                    de mes loyales lèvres.»

pp.   Lui.

                          « Ô délicieuse, sur ta bouche,
                          sur tes lèvres, dis-tu ô Reine ? »

Presto   Elle

ff.   « Sur ma bouche, sur la Tienne,
Rythmé par les   ô cher Esclave-Roi,
cuivres   sur mes lèvres, ô Toi.

                          Donne, donne tes lèvres,
                          j'y veux mettre des sceaux,
                          et des signes de ciel,
                          et des mots d'éternelle
                          félicité,
                          qui vont faire lever
                          d'innombrables soleils,
                          des feux et des planètes,
                          au pur verso
f.   de tes maux rachetés. »

                                 Lui

                          « Hélas, hélas,
                          ô mot
                          ô souffle
                          de la parfaite félicité. »

Tout s'est tu.   Ironie des ironies,
la jeune Prairie   tout n'est rien qu'ironie,
termine et récite pp.   il ne faut donc, ô ciel, ô charmes

candidement
sur la tenue
des instruments.

ô songes du jour et de la nuit,
douceur de l'univers,
douleur des larmes,
que sourire et sourire après avoir souri,
et rêver qu'on rêva de sourires
après avoir rêvé qu'on a souri.

———————

Vite et fort

Écho céleste

En vain tu ris,
en vain, tu railles,
ô terre, ô vie,
ô ironie
sol sans entrailles.

Mais pour le ciel,
pour la lumière,
et le réseau de miel
de leurs divines mailles,
toujours l'Amour aimé
est le Sauveur Sauvé
guéri par son mal même
et sorti des batailles ;
et tout le reste
n'est que le reste
n'est que la paille
du fruit céleste
de l'Idéal.

———————

1891

CHANSON DE PSYCHÉ
[Ms. Ms. 42.960]

Autre projet très original, *Chanson de Psyché* est un ensemble poétique postérieur aux sonates précédemment citées. Suarès en a d'abord l'idée en 1907 et il en commence la rédaction l'été suivant. À la fin de l'année 1914, il présente le recueil à Charles Péguy qui envisage de le publier dans les *Cahiers de la Quinzaine.* Mais la guerre éclate et les cahiers cessent d'être publiés. Suarès résume ce projet avorté dans sa lettre à Romain Rolland du 31 juillet 1921. Dans une autre lettre, à Jacques Doucet cette fois, datée du 10 mai 1922, Suarès affirme travailler encore à ce projet. Il dit reprendre et achever *Chanson de Psyché.* On trouve à la Bibliothèque littéraire Jacques Doucet une chemise intitulée *Chanson de Psyché,* cotée [Ms. Ms. 42.960] et composée de 75 feuillets. Le manuscrit n'est pas daté et il reste encore un travail de datation et d'établissement de textes à faire sur cet ensemble. Il n'est pas dans notre intention de le publier ici. Nous le mentionnons pour son esthétique particulière et pour montrer comment ce mythe particulier a inspiré Suarès longtemps après l'écriture des sonates de Psyché. Si le titre suppose une parenté entre tous ces projets, le sujet de ce dernier projet ne se limite pas à l'histoire d'Éros et de Psyché. Le recueil traite de l'amour dans ses manifestations les plus ardentes et les plus mystiques.

Ici encore, Suarès privilégie la construction «musicale» du poème, mais cette fois très différemment de ce que nous avons vu précédemment. Ici, un poème en vers est accompagné d'un texte en prose désigné comme «une basse continue» et qui vient apporter un commentaire au texte en vers. Dans le poème n°VIII et sa «basse continue», Suarès établit un parallèle entre l'histoire de Psyché et celle de Tristan à travers la figure du roi Marke. C'est ce texte qui nous intéresse.

Dans l'œuvre wagnérienne, Marke est l'époux d'Isolde et l'oncle de Tristan. C'est un mari trompé, délaissé, et un amant malheureux. Dans le texte en vers, Marke apparaît comme Amfortas, le roi pêcheur du *Parsifal* de Wagner, blessé par la lance («Je ne suis qu'une plaie / Que traverse une lance»). Le texte en prose qui s'y rapporte éclaire le poème en vers : Éros raconte à Psyché l'histoire de Tristan. Il choisit cette «fable», «pour expliquer ce qu'il peut être». Éros ne présente pas Marke comme un vieillard mais bien au contraire «aussi jeune que son ami» Tristan. Ainsi, explique-t-il, la fatalité de la passion «s'ensuit bien plus cruelle». Marke n'est pas un mari vieillissant et imposé, il est aussi un amant. En ce sens il est supérieur à Tristan car il représente à la fois la figure de l'ami et celle de l'amant : il aime Isolde aussi bien que Tristan et s'en trouve doublement déchiré. Il aime son ami et rejette sa tromperie. Il aime sa femme et est horrifié par leur trahison. Il sait aussi que les deux amants sont innocents car ils ont bu le philtre qui les mène à leur perte.

En ce sens, sa conscience douloureuse le rend supérieur à Tristan lui-même, qui n'existe que par l'amour : «Marke porte la conscience des trois passions, dans sa grande âme». Cette histoire est un moyen de faire comprendre à Psyché ce que la «conscience peut faire de l'amour».

L'autre figure présente dans ce texte est celle d'Amfortas. Le Graal apporte à Amfortas à la fois la régénération (par l'énergie sublime qu'il dégage), et la plus grande douleur (car il ravive la plaie du roi pêcheur qui le découvre). L'amour agit de la même façon dans le cœur de Marke : le sentiment qu'il éprouve pour Isolde est source de vie et de sa plus intime douleur : «Las, ma vie en suspens / À rien de plus ne s'attache / Qu'à ce nœud de serpents.»

Dans cette figure de Marke, se trouve révélée sa vraie nature. C'est la conclusion d'Amour pour Psyché : «Voyez, Psyché ce que la conscience peut faire de l'amour». Nous présentons ce texte avec sa «basse continue».

VIII

Marke

Je cache ma blessure,
Je voile mon tourment ;
En moi l'ami s'assure
Pour torturer l'amant.

Je ne suis qu'une plaie
Que traverse une lance ;
Et je n'ai sur la chair
Que le sel du silence.

Le feu noir de ce sel
Jusqu'à l'âme me brûle ;
Je n'ai plus d'autre ciel
Qu'un rouge crépuscule.

Je dévore mon mal,
Étant celui qui aime ;
Et mon amour fatal
Se préfère à moi-même.

Las, ma vie en suspens
À rien plus ne s'attache
Qu'à ce nœud de serpents.

.. Roi Marke

> D'où, triste cœur sanglant,
> Il faut que tu t'arraches.

Basse —] Amour, pour donner l'idée de ce qu'il peut être, conte la fable de Tristan à Psyché mais il ne lui dit pas que le roi Marke est un vieillard. Il le montre à Psyché aussi jeune que Tristan son ami. La fatalité de la passion s'ensuit bien plus cruelle.

Et Marke n'est pas moins amant que Tristan peut-être mais de plus, il est l'ami. Et il se tait. Il ne donne pas les mains à la trahison qui le déchire ; mais il la connaît ; il sait que s'il paraît dans cette chambre de feu, rien ne pourra plus contenir l'incendie ; et qu'ils en seront délivrés tous ensemble.

C'est pourquoi il souffre en silence. Le dévouement ne viendra pas de lui qui est la mort désespérée. Il aime trop son ami, tout en le haïssant. Il aime trop sa femme tout en le déplorant. Elle surtout ! Elle innocente malgré tout : car l'amour de l'amante est une ivresse fatale : la folle femme ne trompe pas son mari : elle s'est trompée en se laissant aimer. Marke et Tristan sont également des amants. Mais Tristan ne connaît que lui même et Marke porte la conscience des trois passions, dans sa grande âme.

Voyez, Psyché, ce que la conscience peut faire de l'amour.

LYLIAN OU LES PEINES D'AMOUR

Les Jardins d'amour [Ms. Ms. 42.973]
La Mort d'amour [Ms. Ms. 43.015]

Lylian ou *Les Peines d'amour*, recueil de textes poétiques, suit de peu *Psyché martyre*. Cet ensemble a été terminé entre 1893 et 1894. Comme pour les «sonates» de son précédent projet, Suarès prévoit un vaste ensemble de poésies qui se suivent et forment en elles-mêmes un seul poème. Nous avons retrouvé deux ensembles de textes à la Bibliothèque littéraire Jacques Doucet : *Les Jardins d'amour* [Ms. Ms. 42.973] et *La Mort d'amour* [Ms. Ms. 43.015]. Le premier présente 64 feuillets et le second 27. Il semble que cela ne corresponde pas à l'intégralité des manuscrits rédigés par Suarès. En effet, dans sa thèse, Yves-Alain Favre décrit trois ensembles de 58 folios, 34 poèmes et un autre de 62 textes. Nous avons cherché les autres écrits sans succès. Mais l'ensemble disponible est déjà très important et il mérite d'être présenté dans son intégralité. Il faut aussi préciser que le projet initial devait former un ensemble de 600 pages ! Les proportions de ce recueil poétique sont donc considérables. On retrouve la forme des sonates de *Psyché*, avec des indications musicales marginales. L'ambiance des *Jardins d'amour* est très symboliste. Lylian est un personnage androgyne, anéanti par l'amour qu'il éprouve pour un personnage féminin très idéalisé désigné comme étant «la reine des jardins». En lui se joue le combat de l'âme et du cœur. Il semble qu'il soit voué à devenir la «victime ou de l'Idéal ou de la passion des créatures». Lylian paraît impuissant à franchir les portes du jardin d'amour, qui lui restent fermées. Les poèmes décrivent tour à tour sa langueur, son espoir, sa mélancolie, son désespoir. Les références wagnériennes sont nombreuses. D'abord l'image même du jardin d'amour renvoie au jardin de Klingsor et aux filles-fleurs du second acte de *Parsifal*. La nuit consolatrice et envoûtante est proche de l'univers romantique de Novalis aussi bien que de celle du second acte de *Tristan*. Le second recueil, *La Mort d'amour*, présente un Lylian agité, en proie au délire et au désir. Comme souvent chez Suarès, la vie n'est pas possible sans amour mais l'amour est aussi la source d'une intolérable souffrance. L'image la plus forte de cette impossibilité de vivre est celle d'Amfortas dans *Parsifal*. Le roi pécheur ne peut vivre sans dévoiler le Graal dont il est le gardien, et pourtant, le fait de célébrer le vase sacré ouvre la plaie qu'il a au flanc et le livre à la plus insoutenable des souffrances. Au fond, on retrouve la position de l'homme face à la divinité qui déclare « je ne puis vivre ni avec toi, ni sans toi ». Cette déchirure intérieure constitue l'essence même de la condition humaine et la souffrance inhérente à toute vie consciente. C'est la plainte éperdue de l'homme qui ne peut vivre sans absolu et pourtant ne parvient pas à l'atteindre. La souffrance devient alors la forme la plus sûre de la manifestation du divin. Au-delà de la première image des filles-fleurs de *Parsifal* dont nous avons déjà parlé, le thème du jardin d'amour renvoie aussi à *Tannhäuser* et au thème du Venusberg. Ce terme désigne le royaume de Vénus dans lequel tous les plaisirs sont permis. Pourtant, le héros se souvient du pur amour d'Élisabeth et quitte ce monde de pure sensualité. Cet imaginaire n'est pas sans lien avec l'opposition suarésienne de l'âme et du cœur. La situation est différente en ce que Tannhäuser veut quitter le Venusberg alors que Lylian voudrait entrer dans le jardin d'amour. D'autre part, dans *Parsifal*, le héros se trouve confronté à la puissance de la séduction des filles-fleurs. Or, il échappe à ce monde d'illusions par sa conscience de la souffrance du monde à travers celle particulière d'Amfortas. On trouve ici, de la même façon, la conscience de la souffrance universelle, connaissance suprême de l'essence même de la création. Ceci explique qu'on retrouve de façon ponctuelle des images wagnériennes appartenant au monde de *Parsifal* comme celle de la lance dans *La Mort d'amour* (Lylian, II / XV à XX). La lance dans l'opéra wagnérien est un symbole extrêmement important. La sainte lance est l'arme qui a blessé le Christ au flanc. Avec le Graal, elle est l'objet sacré conservé par les chevaliers de Montsalvat. La faute du roi Amfortas est de s'être fait voler la lance par le magicien Klingsor (créateur du jardin enchanté), après avoir été séduit par les filles-fleurs et particulièrement par Kundry. C'est parce qu'il a été séduit par elle que Klingsor a pu blesser Amfortas au flanc. Parsifal, résistant aux filles-fleurs puis à Kundry, se rend à nouveau maître de la lance et la ramène ensuite au royaume du Graal, rétablissant l'harmonie perdue et réalisant la rédemption attendue. Le contact de la lance guérit Amfortas le roi pêcheur. Elle est à la fois le symbole de l'arme qui afflige la pire des blessures et en même temps un objet sacré qui procure la guérison et apporte la rédemption.

Enfin, il est évident que l'univers de Lylian doit aussi beaucoup à celui de *Tristan*. Les poèmes de Suarès décrivent à la fois l'amour idéal, intense, impossible, la folie du désir, sa dimension mystique, l'aspiration à la mort. Le titre même de *Mort d'amour* renvoie à la mort extatique d'Isolde. La douleur de Lylian, son aspiration à la mort en font un frère spirituel de Tristan tel que le héros apparaît durant le troisième acte lorsque, blessé, il attend le retour d'Isolde. Pour Suarès, dans ce type d'écriture et d'esthétique, l'essentiel est le sentiment et tout doit concourir à l'expressivité. Aussi, le caractère poétique doit se faire musical et la forme la plus simple possible. D'ailleurs, les éléments musicaux marginaux se font plus discrets, Suarès n'utilise plus qu'une seule indication de tempo par poème et il ne se sert plus des indications d'intensité. Comme nous le montrons dans le premier volume, le style des poèmes de *Lylian* doit beaucoup au style épuré du texte poétique du *Tristan* de Wagner. Le compositeur et poète utilise des vers très brefs composés parfois d'un seul mot de trois ou quatre syllabes, il utilise beaucoup les répétitions (de mêmes sonorités ou de mêmes constructions syntaxiques), recherchant principalement l'expressivité en accord avec la musique. Ainsi, le wagnérisme du poème de *Tristan* se manifeste surtout par la simplicité et la sobriété dans la construction des vers[1].

---

1   Pour plus de précisions quant au style du livret de *Tristan* et son influence sur les poèmes de *Lylian*, voir notre premier volume, *André Suarès et le wagnérisme*, Classiques Garnier, Paris, 2009, p. 156-159.

LES JARDINS D'AMOUR[1]
[Ms. Ms. 42.973]

Prélude[2]
Les Jardins d'Amour

Des fleurs! Des fleurs[3]!

II.

Lylian s'offre tout entier à l'Amour
et à la Mort : il se prosterne avec
Humilité dans le don de soi-même ;
pareil à qui s'agenouille sur le seuil
du temple atteint après bien des routes.

———

<u>Larghetto</u>
Je vous porte
à genoux
le grand lys
de mon âme,

ô vous, portes
de délices,
de supplices
et de flamme !

Devant vous
je l'incline,
dépouillé

---

1   64 ff. 58 folios, 40 poèmes. Nous présentons ici le texte complet du dossier.
2   [Ms. Ms. 42.973[1]] f. 5
3   [Ms. Ms. 42.973[2]] f. 6

de feuillage
et mouillé
par les larmes[1]...

Tristes portes
de délices,
dont les clous
chaque jour

sous les coups
de l'Amour
resplendissent :
ouvrez-vous !

C'est à vous
que je l'offre,
ce lys blanc
plein d'ardeur :

Il est doux,
et il meurt ;
son cilice
est un cœur.

La douleur
l'a cueilli,
fleur de nacre
que les pleurs
ont polie.

Qu'à son tour
la douleur
le consacre,
pur amour
né du cœur[2].

---

1   [Ms. Ms. 42.973³] f. 8
2   [Ms. Ms. 42.973⁴] f. 9

III.

<u>Lylian</u> sait quel présent éphémère il
vient déposer aux portes d'Amour.
Mais ce don est encore le plus
grand qu'on puisse faire.

———

<u>Andante</u>
    Que la vie est profonde
        où l'Amour a souffert !
        L'abîme s'est ouvert
        que nul regard ne sonde.

    Un doute ! C'est le monde
        de nuit soudain couvert ;
        un désir ! L'univers
        que l'infini inonde.

    Amour, où tu n'es pas,
        rien n'est, ni sommeil même :
        celui-là seul qui aime,
        Amour vit, rêve, et croit.

    Sans toi, tout est mépris,
        dégoût, ingratitude ;
        Tout prend de toi son prix,
        et tout sa certitude.

    Car, — Hérault de la nuit
        où les jours se flétrissent[1],
        qu'es-tu de plus, ô Vie,
        qu'un parfum qui séduit,
        qui flotte et qui s'enfuit,
        entre deux précipices !

———

1   [Ms. Ms. 42.973⁶] f. 10

Pendant qu'il en est temps,
    cueille-toi donc encore,
    mon âme ! Et sur les bords
    fiévreux des noirs étangs
    où le soir se décore
    des pâmeurs de l'absinthe,
    Toi que l'amour a ceinte
    d'un abîme de maux,
    d'Amour chante la plainte,
    la route et les Tombeaux[1].

---

1   [Ms. Ms. 42.973⁶] f. 11

IV

Lylian s'adresse à Celle dont les Jardins
d'Amour sont le domaine. Il lui parle
comme à sa Reine : car elle règne sur
lui comme elle règne sur eux[1]..

<u>Un poco allegro</u>

Ô   toi, qui n'a pas su
    le mal que tu sus faire,
    En Vain j'ai pu te Taire :
    mais ici tout t'est dû.

Ô   toi, qui es la femme,
    et ma terre d'amour :
       je t'aime sans retour :
    on n'a jamais qu'une âme.

Et   par-delà la mort,
    s'il a fallu qu'il meure,
    le cœur adore encor
    ce qu'il n'aima qu'une heure.

Qui   aime cette fleur
    immortelle, une femme,
    boit le suc de son âme
    dans la coupe du cœur[2].

---

1   L'expression « reine du jardin d'amour » renvoie directement au personnage wagnérien de Kundry dans *Parsifal*. Le second acte se passe dans le jardin enchanté du
magicien Klingsor. Ce lieu de délices est peuplé de filles-fleurs qui séduisent les
chevaliers de passage. Dans le drame scénique sacré, Kundry cherche à séduire
Parsifal. Chez Wagner, ce jardin doit beaucoup à l'imaginaire oriental.
2   [Ms. Ms. 42.973[8]] f. 12

V

Lylian réfléchit à cette grande possession d'Amour, qui ne laisse plus rien à l'Amant de sa vie ni de sa personne même.
Il ne voit que son Amour; il n'entend que lui; il ne veut que selon le vouloir de cet Amour. Ainsi sa vie est à la fois multipliée et anéantie : elle est hors de lui-même, et pareille à un asyle béni au Haut d'une montagne sublime : là est la joie; là est le bonheur; là est la paix du rêve. Mais, hélas, que la cime est loin au-dessus de la plaine! Et sa grande ombre même assombrit tous les Humbles plaisirs d'en-bas.

Adagio

    Une seule pensée,
    un sentiment unique;

    le cœur enseveli
    dans une seule idée;

    un seul rayon au lys,
    une seule musique;

    une seule pensée,
    un sentiment unique;

    toute l'âme penchée
    à la même supplique,

    victime au front ployée,
    au visage pâli,

    comme la vierge antique
    qui ramène les plis

    de sa blanche tunique,
    et qui, toute noyée[1]

---

1   [Ms. Ms. 42.973⁹] f. 13

dans ses mortels regrets,
baisse ses yeux pudiques,

indifférente au coup
qui va bientôt trancher

sa nuque blanche et pure,
sa vie et son beau cou,

toute l'âme penchée
dans l'amour qu'elle jure,

un sentiment unique,
une unique pensée[1].

---

1   [Ms. Ms. 42.973[10]] f. 14

VI

Lylian raille amèrement la vanité des efforts et de la pénitence. Le sang qui a la fièvre fait le pouls fiévreux. Il n'est victoire sur soi-même : la discipline et le jeûne ne vainquent que ceux qui naquirent vaincus.

————

Le Cœur.

Lento ma non troppo

Dans les austérités
et les cilices,
j'ai irrité
le venin des délices.

On ne peut se quitter :
frapper ses vices,
c'est abriter
le lieu de ses supplices.

À quoi sert de lutter ?
La pénitence
taille la volupté
pour sa croissance.

Tous tes vices, mon cœur,
n'en sont rien que la vie :
si l'on s'en rend vainqueur,
elle est anéantie[1].

————

1   [Ms. Ms. 42.973[11]] f. 15

VII

Ainsi médite ce cœur, dans la science ingénue et profonde qu'il a de lui-même, plus que dans la pitié qu'il s'inspire. — Alors, l'âme altière, vierge qui a horreur de tout ce qui la trouble, qui veut être sereine, et libre, qui s'arme contre toute faiblesse, commence contre le cœur cette rude guerre qui doit finir par la mort de l'un ou de l'autre ; ô Lylian, tu es né pour souffrir, victime ou de l'Idéal ou de la passion des créatures.

———

Andante vivo

L'Âme.

Regarde au fond de toi,
    mon cœur : vois ta misère.
    Vois quel vide est la loi
    du ciel et de la terre :
    regarde au fond de tout
    pour tout prendre en dégoût.

Vois donc ! Tu n'as trouvé
    ni la mort de toi-même,
    ni l'humble et pauvre oubli
    orphelin du chemin
    qui conduit à la vie
    par les voies de la peine.

Qu'es-tu pour croire en toi ?
    Le ciel te tend les bras,
    et ses divines chaînes
    où le mépris fourmille.

Sirius scintille
et s'éteindra.
Le blanc Cygne qui brille
si chastement
une nuit se plaindra
dans quelque chant suprême
qu'au firmament
nul n'entendra[1].

Le ciel n'est rien,
et Tu veux être.
Ô Homme ! Ô chien
qui fait le maître.

Vois le néant.
Vois le silence
de l'infini.

Il n'est qu'un bruit
dans l'univers :
et c'est le chant
de sa souffrance.

Le Cœur crie dans un transport de peine :

« _____ Laisse-moi fuir :
je souffre trop ;
je pends aux crocs
de la vie.

Je veux mourir.
je veux l'oubli,
et le repos. »

---

1   [Ms. Ms. 42.973[12]] f. 16

L'Âme reprend avec une fermeté cruelle :

«_____ C'est là ce rêve :
             tant qu'il dure, souffrir,
                 souffrir sans trêve
                 pour qu'il s'achève[1]. »

---

1   Ms. Ms. 42.973[13]] f. 17

VIII

Lylian s'achemine vers le Parc d'Amour, à la chute du jour. Il voit du plus loin ces portes bénies des jardins qui ne s'ouvrirent jamais encore devant lui. Il marche enivré d'espoir et de doute, les douleurs d'hier le conduisent, et les joies l'attirent que demain lui promet. Il tremble de se sentir vivre et mourir dans le même moment.

––––––

Adagietto

    Une peine infinie
    qui me vient de bien loin, et va plus loin que moi,
    par-delà toute vie ;

    Une mortelle joie,
    qui fait Haïr le jour, qui fait aimer la nuit,
    qui brûle, baise et broie ;

    un désir de la vie
    qui me suce et me noie, qui à la mort m'incline
    et la comble d'ennui,

    c'est le mal qui m'a pris :
    la rose des douleurs, la rose des épines,
    mon lys en toi fleurit[1].

––––––

1   [Ms. Ms. 42.97314] f. 18

IX

Plus que l'espoir, en amour la crainte est forte. Et l'espoir n'est peut-être qu'une crainte qui rêve. Lylian ralentit ses pas. Il a peur de ce qu'il aime. Ah, si ces jardins célestes allaient encore rester fermés ! Que de coups de poignards reçus sur leur seuil désiré ! Lylian retarde l'instant d'une douleur nouvelle ; et il s'arrête une heure sous les palmiers fiévreux de la langueur.

<u>Andantino</u>
>   Je pâlis
>   dans l'attente
>   de l'amour qui me fuit ..
>
>   Je languis
>   sous la tente
>   de la mélancolie ..
>
>   La folie
>   me tourmente
>   et dans l'ombre m'épie ..
>
>   Mon cœur penche
>   dans l'attente
>   comme dans l'août l'épi ..
>
>   Chaque jour
>   m'épouvante,
>   et bien plus chaque nuit ..
>
>   Tous les rêves
>   qui me tentent
>   me dévorent sans bruit ..
>
>   Je languis
>   dans l'attente
>   de l'amour qui me fuit[1].

---

1 [Ms. Ms. 42.973¹⁵] f. 19

X

Crépuscule de l'espoir, tu es aussi rêveur,
aussi souffrant, et aussi étrangement doux que
le crépuscule du soir.

————————

Lento febrile

Mon espoir
est la perle d'Orient
qui pâlit vers le soir
en brillant.

Tu blêmis,
pur joyau, espérance :
en toi mon cœur a mis
sa souffrance.

Ferme-toi.
Meurs, goutte de lumière.
Meurs, ce cœur ne croit pas
qu'il espère.

Ô espoir,
pure perle d'orient
brille encor vers le soir
en mourant[1].

————————

1   [Ms. Ms. 42.973[16]] f. 20

XI

Les portes du Parc d'Amour demeurent closes. À travers la dentelle du fer, la passion de Lylian s'élance ; elle rêve sur tout ce qu'elle voit : dans ces jardins, il n'y est rien qui ne vive pour elle. Tout lui est émotion. Tout lui est souvenir. Mais, à eux tous, ils ne sont qu'un, toujours le même.

Moderato

> Les doux jardins d'Amour n'ont pas ouvert leurs portes.
>   Que de nuits j'ai veillé près des grilles de fer !
>   Mes lèvres ont compté toutes les feuilles mortes
>   des rêves que j'ai faits, des maux que j'ai soufferts.
>
> Que j'épiais de fois l'espoir sous les allées !
>   Que de fois j'ai frémi dans l'attente des pleurs !
>   Que de fois sur mes cris mes dents se sont scellées !
>   Que j'ai bu de ma vie, et mangé de douleurs !
>
> Les feuillages d'été dormaient : les purs murmures
>   sans pouvoir l'apaiser, chuchotaient à mon cœur.
>   L'étoile scintillait à travers les ramures.
>   La ravissante nuit respirait le bonheur.
>
> Ô doux jardins d'Amour, pourquoi vos portes closes
>   m'ont-elles rejeté au sein de l'infini ?
>   Que n'ai-je pu cueillir mes rêves sur vos roses ?
>   Et sur vos lacs songeurs que n'ai-je enfin dormi ?
>
> Mais en moi n'a fleuri, ainsi qu'en toutes choses,
>   que la noire pensée de la mélancolie[1].

---

1   [Ms. Ms. 42.973[17]] f. 21

XII

Lylian, à la porte du Parc d'Amour, reste seul avec le désespoir et le silence : tandis que l'heure s'avance, et que la fête s'éteint.

<u>Andantino</u>
L'Amour fait vivre,
   et l'Amour tue :

   Il s'insinue
   au fond du cœur,
   et il l'enivre.

Douce liqueur
   qui vient des yeux,

   et qui en tombe
   comme le givre
   d'un ciel soucieux.

La fête fond
   dans la nuit sombre :

   le fauve bond
   des voix de cuivre
   lassé succombe.

Les cris s'éloignent
   au loin dans l'ombre.
   Les mains se joignent.

Les bras se tendent,
   puis las s'effondrent
   d'étreindre en vain.

  Et les pleurs tombent
   sur le chemin[1].

---

1   [Ms. Ms. 42.973[18-19]] f. 22 et 23

XIII

Lylian palpite de souffrance. Il mouille la porte de ses larmes ; et dans le fer qui brille sous la triste rosée, il lui semble voir son image. Mais c'est en lui-même qu'il la voit : car une extrême douleur nous sépare presque de nous, et dresse devant nos yeux une sorte de spectre de nous-mêmes. Souvent alors nous parlons à ce pauvre étranger ; nous lui reprochons d'être muet : et il arrive qu'il nous réponde, d'une voix entrecoupée de tremblements et de frissons.

<u>Lento agitato</u>

 Sous mon âme
   Tout s'est fait noir :
   et la lune n'a plus que de mon désespoir
   la morne flamme ..

 Je suis pâle
   comme la mort :
   déjà la Voyageuse est arrivée, et dort
   sur mon visage ..

 C'est la mâle
   l'âpre douleur,
   qui étend son manteau d'orage sur mon cœur ;
   gonflé de rage[1] ..

---

1   [Ms. Ms. 42.973[20]] f. 24

XIV

Pourtant, cette nuit d'été est divinement claire et belle.
Lylian dit un Ave à la clarté de ces douces
ténèbres. Qu'au moins, sous ses yeux dévoilés,
passent les ombres de quelques souvenirs
sans amertume.

<u>Allegretto</u>

Ô crépuscule,
ondoie de larmes
l'âme qui brûle
dans les alarmes
de l'Amour.

Bonnes ténèbres,
faites des langes
d'enfant blessé
au cœur que mange
la douleur.

Lueur du soir,
passe tes doigts
muets et tristes
sur mon front noir
de chagrin.

Ô douce lèvre
des pâles cieux,
mourant adieu,
tire des pleurs,
plus doux ; plus tièdes
de ces deux yeux
brûlés de fièvre[1].

---

1 [Ms. Ms. 42.973[21]] f. 25

XV

La pensée de Lylian vole au-dessus de cette clôture cruelle ; les yeux fixés aux étoiles il voit passer au Zénith quelques-unes des délicieuses perfections de sa Reine. Et c'est tout d'abord, son rire[1], pareil à la bande naïve des anges joyeux, qui s'élance hors du nid. Il y a peut-être, dans ce premier souvenir, un peu d'amertume encore et d'ironie. Va, pluie de perles, tombe, toujours exquise, quand même tu serais des gouttes de feu.

Allegro

> Je laisse aux vains
>> les choses vaines.
>> Voici mon cœur,
>> lave tes mains,
>> du sang qui t'aime.

> Si tu as faim,
>> ô chère Reine,
>> prends-moi mon cœur,
>> et bois le vin
>> du sang qui t'aime.

> Rire divin
>> qui broie mon cœur,
>> ris, ô ma reine !
>> Mêle ton grain
>> au sang qui t'aime.

> Je laisse aux vains
>> les choses vaines[2].

---

1   Le rire est une des caractéristiques de Kundry. Dans le drame wagnérien, il exprime la folie d'un être souffrant, pris dans le cycle infernal des réincarnations. Julien Gracq gardera aussi ce thème du rire et proposera autour des avatars romanesques de ce personnage féminin, de nombreuses variations du rire. Ici, c'est le rire cristallin de la séduction.

2   [Ms. Ms. 42.973[32]]

XVI

Voici que refleurit la mémoire du doux temps d'Amour, et de sa chère naissance, entre les yeux rieurs de l'Avril et les lèvres déjà plus parfumées du tendre Mai.

Allegretto

Comme à la fleur va l'aile
    candide à la brise,
        mon cœur,
    mon cher cœur qui se brise
    s'en est allé vers elle,
    ainsi qu'à la plus belle
        des fleurs.

Ô du fond de l'espace,
    pourquoi ai-je volé
        vers Toi,
    et vers Toi seule !
    ou que ne suis-je allé
    avec le temps qui passe
    rêver dans la vallée,
    ou dormir sous la meule ?

— Où que je fusse allé
    tu eusses rêvé d'elle
        mon cœur ;
    en Elle rit la grâce
    de ta propre douceur :
    chéris donc ton malheur,
    et vis de ta disgrâce.

La joie et la douleur
    sont l'idole à deux faces[1].

---

1 [Ms. Ms. 42.973³³] f. 27

XVII

— Ah, se dit Lylian, si les vipères de l'être ne dressaient point en sifflant leurs Hideuses têtes, je vivrais plus volontiers de ma peine d'amour que de tout autre joie.

Vivace

> Ton air sent le muguet,
> et tes pas la framboise.
> Ton sourire est plus gai
> que la voile qui croise
> dans le soleil marin.
>
> La brise du matin
> de tes yeux de turquoise
> a le rire argentin
> du feuillage enfantin
> à sa première extase.
>
> Étoile du matin,
> ô blonde Virginelle,
> c'est ta claire prunelle
> qui chante et fait Tin-Tin,
> comme une cascatelle
> de cloches d'argent fin,
> qui volent sur des ailes
> jusqu'au fond de mon cœur,
> où même ma douleur
> rit de te voir si belle[1].

---

1   [Ms. Ms. 42.973³⁴] f. 28

XVIII

Comme l'amour est un mal sacré, il vient du ciel, et il en a d'abord la rayonnante douceur. Ô dieu ! Quel baiser de lumière vient envelopper une âme d'amant !

<u>Andantino vivo</u>

> La caresse
>   des sens
>   si vive et douce
>   me pénètre,
>
> Qu'elle laisse
>   en mon être
>   comme une mousse
>   d'encens..
>
> C'est l'ivresse
>   du sang,
>   et qui le pousse
>   à jaillir innocent
>   comme un fruit en sa gousse..
>
> Une caresse
>   qui blesse
>   tant elle est douce,
>   qui tourne autour du cœur,
>   et le lèche, et le presse
>   dans les nids de sa bouche..
>
> .. Ô rêve de douceur[1]..

---

1   [Ms. Ms. 42.973³⁵] f. 29

XIX

Quand l'Amant est étourdi de désir, que l'ivresse en soit pure ou qu'elle ne le soit pas, la pensée s'accroche à quelque trait naïf qui s'offre à elle, et comme un enfant, qui se repose du jeu entre les bras de sa mère, elle balbutie son bonheur et son vœu.

Scherzando pianissimo

Comme les bleuets
    dans les blés,
    j'ai rêvé
    de cueillir
    sous de blonds cheveux
    deux yeux bleus
    de saphir..

Sur ces yeux
    je voudrais mourir ;
    je voudrais cueillir
    ces yeux bleus
    pour mieux croire
    à mes rêves..

Je veux ces yeux bleus,
    pour en boire
    la lumière,
    et leur faire
    des paupières
    de mes lèvres..

Hélas, mon désir !
    mourir, je le peux ;
    mais non pas cueillir
    ces yeux bleus[1].

---

1   [Ms. Ms. 42.973[26]] f. 30

XX

Lylian songe au ciel étoilé de son printemps d'Amour. Il revoit les constellations de la triste amoureuse. Ce temps était plein d'espoir ; et des yeux de sa Reine à ceux des étoiles, tout alors lui parlait doucement.

Adagietto
Siempre mf
p
pp

Les étoiles bleuissantes
    dans le ciel pâli
    tremblent, tremblent..

Les haleines toutes puissantes
    de l'avril ravi
    baisent les trembles.

Les soupirs montent de l'âme
    des nouvelles fleurs
    qui rêvent, rêvent..

L'air roule de fraîches flammes
    qui gonflent mon cœur
    de flots de sève..

La langueur délicieuse
    de l'ardent désir
    se lève, lève..

Comme on voit sur les yeuses
    la lune qui dort
    dans les sourires,

Telle l'ivresse amoureuse
    s'étend sur un lit d'or
    de mes soupirs[1].

---

1   [Ms. Ms. 42.973[37]] f. 31

Ô étoiles, fleurs heureuses
    qui ne mourrez point,
      je vous supplie,

Prenez la fleur ténébreuse
    de mon cœur, le lys
      que j'ai aux mains :

Je le tends jusqu'à vos urnes,
    pour qu'en son calice
      rouge d'ardeurs,

Vous versiez les flots nocturnes,
    les calmes délices
      de vos candeurs[1].

---

1 [Ms. Ms. 42.973[37]] f. 32

XXI

Plus qu'à tout le reste, le pur Amant est sensible à la voix de celle qu'il aime. La voix est la bêche de l'âme ; elle y découvre et y remue tous les trésors. Car la voix est l'outil divin de la musique ; et comme Amour est le fond de toute musique, Musique est le fond de toute chose.

Adagio

Comme les yeux le sont de l'âme,
    la voix est le reflet du cœur :
    à quel foyer, écho de flamme
    as-tu puisé ta grave ardeur !

Quel son plus pur d'un plus beau cœur
    chanta jamais dans une femme !
    Tu ne sais pas les profondeurs
    qu'il m'a fait voir dans ta belle âme.

Ô voix, souvent tu m'as fait peur
    pareille au mystère qui passe.
    Pâle d'une ardente pudeur
    tu chantais, — ah ! pleine de grâce !

Ta voix montait, comme en l'espace
    une colombe en sa candeur :
    et l'on eût dit que la splendeur
    de ton grand front en fût la trace[1].

Alors, ton sourire souffrant, –
    car toujours la Musique aux mailles de sa trame
    serre le cœur contre elle, et dans les pleurs le prend, –
    semblait porter l'âme d'une âme.

---

1   [Ms. Ms. 42.973[38]] f. 33

Après quel rêve, après quel chant
sur tes lèvres d'amour ai-je donc vu errant
ce baiser idéal, ailé de pâle flamme,
qui volait de ta voix, et s'en allait mourant
illuminer les bords les plus lointains de l'âme
    des feux suaves du couchant[1] ?

---

1   [Ms. Ms. 42.973[39]] f. 34

XXII

Loin d'elle, et n'osant l'aller trouver, Lylian confiait au gracieux Crépuscule les plus tendres messages : combien l'aimable Page, vêtu de soie orange, était habile à s'en acquitter, vous le savez vous tous qui vous prîtes à rêver sous les cheveux dénoués et les guirlandes embaumées des chèvrefeuilles.

Allegretto pianissimo

> Bon vent du soir,
>   de la douce heure,
>   heure songeuse
>   du rêve en pleurs
>   pleins de douceur,
>   et des regards
>   vers l'avenir !
>
> Brise joyeuse
>   de l'heure heureuse,
>
> Va, cours, vers Elle !
>   Verse, soupir,
>   du bout des ailes,
>   ô brise heureuse,
>   dans son cher cœur
>   la langueur —
>   amoureuse —
>
>   Et le cœur —
>   de mon cœur[1] .. —

---

1   [Ms. Ms. 42.973[41]] f. 35

XXIII

D'autres fois, après maints transports de passions, Lylian aux champs, cherchait à tremper son âme dans la fraîche prairie. Couché parmi les herbes, il causait avec les plus humbles, et leur parlait avec une languissante légèreté.

Allegretto languendo

La gaîté, la gaîté est le soleil sur les champs.
Ô rires des brins d'herbe, avez-vous pris ma tristesse,
ou bien ne sais-je plus prêter mon âme à vos chants !
Est-ce vous qui me laissez ? Ou moi qui vous délaisse ?

Hélas, accueillez-moi. Gais ! Rafraîchissez mon cœur
chaud de peine. Approchez vos petites bouches vertes
de mon front qui brûle. Ô doux êtres faits de candeur
soyez le frais ruisseau coulant sur mes plaies ouvertes.

Coulez à flots, ô mes purs ! À flots coulent mes pleurs.
Si vous ne craignez pas le vent d'ardeur de mon âme,
brins d'herbe verts, gais innocents, fils des fleurs,
daignez baiser mes yeux desséchés par les douleurs.

Semez vos gouttes d'eau sur la fièvre et sur les flammes.
Simples regards de Dieu, plaignez un fils de la femme :
elle a souffert : il souffre : ce qui dure est douleur :
Vous, verts moments, faites chanter vos petites âmes[1].

---

1   [Ms. Ms. 42.973⁴²] f. 36

XXIV

Cependant, les yeux de Lylian se détachent des étoiles. Tandis que ses regards descendent, il médite pour reculer le dur moment de revoir sa vie autour de lui. Il connaît trop ces alternatives, et de quelle chute sur la terre est suivi un bel oubli.

Hélas, que l'ombre est épaisse ! Et que la nuit est dense !

<u>Andante</u>

    Mourir au monde est peu,
        peu mourir à soi-même :
        mais c'est mourir à Dieu,
        mourir à ce qu'on aime,
        qui déchire le cœur.

    Ce n'est rien que la vie :
        c'est pourtant le printemps.
        Je pleure amèrement
        l'Amour, la fleur flétrie
        qui pourrit dans les pleurs[1].

---

1   [Ms. Ms. 42.973⁴³] f. 37

XXV

Lylian reste debout, le front et le bras appuyés contre la grille de fer du parc. Pour l'Amour souffrant, chaque nuit est une prison obscure, pareille au préau d'une maison de fous, où courent silencieusement dans les ténèbres des formes malheureuses, faites pour terrifier l'âme la plus ferme.

Adagio

    Dans la profonde nuit
        mon Amour souffre et veille
        mon âme se surveille ;
        et mon cœur se poursuit.

    Sur le bord de l'abîme
        nous sommes là tous trois :
        chacun regarde en soi,
        et y cherche son crime[1] :

    Qui lèvera les yeux
        de dessus sa victime ?
        Enlacé, force infime,

    Plus tristes que des dieux
        nous errons loin des cieux
        suspendus sur l'abîme[2].

---

1   en y cherchant
2   [Ms. Ms. 42.973⁴³] f. 38

XXVI

Lylian voit, sur les routes de sa vie, sa pensée d'amour abattue, ardente et mélancolique de pudeur : telle une chaste jeune fille, songeant à son ami, sans savoir ce qu'elle craint, et le souhaitant à son insu peut-être, le cœur traversé soudain par un souci plus aigu qu'une flèche, s'assied pleine de trouble sur l'herbe de la colline : au-dessus de son front s'élèvent des lauriers, pâle et verte de leur ombre, elle laisse ses yeux errer au loin ; ses beaux cheveux blonds tombent sans force sur son cou de cygne ; elle tient sa tête brûlante et lourde dans sa main ; et elle ne se dit rien, sinon qu'elle aime, et qu'elle sent la douleur venir à elle.

Adagietto

Longues et pures sont les mains
où je n'ai pu mettre la mienne …
Ah ! mon amour les vit comme les pèlerins
voient les lys leur parler, sur le bords des chemins,
et leur chanter l'antienne,
à l'heure où la tendresse humaine
a besoin d'un ami, qui lui dise « je t'aime »,
« Adieu », ou « À demain ! »

Ô mains languissantes et frêles,
où mon amour a mis mon cœur..
Ce cœur est trop pesant ; c'est un fardeau pour elles,
qu'elles laissent tomber : telle on voit sous les grêles[1]
la fleur perdre sa fleur,
telles ces mains avec langueur
purent, pâles, ravir mais non porter un cœur
et sa force éternelle.

---

1   [Ms. Ms. 42.973[45]] f. 39

J'ai rêvé sur ces mains
    où palpitait ma peine,
    comme au bord des chemins
    rêvent les pèlerins,
    quand les lys des ravins
    leur murmurent l'antienne :
    «Je suis là, pèlerin !
    Endors-toi ; à demain[1] !»

---

1   [Ms. Ms. 42.973⁴⁶] f. 40

XXVII.

Lylian, parlant aux fleurs, parle à ses pensées d'Amour
les plus pures. Plus il va dans la nuit, plus il sent
que les grandes pensées et le cœur pur sont tout l'Homme,
    – et tout l'Amour.

Allegretto.
Ô fleurs,

je sais vos joies,
je sais vos peines,
et dans mes doigts
vos chers cœurs
ont dit sans haine
leurs douleurs.

Ô fleurs,

je sais vos morts,
et vos naissances ;
vos chastes corps,
vos chers cœurs
ont leurs souffrances
et leurs pleurs.

Ô fleurs,

vous m'avez dit
vos grandes haines,
vos hontes, lys,
de bien des chaînes ;

j'ai vu vos cœurs
nés pour l'amour,

et qui se meurent
d'aimer un jour[1].

---

1 [Ms. Ms. 42.973⁴⁷⁻⁴⁸] f. 41 et 42

XXVIII.

Il se retrouve devant les portes closes des Jardins d'Amour. Sa détresse est infinie. Le désir commence à poindre, plus fort du repos qu'il a pris dans de chastes rêves. Et l'insomnie tourmente cruellement l'Amant qui veille.

───────────

Andantino agitato

Je suis dans mon ennui
    comme on est dans la fièvre.
J'ai le feu sur les lèvres,
    et le sommeil m'a fui.

Mes paupières violettes
    disent en mots meurtris
    les grands coups et les cris
    de mes douleurs secrètes.

Mes yeux sont sans regards.
    J'ai des frissons ardents,
    et je claque des dents.

Le sang au front pâli
    frappe des coups hagards
    comme ceux de minuit

sonnant dans le brouillard[1].

───────

1   [Ms, Ms, 42,973⁴⁹] f. 43

XXIX

La marée du désir s'élance toujours plus forte et menaçante.
Elle rugit à l'assaut du cœur. Lylian, dans les transes, repousse
des fantômes haïs.

Largo agitato

La chair

> est la misère des misères !
> Et la vie est amère
> comme la chair.

Nuit sombre

> quels désirs, quels spectres d'horreur
> sont dressés dans mon cœur
> par tes bras d'ombre !

Ô chair,

> je te quitte : je fuis la terre :
> ton souffle délétère
> pourrit mon air.

Va-t-en,

> Tes membres sont tout vice :
> Tu es bourreau, tu es supplice :
> la chair est l'âme de Satan[1]..

---

1   [Ms. Ms. 42.973⁵⁰] f. 44

XXX

Hélas, Lylian ne peut chasser ni ce qu'il vainc, ni ce qu'il désire. En vain, il cache son front contre un bon arbre vêtu d'ombre : on ne peut oublier. L'Amour fait de tout un perpétuel présent. L'Amour est un grand maître d'éternité.

Scherzando forte
      Que celui qui oublie
          me dise à quelles eaux
          il but, et purifie
          de souvenir son être jusqu'aux os.

      En moi, mille roseaux
          ont fait mille blessures :
          je ne sais pas de flots
          pour effacer ces sanglantes souillures.

      Aux bords de la mélancolie
          où coule le Léthé
          je suis venu ensanglanté
          avant l'été
          l'été de la vie.

      En ces eaux, tous les prés de mon âme
          se sont trempés en vain :
          j'y ai mêlé trop de chagrin,
          trop de mes larmes :
          et je me souviens[1].

      Qui peut donc oublier ! Comment guérir des coups
          du souvenir d'aimer ! Et quel dieu ne désarme
              plus aisément que nous !
          Notre âme est trop profonde :
             il pousse un monde
              en chaque larme[2].

---

1 [Ms. Ms. 42.973[51]] f. 45
2 [Ms. Ms. 42.973[52]] f. 46

XXXI

Lylian frémit à l'aube qui point.
Et cette heure si triste lui semble
plus triste encore.

Allegro sostenuto

J'ai vu le jour
dans l'insomnie,
et voler le vautour
du dégoût de la vie
sur mon Amour.

J'ai haï le soleil,
ce miroir de tristesse.
J'ai haï le matin,
étoile du chagrin
qui se lève sans cesse
et fait fuir le sommeil.

J'ai haï le soleil !
Et seul l'ai eu en Haine :
alors qu'au cher réveil
la fleur des champs rit (pleine)
de joie, – et qu'elle lève
sa douce tête au ciel.

J'ai vu lever le jour
dans l'insomnie,
et voler le vautour
du dégoût de la vie
sur mon amour[1].

---

1   [Ms. Ms. 42.973⁵³] f. 47

XXXII

L'Amant voit que la vraie croix de l'Homme est d'avoir compté sur l'Amour. Charge-t-en les épaules, mais n'en attends aucun secours – Voilà ce qu'il se dit. – L'Amour fait naître la foi à tout ; et sa peine la détruit. Ô conseils terribles de l'âme dédaignée !

<u>Allegro forte</u>

> Volonté est souffrance,
>   et volupté est mort.
>   Cœur plus grand que ton sort,
>   laisse toute espérance.
>
> Je veux ne pas vouloir !
>   En vain ! Pour que je veuille,
>   je suis né : ô jour noir
>   il faut que je te cueille !
>
> Je veux ! Je veux souffrir !
>   la paix a le goût fade,
>   et pour le cœur malade
>   le sommeil c'est mourir.
>
> Va donc où veut ta force !
>   Périr peut être doux.
>   Meurs d'amour, et t'écorce
>   de la vie et de tout[1].

---

1 [Ms. Ms. 42.973⁵⁴] f. 48

XXXIII

Dans l'Amour, on se plaint de ce qu'on eût payé trop peu de sa vie même : mais on l'en paie en effet. C'est que le vrai Amour dépouille toutes choses de leur matière, et fait entrer l'âme dans les formes pures de l'Idéal.

<u>Andante ma non troppo.</u>
>   J'aime, Hélas, j'aime…
>   un son qui passe,
>   un souvenir,
>   son ombre même..

>   Que ma disgrâce
>   est infinie..
>   nul avenir,
>   aucune envie..

>   Et dans mon cœur
>   un croc arrache
>   chaque attache
>   au bonheur..

>   J'aime, Hélas, j'aime..
>   une pensée,
>   ou les haillons
>   de quelque idée,

>   Voilà la plaine
>   aux longs sillons
>   d'une âme ouverte
>   et mal pensée,

>   où le labour
>   jette la graine
>   de la peine
>   d'Amour.. — 1

---

1   [Ms. Ms. 42.973$^{55-56}$] f. 9 et 50

XXXIV

Des passants trouvent, à l'aube, Lylian à demi-évanoui sous un berceau d'arbres : c'est là, près du parc, qu'il passe sa vie : car, enfant, sa Reine se plaisait à venir sous ces ombrages. Et lui y reste, indifférent à tout, hormis à la consolation de cette présence passée. Là, ses rêves sont enchaînés. Là, il est pâle et muet comme un mort. On dit de lui : « Qu'a-t-il donc ? » —

Tel est l'Amant qui aime son espoir.

Adagio

    Je vis sous l'arche
       de ma douleur
       Je suis un mort
       qui parle et marche.

    C'est sur les bords
       du lac des nuits
       que je me cache
       et me survis.

    Je suis sans être
       Je vois sans voir
       le désespoir
       s'est fait mon maître.

    Sous le malheur
       le sort m'attache —
       mon pauvre cœur
       est sous la Hache[1].

---

1   [Ms. Ms. 42.973[57]] f. 51

XXXV

Quelqu'un de ceux qui passent, moins froids pour la douleur étrangère que les autres, demande à Lylian si les larmes qui noient ses yeux sont les premières. — Ô soupir de l'Amant ! Il sent toute l'amère Tristesse au lys que fane le péché : il met cette odeur dans sa réponse obscure.

<u>Adagio ma non troppo</u>

> Que j'ai bu, hélas,
> la nuit amèrement
> de mes larmes brûlantes..
>
> de ces larmes d'amant
> que rien n'arrête et lasse,
> le long des Heures lentes ! ..
>
> Alors, au pied du lit,
> ô lentes, lentes heures
> où le cœur se dévore ! ..
>
> Quand le voleur de nuit,
> le désir aux pieds tors
> se glisse au cœur et mord
>
> L'Amour, l'Amour qui pleure[1].

---

1 [Ms. Ms. 42.973⁵⁸] f. 52

XXXVI

Le jour invincible s'avance ; et le soleil triomphe de toutes les
ombres. Ah, dit Lylian, qui me cachera de moi-même, et à moi ! Me
voici dans la solitude des tristesses, au grand jour. Ô accablement !

Largo forte

> Ô ciel, ô firmament, saphir cerclé de fer,
> Méprise-nous,
> si tu méprises !
>
> Mais non : tes coups
> ont moins de prises
> sur tous les maux que j'ai soufferts
>
> Que ton calme divin, que les pas lents et amples
> à travers l'infini
> et que tes yeux ouverts
> pareils à ce repos profond qui sort des temples,
>
> Ô porte qui contemple
> l'éternel mouvement, sommeil de l'univers[1].

---

1   [Ms. Ms. 42.973¹⁰] f. 53

XXXVII

Et l'Amour, dans la douleur, réfléchit à son tour une
lumière, qui ne le cède   [aveuglante
point à celle du soleil. Il est trop vrai :
cœur qui souffre, — cœur qui sait.

Larghetto sospirando

Celui qui pleure
   voit tout en lui
   plus ne le fuient
   les lentes Heures.

Mais une à une,
   il les écoute :
   et goutte-à-goutte
   il les consume,

Au fond du cœur :
   il les voit toutes
   qui y dégouttent
   avec les pleurs

... Toutes...
... Toutes[1] ...

---

1 [Ms. Ms. 42.973[60]] f. 54

XXXVIII

« Avoir une âme, mal qui ne pardonne pas, en effet. —
Vouloir est la grande douleur. — Il faut mourir :
   Tu ne peux à moins étouffer ce Foyer.
      Allons-nous en donc au pays des cendres. »
      Ainsi pense Lylian. Et, dans ce calcul
            désespéré, toute idée de violence est
                  contenue.

Allegro con motto

   Tous nos maux, nos misères
      nous viennent de trop loin :
      tous les temps, et les terres
      du ciel font un chemin
   à la plus humble des larmes sous nos paupières.

   Vouloir, penser, agir,
      sont les trois fils de l'âme :
      et ils la font souffrir
      comme ceux de la Femme :
   que de nobles soleils éteints par un soupir !

   La peine qui me dague
      au plus beau de mon cœur
      est dans la main de nos âges,
      et ses doigts de douleur
   ont fouillé dans ma chair pour s'y faire une bague.

   En vain je sais vouloir :
      j'ose moins que je veux.
      Le bien et le devoir,
      les plus lâches des dieux,
   me dégriffent le cœur : et je rougis contre eux[1].

---

1   [Ms. Ms. 42.973⁶¹] f. 55

XXXIX

Lylian sent le désir de la mort croître dans son âme avec l'ardent désir d'Amour. Le péché naît de la peine d'Amour ; et le vœu de la mort, de l'horreur du péché.

<u>Andante agitato</u>

— « Où donc es-tu, ma mort ? »

— « Ce n'est pas encore l'heure. »

— « Dans l'Amour j'ai séché :
s'il n'est temps que je meure,
il l'est d'être fauché. »

— « Ce n'est pas encore l'heure. »

— « Va-t-en de moi, remords ;
va-t-en, ô noir péché
dont la langue a léché
la bouche de la mort,
et dont elle a l'odeur. »

— « Ce n'est pas encore l'heure ».

— « De toi, j'ai trop l'horreur :
te voir, c'est se tacher ;
de ton nom seul, mon cœur
jusqu'au fond est touché :
ordonne-lui qu'il meure,
s'il faut, pour se laver
de t'avoir approché. »

— « Ce n'est pas encore l'heure[1] »

— « Amour, prends donc mon sang :
  Efface. Et je rirai
  de joie à la douleur. »

— « Ce n'est pas encore l'heure[2] ».

---

1   [Ms. Ms. 42.973[62]] f. 56
2   [Ms. Ms. 42.973[63]] f. 57

XL

Lylian crie une dernière fois vers celle qu'il aime ; car la force d'Amour entraîne souvent, comme un soudain orage. Mais le cœur ne peut agir que sur le cœur.

Andante mosso

> Amour, bonheur suprême,
>   et suprême martyre !
>
> Le mot divin « je t'aime »
>   coule en vain dans mes veines ;
>   en vain je suis la lyre
>   où le divin « je t'aime »
>   vibre et chante sans fin,
>   ce mot du cœur, son pain,
>   Tu ne sais pas le dire,
>   ô rose souveraine,
>   reine de mon martyre..
>
> Amour, bonheur suprême
>   et suprême martyre[1].

---

1   [Ms. Ms. 42.973[64]] f. 58

LA MORT D'AMOUR[1]
[Ms. Ms. 43.015]

Lied I

[XV à XXV]

Abîme.

———

Lourd et lent
p
> La sensualité
> est le cœur de la mort.
> Elle est l'âme alitée
> que le corps suce et mord.

f
p
> La triste âme alitée
> alors se voit en croix,
> et l'animalité
> en fait sa chaude proie.

pp
> Je tremble à cette odeur
> des parfums de la terre :
> Je sens battre mon cœur
Très lent
> d'extase – sous les serres.

———

1   27 ff. série [Ms. Ms. 43.015] – Les feuillets qui nous sont parvenus forment un ensemble difficile à déchiffrer. Il s'agit de petites pages jaunies, mélangées, et réunies dans une feuille pliée en deux sur laquelle on peut lire cette indication au recto : «in. *La Mort d'Amour*» et au verso : «Viens, ô silence ! Viens, baume de la douleur, voile du monde et du cœur». On espère retrouver dans les textes en attente un document plus précis. Mais il nous a semblé intéressant de produire ici les feuillets lisibles. Il ne s'agit donc que d'extraits. Ils permettent de compléter la première série de textes que constitue *Les Jardins d'Amour*.

A. T.°   ff   Loin de moi. Loin ! Va-t-en !
C'est le masque terrible
que l'habile néant
met à la vie : —

pp   Ô crible,
soudain, qu'on voit béant,
et où la bête horrible,
la noire mort attend !

Lylian
Mer d'amour
X à XV

Il suit le flux de la mer des
étoiles ; et il se souvient.

Lylian

All^{tto} sost^o

Fleur de mes yeux
je t'aime
comme les cieux
dans la nue.

Quand tes yeux bleus
s'entrouvrirent,
comme des dieux
mes jours rirent..

Ces jours, — ô fleur
qu'ils aimèrent,
de ton odeur
s'embaumèrent.

Comme le clair
de la lune
rêve dans l'air
des lagunes

au bord de mer
c'est mon âme
qui chante l'air
fait de flamme

puis les doux cors
soupirèrent ;
et âme et corps
s'enlevèrent.

Mais, fleur des yeux,
mes jours burent
tes regards bleus,
et moururent.

Lylian. II. X à XV
[…][1]

> Ah! mon cœur, que nous souffrons
>   de tout et de la vie!
>   Que de maux courbent ce front,
>   et quelle âcre folie!
>
> Qui l'eût dit qu'un jour viendrait
>   qu'un regard, une épine
>   de rose me percerait
>   l'âme dans la poitrine?
>
> Que je verrai ma fierté
>   rongée à la racine, —
>   moi puissant de liberté,
>   plus que l'onde marine!
>
> Ô mon cœur, qui nous l'eût dit
>   eût éprouvé ta haine
>   ou le froid mépris qui rit.
>   Or, c'est nous que voici
>   Honteux, pleurant dans la peine.

---

1 Le texte de ce passage est illisible dans son intégralité. Il commence par quelques mots d'introduction présentant la situation. Lylian est sur une galère et contemple les vagues « riantes et gracieuses » : « elles se dressent devant la proue, et la prennent contre leurs gorges plus blanches que la neige », « Lylian les contemple avec envie. » Le poème présenté ici est complet.

Lylian II. X à XV.

Lylian en pèlerin éternel.
Lylian :

Andante sost°

p

Il n'est qu'une tension :
les autres sont images :

f

l'Amour est la Sion ;
but de tous les voyages.

f

Qui sait lever les yeux,
le voit de tous rivages,
le mont ceint de nuages
à qui chantent les cieux,

f

Et d'où regarde Dieu
sur l'océan des âges.

À l'heure brûlante et lourde de l'après-midi de la passion, l'amant monte sur la galère, mouillée dans la mer d'amour. Il largue la voile. Il rompt l'amarre. — Où vas-tu pèlerin éternel ? — Où me porte le flot[1].

---

1   Au verso du feuillet.

Lylian II
  II ou III

    Le vent du passé enfle les
      voiles d'un souffle irrésistible —
   et la nef de la vie court
      dans le sillage marqué depuis
      les premiers battements du cœur
      de Dieu. La journée s'avance. Les vagues tombent et s'en
  vont goûter le repos de leur lit
  virginal, qui sent le sel pur et l'herbe humide.

  […]

            Lylian
       au plus fort de la fièvre
     s'arrête à goûter le mortel repos de
          la souffrance
           lasse.

$\underline{All}^{tto}$
p
           Glisse, ma vie :
           descend la rive,
           ô noir vaisseau ;
           le jour pâlit,
           la nuit arrive
             à flot.

           Pâle, là-haut
mf   Vesper se lève
           sans le halo
           du jour qui fuit ;
           au loin l'eau luit
             et rêve.

Larghetto.   C'est le rêve de l'eau,
mf   c'est le rêve de l'onde
                    c'est le sommeil du monde.

p   Le songe de la vie
                    goutte à goutte* s'oublie :
* vague à vague   plus de voix dans mon cœur,

p   Dans mon cœur plus de bruit,
                    la torpeur de la nuit :
mf   j'étouffe ! je me meurs !

pp   C'est le rêve de l'eau,
                    c'est le rêve de l'onde..
f   — À l'aide !
pp   — .. c'est le songe

                    qui s'éteint dans mon cœur
                    de la vie et du monde,
                    c'est l'oubli.
ppp   — Je me meurs !

Il n'est pas si aisé de mourir. Seul qui vit peu meurt vite. Au cœur puissant le privilège de savourer la mort. Souffre donc et sois-en fier, si tu peux, ô héros[1].

Lylian II / X à XV

Ne suis-je plus ?
Ou suis-je encor ?
Comme un corps mort
je vais au flux.

Ma joie[2] est morte ;
la nuit la cueille ;
le vent l'emporte,
comme la feuille.

Je cède au sort.
Mon cœur de fer,
las d'être fort,
a trop souffert ;

C'est à plein bord
qu'il se rejette
et qu'il se jette
aux flots du port[3].

---

1   Note de Suarès avant le texte.
2   Variante : ma force est morte.
3   Variante : de la mort.

Lylian – II/ XV à XX

> Le chevalier d'Amour tombe à genoux,
> blessé par son armure noire.
> [...]
> [Il] n'ose parler à la reine dont sa pensée est pleine[1].

Lylian

> voit que la vie d'amour
> n'admet aucun partage.
> Ou aimer et vivre, ou
> mourir. — Le reste
> est si vain qu'il
> vient un temps
> où on perd le
> sens même de
> l'habitude.

<u>Lento assai</u>

> Je ne sais que penser,
> ni même si je pense :
> d'une seule souffrance
> tout mon être est percé.

> Je ne vois que la lance
> dont j'ai été blessé ;
> et comme un insensé
> sur le fer je m'élance.

> Si je fus offensé
> j'en adore l'offense,
> et vis pour l'encenser.

---

1 Du paragraphe d'introduction, nous n'avons relevé que ces deux expressions incomplètes.

Mais je sens ma démence,
   et qu'amour m'a lancé
   aux bords désespérés

De cette mer immense
   où le cœur lacéré
   flotte dans la souffrance[1].

---

1   Variante : «aux flots de la souffrance».

Lylian. II-III / XV

[Lylian en appelle à la mort d'amour][1]

> Ayez pitié de moi, mon Dieu. Accablez-moi, s'il vous plaît, mais ne me tentez point. N'êtes-vous pas trop sûr de me séduire ? […] Hélas, je veux mourir d'amour. Mais que ce soit plutôt brisé par le désespoir ou tendu dans la tendresse ; et non pas sur le bûcher de l'Envie de délices.

Lylian
voit une fois de plus
l'ardent désir
s'ouvrir dans
son cœur comme
un gouffre
sans fond.
Voilà pourquoi il faut
mourir d'amour.

All° vivo   mf

Encor
encore un désir,
encore un crime :
ô vie, abîme
de mort.

---

1   Note personnelle.

f   Arc triomphal
         qui s'ouvre au seuil
            de tout faste
           et de tout mal,

f   ô mort
           suprême porte
           porte du seuil
          où le remords
           nous porte.

«LYLIAN ET LES ÉTOILES[1]»
in *Primavera*, cahier n° 5 [Ms. 1376]

1ère extase (vers le chant X)

   Joie grave – et profonde – mais non sans peur mystique
   [Traduire à l'Amour, les versets des *Psaumes*]

2ème extase (vers le chant XLIV)

      Mélancholie et douleur profondes
           Voilà le ciel témoin ! et partie de tout !

2 [A] (XLIV) = ébauche

    Voici venir le temps, Voilà le ciel où je naquis.
    Je suis né à l'heure radieuse de pleurs, et si obscure
    où[2] le puissant Taureau fait place aux Dioscures.
    Le cygne mystérieux s'éployait : et ses chants
    sublimes descendaient sur les flots,
    tandis que Wega la plus pure des Vierges
    accompagnait sur sa lyre superbe
    l'Hymne divin du poète aux cieux
      les Hyades pluvieuses et les Pléiades
        blêmes
    ont pleuré sur mon âme.

    Je suis né à la droite du ciel, au plus profond
    des Vies de lait, abîmes insondables, —

---

1   Ce texte, trouvé avec des textes de *Primavera* appartient plus sûrement à un des
    ensembles du cycle de *Lylian*. Nous le présentons tel qu'il apparaît au lecteur. Il
    ne s'agit que d'une ébauche.
2   Dans la marge : «Alors que».

dans la poussière des étoiles. Dans la poudre de Vie,
des chemins ineffables de l'Infini,
ces astres se levaient quand j'ai poussé mes premiers
cris, et que j'ai fait souffrir ma mère,
qui toujours, sur la peine du monde chantèrent
le cygne qui meurt et revit d'Harmonie,
Andromède enchaînée au bord des mers amères,
Cassiopée, yeux divins, pleins de mélancholie,
aux couleurs des douleurs printanières ;
et sur moi se jetait le ruisselant précipice
du plus puissant, du plus pensif des abîmes,
Orion, Orion, Titan qui rêve et qui
contemple, Orion prunelle sans bornes,
regards pleins de colère, de trouble,
ou de grandeur solitaire, Orion,
ô noble tête, fleur tremblante où
palpitent comme les gouttes de la rosée
des temps et l'odeur éternelle de toutes
les étoiles les plus belles, les plus jeunes
et les plus nouvelles.
C'était le temps des plus longs crépuscules
le temps des plus beaux jours, et des plus belles nuits.

DEUXIÈME PARTIE

LES PROJETS DRAMATIQUES

Les projets dramatiques commencés par André Suarès à la fin du dix-neuvième siècle sont nombreux. On en trouve de larges passages dans les carnets et cahiers. Ses sources d'inspirations sont très diverses :

- L'Italie de la Renaissance : *Leo* ou *Pentheo et Dedia*.
- Les héros grecs : *La Mort de Pâris, Œdipe chassé, Hélène, Thersite, Érostrate, Alcibiade*.
- Le monde moderne : *La Déesse, Méduse, Les Pharisiens*.
- La Rome antique : *Caligula*.
- L'histoire : *Napoléon, Cromwell*.
- L'avenir : *Les Vaincus*.
- Le Christ : *Jésus, Lazare, Les Pèlerins d'Emmaüs*.

Les textes qui subsistent sont extrêmement difficiles à déchiffrer et à classer. Il serait hasardeux de vouloir en présenter un état complet. Aussi, nous nous limitons ici à deux types de projets qui entrent dans notre perspective d'étude : les premiers sur le thème de l'île, les seconds sur le Christ.

Ces projets sont très influencés par le symbolisme. Les modèles dramatiques du jeune Suarès sont *Parsifal* de Richard Wagner et *Axël* de Villiers de L'Isle-Adam. Par ses projets, Suarès affirme sa conception religieuse de l'art, sa volonté de fonder un culte. Wagner pensait que l'art prendrait la place de la religion décadente et que l'artiste serait l'officiant d'une religion nouvelle. La *Revue wagnérienne* relayait largement cette idée. De ce point de vue, Suarès se montre très wagnérien dans ses projets dramatiques dont les sujets mêmes sont religieux comme dans *Les Pèlerins d'Emmaüs*[1] ou dans ses textes sur le Christ. Il avait également repris le thème

---

1 *Les Pèlerins d'Emmaüs*, Paris, Léon Vanier, 1893. C'est la première œuvre de Suarès publiée.

de *Parsifal* dans un drame auquel Yves-Alain Favre fait allusion dans sa thèse mais que nous n'avons pas retrouvé : *Le drame du Taurus*. Ses textes ne sont pas à proprement parler chrétiens. La correspondance entre Paul Claudel et André Suarès est riche sur ce sujet. Dans une lettre du 12 novembre 1907, Paul Claudel reproche à Suarès de faire du Christ une figure littéraire : « après tout, Saint François[1] et le Christ ne sont pour vous que des thèmes pittoresques de littérature ». Suarès n'accepte pas ce reproche et il lui répond sur la foi : « Je passe pour Chrétien. Je crois à Jésus, si aimer c'est croire. Mais par disgrâce, il n'en est rien ». Proche de Renan, Suarès ne croit pas en la divinité de Jésus[2].

D'autre part, il écrit d'autres ensembles qu'il qualifie de « fééries musicales » et dont le sujet principal est l'utopie artistique. Très idéalistes, ces textes annoncent un monde nouveau gouverné par l'art et la beauté. Si les sujets ne sont pas directement wagnériens par leur thématique, leur esthétique même est wagnérienne. Principalement par la conception mystique de la représentation scénique qui, comme dans *Parsifal*, s'assimile à une cérémonie mystique. D'autre part, leur forme est aussi influencée par les idées wagnéristes. Suarès recherche toujours le lien entre la musique et la poésie. Comme dans ses projets poétiques, on trouve dans *Les Pèlerins d'Emmaüs* des indications musicales marginales. C'est le même cas dans *Jésus*. La forme n'est pas à proprement parler dramatique. Certains passages s'assimileraient plutôt à la poésie. Il suffit de se reporter à « La Robe du Sauveur qui passe en murmurant à la Terre », un passage inédit de *Jésus* que nous présentons plus loin. Suarès ne les désigne pas comme des « pièces de théâtre » mais comme des « spectacles de joie poétique » ou des « fêtes de joie poétique ».

---

1 *Les Bourdons sont en fleurs*, publié chez Émile Paul en 1917, est édité dès 1909 dans *La Revue de Paris*.

2 Sur les projets sur le Christ de Suarès, *cf.* notre premier volume *André Suarès et le wagnérisme*, Classiques Garnier, Paris, 2009, p. 230-270 et Yves-Alain Favre : *La Recherche de la grandeur dans l'œuvre de Suarès*, Paris, Klincksieck, 1978, p. 139. *Correspondance Paul Claudel – André Suarès*, Gallimard, 1951.

La forme est si particulière que la question de la représentation s'est révélée problématique. Malgré l'intérêt évident de Lugné-Poe[1] qui voulait représenter *Les Pèlerins*, le projet ne se fit pas, et cela principalement à cause des exigences de Suarès qui, finalement, s'accordaient assez mal avec le monde du théâtre. Lugné-Poe avait envisagé de présenter cette pièce dans un spectacle qui mêlait plusieurs œuvres dramatiques, idée à laquelle André Suarès ne pouvait bien évidemment pas se résoudre. D'autre part, certains points sont réellement problématiques pour la représentation scénique. La voix du Christ est présentée comme celle d'un «haute-contre, très pure, très grave». Le rôle doit-il pour autant être chanté ? Suarès envisageait-il d'ajouter de la musique ? La question n'est pas vraiment réglée. Lugné-Poe lui-même s'interrogeait et avait écrit une lettre à Suarès pour le questionner à ce sujet[2]. L'écriture n'était pas totalement prévue pour une représentation. Suarès présente lui-même son texte comme «une action scénique», comme un «tableau de piété». Le lecteur se trouve plutôt devant un «théâtre intérieur» destiné à la lecture plutôt qu'à la représentation. Wagner rêvait d'une association d'artistes (musicien, poète, peintre, acteur-chanteur...) pour la réalisation d'une œuvre totale. C'est ainsi que Suarès rêvait son théâtre idéal. Il avait commencé d'écrire un grand ensemble théâtral avec Romain Rolland, et tous deux auraient aimé connaître un musicien qui puisse s'occuper de la partie musicale.

Outre l'ambigüité de la forme de ses projets qui en empêche la représentation, Suarès n'aimait pas l'univers de la scène. Son écrit *L'Amour et la volupté au théâtre*, paru en 1901 dans la *Revue d'art dramatique*, montre assez sa détestation du monde théâtral qu'il juge extrêmement durement, et qu'il caricature de telle façon qu'il ne peut que s'en trouver exclu. Au fond, il écrit pour un public idéal qui chercherait dans l'art une communion mystique. Là encore, les écrits en prose de Wagner l'ont profondément

---

1 Directeur du Théâtre de l'Œuvre créé en 1893.
2 *Cf. André Suarès et le wagnérisme, op. cité*, p. 247-249.

influencé. Relayés par la *Revue wagnérienne*, ils décrivent en détail la restauration d'un théâtre religieux à la manière de la tragédie grecque antique, et Suarès s'inscrit totalement dans cette perspective. Mais à trop attendre un public idéal, il finit par ne plus en avoir du tout et les pièces restent en attente. Et, hélas, mis à part *Les Pèlerins d'Emmaüs* qui ont été publiés, il ne reste des autres que des feuillets épars. Pourtant, le souhait exprimé par Lugné-Poe dans sa correspondance de les jouer, laisse supposer que certains projets avaient été terminés.

On le comprend bien, l'exigence de Suarès n'est pas seulement littéraire et son but n'est pas d'être reconnu comme un dramaturge à succès. L'art n'est pas pour lui un divertissement mais le moyen de la rédemption. Rien de moins. Il rejoint en cela les textes de Wagner : *L'Œuvre d'art de l'avenir*, et *Opéra et Drame* en particulier. Les textes sur Thulé ou sur l'Atlantide (tous les projets sur le thème de l'Île en général), parlent d'un paradis perdu retrouvé grâce à la beauté et l'art. Suarès souligne lui-même le caractère «wagnérien» de ces textes dans sa correspondance avec Romain Rolland. Son théâtre «sacré» ne sera donc pas joué et, d'une façon générale, très mal compris.

De tous ces projets, il ne reste que peu de choses. Seul *Les Pèlerins d'Emmaüs* fut publié en 1889. On ne trouve à la Bibliothèque littéraire Jacques Doucet que des extraits de ses autres projets. Nous présentons d'abord une série de textes sur le thème de l'Île (*Thulé, Musique*) puis sur le Christ (*Jésus* et *Lazare*).

LES FÉÉRIES MUSICALES

Suarès qualifie de «fééries musicales» ou de «comédies» des pièces qui mêlent poésie et théâtre. Des nombreux projets qu'il décrit dans sa correspondance, on trouve surtout des pages de

Musique et de *Les Etoiles* d'une part et, d'autre part, de *L'Île*, *L'Île d'Amour* et *Thulé*. Du premier ensemble, nous présentons des extraits des Cahiers n° 20, 21 et 22. Du second, nous avons retrouvé des passages plus importants dans les cahiers n° 5, 20 et 38. Il existe aussi un dossier portant le titre de *L'Île d'amour* [Ms. Ms. 42.023] à la Bibliothèque littéraire Jacques Doucet.

Musique est un des rares projets heureux de Suarès. Il y décrit un amour fait de «pureté idéale», partagé par des personnages jeunes, chastes et androgynes, tous de «beaux héros» (cahier n° 23) dont les noms se répondent (Tristio et Beata) ou se mêlent (Dolce Gioconda et Gioconda Dolce). On verra dans le premier texte que nous présentons, extrait du carnet n° 20, que Suarès s'inspire de la métrique antique. On trouve en particulier des signes de scansion. La recherche de la musicalité est, là encore, au centre de son projet. On comprend d'ailleurs très vite, à la lecture de ces notes extraites des carnets, la limite de ces projets dont la forme est trop vague. Les textes intitulés «À la musique» sont des textes poétiques et nous sommes très éloignés de la dimension théâtrale proprement dite.

LE THÈME DE L'ÎLE

Les projets sur le thème de l'île sont, là encore, des pièces dont la forme oscille entre poésie et théâtre. La correspondance avec Romain Rolland permet de suivre l'évolution de ces projets. Il est difficile de penser que les différents textes tels qu'on peut les trouver à la Bibliothèque littéraire Jacques Doucet appartiennent tous au même projet.

Les textes du dossier *L'Île d'Amour* pourraient constituer un recueil poétique s'ils étaient plus nombreux. Il s'agit de monologues ou de chants, expression mélancolique d'un esprit créateur en proie à la solitude. Le rêve et l'idéal seuls apportent la vie et la nourriture spirituelle, alors même qu'ils sont inaccessibles et que leur manque est cause de la plus grande souffrance. Le créateur en quête de beauté est condamné à la solitude et à l'impossibilité de réaliser sa quête. Cette vie est présentée comme un parcours austère et sublime. L'homme qui parvient au sommet de cette quête est confronté à la pureté et son humanité l'empêche d'y participer directement :

> Je bois à l'eau Vierge des glaciers.
> Mais elle est si solide et si pure que ma
> bouche en est toute blessée. Car elle
> a encore le goût des sources de la terre.
> Bouche, savoure ta brûlure.

Et pourtant, il ne peut vivre sans ce besoin d'absolu qui l'éloigne du monde des hommes et risque de le détruire : « Boire fait souffrir ; et l'on souffre de la soif ». Le poète apparaît comme un Prométhée qui se serait lui-même attaché à son rocher à cause de son propre désir de dépassement :

> Prométhéen c'est ta propre violence qui t'a cloué sur le roc des neiges ; c'est ta propre force qui t'y retient ; et Vouloir inlassable est ce vautour inquiet qui fouille éternellement dans ton sein.

Ce recueil *Île d'amour* est donc un appel vers l'Idéal qui ne sera jamais assouvi, « un vent brûlant d'amour qui vient de l'infini ». C'est la position du poète tel que le conçoit Suarès et tel qu'il se comprend lui-même. L'image du Graal apparaît dans ce texte. Il ne contient plus le sang du Christ comme dans *Parsifal* mais celui de l'artiste lui-même, sacrifié pour son amour de l'art : « Bois ton sang dans le verre de l'Idéal. » La dimension sacrificielle et de quête mystique est dans la lignée directe de *Parsifal*.

Les autres textes que nous présentons ensuite sont très différents. Nous avons retrouvé des ébauches de scènes dans le cahier n° 38 entre le roi de Thulé et sa fille Lylia. La scène appartient à l'acte III. Après la mort de sa femme, le roi souhaite disparaître à son tour. La coupe qu'il possède tient à la fois du Graal et du philtre de *Tristan*. C'est la coupe dans laquelle la reine avait bu, celle qui a vu les amants se jurer le plus pur amour. Le roi est devant cette coupe comme Amfortas devant le Graal dans *Parsifal*. Il ne peut vivre sans lui et, en même temps, le dévoiler ravive sa souffrance. De la même façon qu'Amfortas refuse de dévoiler le Graal au premier acte de l'opéra, le roi jette la coupe dans les flots, loin de lui.

Le carnet n° 5 présente à nouveau des textes poétiques assez proches de l'univers de ceux de *L'Île d'Amour*. Ils portent les indications III.II. L'art apparaît comme le salut, le seul moyen de la rédemption, moyen de retrouver l'innocence perdue, l'Île rêvée et inaccessible, Thulé. Le « lied III.II.I » est un hymne à l'art qui résume bien l'esthétique de Suarès et reprend clairement le programme wagnérien (« Art est salut, Art est renaissance, Art est rachat »). On ne s'étonnera pas d'y trouver une allusion aux filles-fleurs de *Parsifal*.

De l'autre projet, *L'Atlantide*, nous n'avons qu'un plan extrait du carnet n° 20. Nous le reproduisons dans son intégralité. Malgré son caractère inabouti, il est très riche d'informations. Suarès envisage « une symphonie de triomphe » qui présente « l'union du monde antique et du monde moderne ». La première partie (lyrique) évoque un monde ancien et heureux dans lequel la nature et l'homme vivaient en harmonie. La seconde (dramatique) correspond à la recherche de ce paradis perdu. Des hommes d'équipage sont en proie au désespoir. La troisième partie (lyrique et symphonique) montre la découverte de l'île, la restauration de cet état de grâce perdu à travers l'amour idéal d'une femme merveilleuse, sorte de princesse d'Orient et d'un prince « printanier et superbe ». On voit là toute l'influence des écrits en prose de Wagner, en particulier de *L'Art et la Révolution* dans lequel Wagner insiste sur la nécessité de rétablir l'harmonie entre la nature et la culture[1].

---

1   *Ibid.*, p. 240.

LES DRAMES SUR LE CHRIST

Dans la perspective symboliste de faire de la représentation théâtrale une cérémonie sinon religieuse en tout cas mystique et spirituelle, *Parsifal* apparaît comme le modèle. Suarès projette très jeune d'écrire un drame sur la vie du Christ. Il lui apparaît comme «l'innocent [...] qui pleure sur sa croix et ne triomphe pas», il le compare volontiers au «chaste fol[1]» de Wagner, dans sa correspondance avec Romain Rolland (lettre du 30 mars 1888). Son rapport personnel au Christ est le plus important, et l'image qu'il en donne se fait le plus souvent à travers des références artistiques et non par des références à des éléments proprement religieux. Dans *Parsifal*, il présente le parcours d'un «innocent[2]» qui accède au savoir suprême par sa capacité de «compatir». Par la «pitié», il refait le chemin du Christ et peut à son tour devenir le «rédempteur». *Parsifal* contient ainsi quelques formules sibyllines pour le néophyte. Au premier acte une voix céleste annonce : «pitié rend sage le chaste fol». Le troisième acte se termine par cette autre : «Rédemption au rédempteur». Parsifal, à la fin de son parcours humain, a accédé à un savoir supérieur et est devenu lui-même le rédempteur. À l'acte III, il rapporte la Sainte Lance au royaume du Graal, et sauve du même coup le roi Amfortas. Mais la formule peut se retourner. S'il est devenu le Rédempteur c'est qu'il s'est d'abord lui-même sauvé. Et si l'on considère que le terme de Rédempteur renvoie au Christ, alors on peut interpréter encore autrement la formule, en pensant que le parcours de Parsifal sauve aussi le Christ de la souffrance qu'il a subie sur la Croix. Quelle que soit l'interprétation que l'on fait de cette phrase, on la retrouvera dans les textes de Suarès sur le Christ,

---

1   C'est ainsi que Parsifal est présenté dans l'œuvre de Wagner.
2   Dans le sens rousseauiste de celui qui n'a pas été corrompu par la société ou par la civilisation mais qui perçoit la vérité par sa capacité de ressentir la douleur de l'autre, de participer à l'émotion de celui qu'il rencontre.

comme on retrouvera les termes de «pitié» et de «compassion» qui sont à entendre dans le sens wagnérien que leur donne le compositeur dans ce qu'on considère comme son testament spirituel. Wagner oppose la compréhension intellectuelle des choses, rationnelle, à la compréhension émotionnelle, intuitive. Dans *Religion et Art*, pendant théorique à *Parsifal* écrit en 1880, il présente la compassion comme «l'unique forme du renoncement» car elle permet à chaque homme de «se faire tous», d' «élargir son âme», de «vivre toutes les âmes[1]». Il suit en cela la philosophie de Schopenhauer qui place la perception intuitive au-delà de toutes les formes de connaissance. Elle n'est pas pour lui un moyen d'accéder à la connaissance, mais la connaissance même. Les références à Richard Wagner sont, on le voit, des clefs de lecture de ses œuvres, qui font à la fois référence à la dimension esthétique de l'œuvre wagnérienne et à la dimension philosophique de sa pensée.

Les projets sur le Christ sont nombreux. Outre *Les Pèlerins d'Emmaüs* que nous avons déjà mentionné, citons également le très beau *Passion*, illustré par le peintre Rouault et publié par Ambroise Vollard en 1939[2]. Les autres sont restés à l'état d'ébauche. Citons les cinq «cantates» sur Jésus :

I – Lazare au tombeau
II – Palmes
III – Oliviers
IV – Cène
V – Crucifixion

Il faut encore leur ajouter cinq autres cantates sur la Vierge et un autre projet qui porte le titre de *La Croix*. Il est difficile de dater les textes qui sont nous parvenus. Suarès les a remaniés plusieurs

---

1 *Cf.* le résumé qu'en propose Teodor de Wyzewa dans la *Revue wagnérienne* du 8 octobre 1885 («La religion de Richard Wagner et la religion du comte Léon Tolstoï»).

2 André Suarès, Georges Rouault : *Passion*, Paris, Cerf, 2005. (Avant-propos de M. François Chapon).

fois, en a changé l'organisation, les titres... Sans le travail précis d'Yves-Alain Favre, il serait impossible de se repérer dans les différents projets. Les documents consultables à la Bibliothèque littéraire Jacques Doucet sont les suivants :

- *Lazare* [Ms. Ms. 43.996]
- *Jésus* [Ms. Ms 43.939]
- Le carnet n° 152 (agenda de 1895). Il présente un plan de scène avec la Vierge et Jean au pied de la croix.
- Le cahier n° 20. Il présente un plan présentant directement des allusions à *Parsifal*.
- Il faut ajouter à ces références de nombreux textes, notes et ébauches éparpillées dans des cahiers ou carnets.

On ne peut aujourd'hui présenter que des textes isolés, au mieux des scènes complètes ou des esquisses de plans, mais les documents sont suffisamment riches pour qu'on propose une transcription des plus importants.

Nous commençons par le plan du cahier n° 20. Suarès détaille un projet de drame en douze points. Suarès reprend en particulier la fameuse phrase « rédemption au rédempteur » de *Parsifal* citée plus haut sous une autre forme : « il faut porter la Rédemption au Rédempteur » ainsi que l'image du « reine Tor », l'innocent, le « chaste fol ».

Ensuite, nous présentons un passage de *Jésus*. Qu'en était-il vraiment de ce projet ? Yves-Alain Favre le présente comme un vaste ensemble composé de plusieurs drames : *Lazare*, *Palmes*, *Cène* (qui en aurait formé le centre), *Les Pèlerins d'Emmaüs*... On trouve aussi des références à dix parties (*Le Crépuscule de la Vallée*, *Lazare*, *Combats*, *Palmes*, *Cène*, *La Passion*, *Jérusalem*, *Le Calvaire*, *Les Pèlerins d'Emmaüs* et *La Croix*), le tout prévu pour une représentation en cinq soirs. Un plan très différent de celui du cahier n° 20 (selon Yves-Alain Favre, celui de *Cène*) annonce l'utilisation de couleurs différentes selon les scènes, d'un orchestre et de chœurs qui joueraient des œuvres choisies de Palestrina entre autres compositeurs[1]. Suarès indique dans la marge de ces textes l'abréviation «Jés». Il est impossible de dire aujourd'hui ce qu'il est advenu de ces tentatives et de ces projets. Ce qui subsiste est partiel et il est impossible de savoir si des documents plus complets ont été perdus ou détruits. Il est tout à fait possible par exemple que Suarès ait abandonné cette construction trop ambitieuse pour envisager chacun des projets comme une œuvre en soi. Aussi, il faut considérer les textes que l'on retrouve dans leur caractère inachevé, en acceptant de lire une scène ou un passage en lui-même sans chercher à reconstituer un plus vaste ensemble. Il faut encore préciser que les textes restants sont extrêmement difficiles à déchiffrer. D'autre part, comment les dater ? Suarès dit à Romain Rolland en octobre 1892 qu'il travaille à une *Cène* et on sait par la lettre du 2 août 1899 qu'il travaillait encore à *Jésus*.

Du [Ms. Ms. 43.039] qui présente des textes portant l'abréviation «Jés.», et porte le titre de *Jésus*, nous présentons un très beau texte lisible dans son intégralité : «La voix de la Robe du Sauveur qui passe en murmurant à la terre». Il est très révélateur de l'écriture de Suarès en ce qu'il s'agit d'un texte poétique accompagné d'indications musicales. D'autre part, à travers ce passage, on perçoit toute la dimension symboliste de l'œuvre. Suarès fait parler la robe du Christ, ce qui pose une nouvelle fois la question de la représentation[2].

Nous ajoutons un texte portant le titre de «Prologue» et daté de 1903. Cela montre combien Suarès a longtemps travaillé sur ces projets. Il s'agit d'un texte énigmatique et passionnant, prologue à un *Jésus*. S'agit-il du prologue à un drame intitulé *Jésus* ou au vaste ensemble portant ce nom, qui regrouperait tous les

---

1   Yves-Alain Favre : *La Recherche de la grandeur dans l'œuvre de Suarès*, Paris, Klincksieck, 1978, p. p. 140.

2   Ce texte n'est pas daté. Comme le fait remarquer M. Didier Alexandre, il est possible que Suarès fasse allusion au Saint Suaire de Turin. Paul Claudel l'évoque dans *La Ville II* de 1897-1898.

autres et dont parle tant Yves-Alain Favre ? La dernière hypothèse semble la plus vraisemblable. Suarès imagine une vaste fresque racontant la chute des hommes depuis Adam et Ève jusqu'à la Rédemption. La démesure du projet et son propos rappellent la *Tétralogie* wagnérienne. Jésus est présenté comme le nouvel Adam et la Vierge comme la nouvelle Eve, restaurant l'ancien ordre perdu.

Malgré son caractère inachevé, le texte est suffisamment révélateur des recherches suarésiennes pour le reproduire ici.

Enfin, nous présentons quelques scènes de *Lazare*[1], dont les textes subsistant à la Bibliothèque littéraire Jacques Doucet sont regroupés dans le dossier [Ms. Ms. 42.996]. Suarès dit à Romain Rolland dans une lettre du 4 juillet 1901[2] qu'il termine son *Lazare* commencé sept ans auparavant (soit en 1894). Une note du carnet n° 20[3], datée de 1901 prévoit de publier un *Lazare* ce qui confirmerait l'idée que le drame a bien été achevé. Il ajoute avoir terminé la rédaction du *Lazare* en 1894 mais y avoir « toujours travaillé depuis ».

Plus précis encore, il existe un projet de préface dans le carnet n° 92. Suarès dit en avoir eu l'idée en 1892, l'avoir écrite en 1894 et avoir été prêt à la publication à Londres chez Kagan Paul. Après avoir changé d'avis, il refait le drame en suivant un plan de 1895. Il mentionne alors une version de 1909 qui reste la même en 1923, telle qu'il la présente à Ambroise Vollard pour l'édition avec des planches de Georges Rouault. Pourtant le texte ne parut jamais et Suarès en parle toujours dans ses derniers carnets.

Pour comprendre ces textes, il faut préciser qu'il existe « deux Lazare » dans le drame. D'une part le père décédé qui va être ramené à la vie par le Christ et, d'autre part, son fils qui porte le même nom. La douleur du fils qui apprend la mort de son père

---

1   Sur le personnage de Lazare, *cf. André Suarès et le wagnérisme*, *op. cité*, 265. Pour les symbolistes, Lazare est le symbole même de l'artiste. Saint-Pol Roux écrit dans *Le Mercure de France* en 1892 : « La résurrection de Lazare me semble le parfait symbole de l'Art ». Le poète ramène les idées à la pleine Vie.
2   *Ibid.*, p. 404.
3   Carnet n° 20, p. 14.

renvoie directement à celle de Suarès face à la mort de son propre père. La résurrection de Lazare est tout à fait particulière puisque le fils meurt tandis que son père revient à la vie. Les paroles de souffrance du père et du fils sont à remettre dans le contexte biographique de l'auteur. On remarquera également le lien entre les personnages de *Lazare* et ceux de *Parsifal*. Dans l'œuvre de Wagner, un père (Titurel) doit sa survie à son fils (Amfortas) qui, au prix d'une immense souffrance, dévoile le Graal qui redonne vie aux chevaliers. Le père mourra et le fils sera sauvé par le Rédempteur (Parsifal). Dans *Lazare*, on retrouve bien ce trio et le Rédempteur est le Christ lui-même.

MUSIQUE

Extraits

Cahier 20 [Ms. 1391]
Cahier 21 [Ms. 1392]
Cahier 22 [Ms. 1393]

Cahier n° 20[1].

Musique – (Poétique et métrique)

= Toute la pièce en vers.
= peu de vers non rimés = alors très rythmés =
    très allitérés = très vocaux.
= de préférence à l'acte I/Iᴬ des vers alexandrins très larges
    et très grands. 14 ; à la IIᴬ p. vers lyriques (grands)
= Acte II des trimètres −∪∪/−∪∪/−∪∪
    des grands trimètres −∪∪/−∪∪/−∪∪/−∪∪ −
    des vers métriques de 10 syllabes très sonores
= pour les rôles des enfants de petits vers
        (caresses : 6 syllabes ou 8 ; (ou 4 - 4) =
    vivacité, gaîté – 7 syllabes.
= pour le rôle du haineux, peu de rimes
= Acte III toutes sortes de vers lyriques[2].

---

1   [Ms. 1391].
2   Texte complet. Il s'agit de notes que nous présentons telles qu'elles apparaissent
    sur le feuillet.

Cahier n° 21[1].

Musique II[2]

Deux jeunes hommes pareils à des femmes pour la beauté.

Adieu, adieu jusqu'à demain
ô rayons purs de la mer,
ô corolle infinie de l'azur,
ô pétales vivant de l'immense lotus candide
de l'éternel printemps,
fleur adorable, renaissante et splendide
dont nul n'a vu la tige, ni les noires racines,
commune à tout ce qui ment.

Adieu, chères couleurs
bleu vert laiteux,
des yeux de ce que j'aime
gouttes de lait immaculées
de l'âme même
dans les coupes,
fixées de prunelles jumelles
dont mon cœur est accès
aux sources immortelles
de la douceur d'aimer.

Chants de Tristio[3]

---

1   [Ms. 1391].
2   Titre du cahier.
3   Texte complet.

Cahier n° 22[1].

Musique. Spectacle de fête poétique.
Commencé le 17 novembre 1893.

TITRE *Musique* ! ou *Le Concert de l'amour,* ou *Ô musique !* ou *Douce Musique !*
« Spectacle » ou « spectacle de joie poétique », ou « fête poétique » ou « fête de joie poétique ».
À la gloire de la musique ! À l'amour de l'amour !

La première des fêtes de la douceur et de la joie.
Tout ce que je puis faire dans le chemin du rire.

Beaux jeunes héros : Thésée, Ariane.
Dolce Giovanna
Tristio Benta
Louys Hyélis

Hors Antero et les trois vieillards, aucune des femmes n'a plus de vingt ans, ni aucun des héros plus de trente.
Personnages aux noms Dolce Gioconda, Tristio et Beata, Claudio et Hyélis. Dans leur amour, les noms se mêlent. Gioconda Dolce pour elle et Dolce Gioconda pour lui. Leurs caractères aussi, lui plus tendre et elle plus gaie, plus enfantine, ensuite, lui moins mélancolique, et elle plus attendrie.
Tous deux enfants – Guillery Catarine.

Tous sont vierges. Leurs prunelles sont fraîches, leurs regards purs, et l'eau de leur jeune âme dans les yeux est toute claire[2].

---

1   [Ms. 1393].
2   Texte complet de la première page.

Musique – « À la musique »

Fleurs, fleurs, de la musique,
corolles de l'extase,
ô Calice d'amour,
ô parfums, ô purs vases
de l'harmonie
vous versez les uniques
dons de l'unique jour,
et vos accords
sont les baumes d'aurore
que vos cœurs sur la tige
jettent à la vie.

[…]

L'ÎLE

Extraits

L'Île d'Amour (Série [Ms. Ms. 42.023])
Cahier n° 38 [Ms. 1409]
Cahier n° 5 [Ms. 1376]
Cahier n° 20 [Ms. 1391]

J'ai tout vu, j'ai su
Et j'ai pleuré.
Tout m'a leurré,
Tout m'a déçu.

Mon âme fume
Sur un feu noir.
Tout mon espoir;
Est dans la brume.
L'astre du soir
Plus ne s'allume[1] ..

Mon jour est mûr.
Le souci plane.
L'air n'est plus pur.
La fleur d'azur
Du ciel se fane, —
Hélas, mon âme..

---

1   Variante proposée par Suarès : « Déjà s'allume. »

J'ai vu, j'ai su,
Et mon cœur pleure :
Qu'ai-je conçu
Qui me demeure ?
J'ai tout perdu[1].

---

1   [Ms. Ms. 43.023] f°1.

Libation à l'Aurore.

Le plus triste soleil
S'est levé sur ma vie.
Mon cœur à son réveil
Boit la peine infinie.

J'ai perdu le sommeil
Dans des flots de lumière.
Et mon espoir vermeil
A séché sur la terre.

S'élever, et se taire ;
C'est le sort de mon cœur ;
Car je suis solitaire.

Il n'est qu'une liqueur
À la soif qui m'altère :
Bois ton rêve et ton Dieu, bois l'azur, bois sans peur,

Bois ton sang dans le verre
De l'Idéal, et de toi-même sois Vainqueur
Si la coupe est amère,
Mon cœur[1].

---

1   Texte complet.

Là-haut, dans les espaces où le firmament d'acier
et les cimes neigeuses se confondent au milieu
du désert qu'il a tant convoité, le solitaire
se réveille. Et la lumière immaculée de Dieu,
et le soleil de sa solitude, d'abord l'aveuglent.

Pour venir jusqu'au terme de cette
passion austère, que de pas, que de jours,
que d'angoisses, que de déchirements.

Et quand il y parvint, ce fut un
soir, sans clarté, sans étoiles. Les
Ténèbres couvraient le monde et ses routes.
Des abîmes d'ombre faisaient un vêtement
à l'abîme. Il ne put voir le cher
désert, où il touche enfin ; et il ne voulut
pas tourner la tête du côté de la terre.
C'est pourquoi il s'endormit, brisé de fatigue
dans le sein de la nuit.

Ô sommeil des douleurs ! La
fièvre a brûlé mes yeux, pendant qu'ils
étaient clos et brûlé ces lèvres.

Je les ouvre ; et c'est l'heure
où la divine Aurore ouvre le chemin
des cieux à la Lumière.
Je bois à l'eau Vierge des glaciers.
Mais elle est si solide et si pure que ma
bouche en est toute blessée. Car elle
a encore le goût des sources de la terre.
Bouche, savoure ta brûlure[1].

---

1   Texte complet.

Chants du solitaire
      dans l'Île d'amour
      II.^2.
          Chants de la Mélancolie

Vastes abîmes du mal de se connaître, je
vous ai tous explorés. Je me suis vu dans vos miroirs
de glace ; avec quelle souffrance,
j'ai répondu par un triste sourire à vos clartés..
    Celui qui veut, a honte de ne plus
vouloir. Le répit qu'il s'accorde le flétrit.
Heureux ceux qui ne se sont jamais sentis
traîtres à eux-mêmes : ils ne se sont pas
juré quelque superbe fidélité.
    Celui qui sait vouloir, et qui le peut,
ne se donne une miette de repos et de sommeil que
quand la nuit est venue sur
la terre, et que l'ombre lui paraît le
voiler à lui-même comme à toute chose.
    Il ferme les yeux avec délices. Mais
il les ouvre alors sur sa vie intérieure et
il y transporte les Horizons de la terre,
comme il prêtait, un instant plus tôt, à
l'univers ceux de son âme.
    Où te fuir, vie intérieure ? Où ne
pas te trouver ? Hélas, bien plus où ne
te pas chercher ? Ô centre de la vie, lutte
toujours nouvelle..
Qu'il le sait bien, le Hardi solitaire !
Prométhéen c'est ta propre violence qui
t'a cloué sur le roc des neiges ; c'est
ta propre force qui t'y retient ; et
Vouloir inlassable est ce vautour inquiet qui fouille
éternellement dans ton sein..

C'est pourquoi le solitaire doute toujours du
bonheur et du répit qu'il se promet. Sa
seule volonté est dans l'Espérance qu'il
viole, qu'il veut saisir entre ses serres,
sûr, quand il la tient, de ne plus rien
trouver.

Le rêve et la veille sont deux douleurs
jumelles. La pure joie est celle qu'on attend
de la fin de la peine. Boire fait souffrir ;
et l'on souffre de la soif. Le seul instant
exquis est celui où les lèvres touchent le premier baiser,
    et le rire frais de la source[1].

---

1   Texte complet.

* La volonté rêvante laisse goûter
   à l'Âme la volupté de l'angoisse
      dans un soupir.

Le ciel bleuâtre a la couleur
De ma perpétuelle angoisse.
La mer tremblante est une ardoise
Où s'est écrite ma douleur[1].

[...]²

Un fil de sang, rouge se traîne
Comme un cri [...³] à l'horizon ;
Des veines de mon cœur la Veine
Coule au soir et sort de prison.

Ah, puissé-je m'endormir dans la brume.
Il sera temps, Demain, du revouloir.
L'âpre jour fuit.. Que béni soit le soir.

Au seul encens d'oubli je me parfume,
Mon âme a soif de ne plus rien savoir,
Et je ferme mes yeux pour ne plus voir⁴.

Un vent brûlant d'amour, qui vient de l'infini,
Une soif d'éternel, une faim de justice,
Un tourbillon de vie, un espoir intari,
À seule fin pourtant que tout s'anéantisse
Pour que règne le mal ; que la beauté pâtisse
Et que le fruit du ciel que le ciel a mûri
Sous la dent de la mort s'écrase et s'engloutisse⁵.

1   Variante : «où se dessine ma douleur».
2   La volonté rêvante laisse goûter / à l'Âme la volupté de l'angoisse / dans un soupir. /
    Trois vers écrits par Suarès sans qu'il soit certain qu'il ait définitivement choisi de
    les intégrer ici au texte.
3   Mot impossible à déchiffrer.
4   Texte complet.
5   Cité par Yves-Alain Favre, *op. cité*, p. 43.

Carnet n° 38[1].

Dans Thulé, île de rêve.
Comédie (car je n'en puis faire qui n'ait des larmes).

C'est le désir languide puis fervent de la mort libératrice.

¢ On ne meurt pas dans Thulé et pourtant ma reine est morte.
¢ Thulé, île heureuse. La science règne. Toute puissante sur la nature. Et cependant les Thuléens sont très mélancoliques. Il est vrai qu'ils sont tous occupés toute leur vie à l'amour.
¢ Un parti d'hommes pourtant voyageurs et riches est heureux. Mais il a eu la lèpre, (les ancêtres). Eux ne l'ont pas. De temps en temps seulement, quelques marques sur la peau. – Ils vivent séparés. – Ils haïssent. Ils envient. Mais entre eux, ils sont heureux …

[…][2]

★ Le monde est séparé entre ceux d'en bas et ceux d'en haut, ceux d'en bas meurent plus vite et d'un coup contrairement à ceux d'en haut. Ceux d'en bas envient ceux d'en haut, ceux d'en haut craignent ceux d'en bas.

[…]

III – Le Roi

Le Roi arrive. Lilia va au-devant de lui. Il ne lui dit rien.
Tous se découvrent. Et restent les cheveux dénoués.

[…][3]

---

1   [Ms. 1409].
2   Quelques phrases indéchiffrables ou incomplètes.
3   Ici le roi fait venir les seigneurs de la cour qui le plaignent et font l'éloge de la Reine tour à tour.

Θ Lilia s'approche, et baise la main de son père. [...] – Ô mon père, nous priverez-vous de vous, nous qui sommes déjà privés d'elle ? – Ô père, voyez comme on vous aime ; et moi, votre enfant, ne suis-je rien pour votre cœur ? Ô mon père, si j'avais pu mourir pour votre Reine, ma mère serait là, et je n'y serais plus, ô mon père, Tant je vous aime.
Le Roi flatte les cheveux de Lilia de sa main ; et dit seulement : «ma fille, mon enfant»..

⊕ Puis, il se redresse, et d'une voix lente et religieuse, il ordonne à tous de se ranger en silence. Il prend la coupe de cristal qu'une femme tient pleine d'un vin de rose, et il l'élève : – .. C'est là où elle a bu, où mes lèvres pour la première fois ont rencontré ses lèvres, et où s'est échangé le serment de fiançailles éternelles. Et puisqu'elle n'est plus, qu'elle y a bu le dernier trait de cette eau froide de la mort, j'y veux boire une dernière fois. Et puis je jetterai aux flots, aux chastes flots de l'océan secret cette coupe d'amour déjà de sa moitié la plus belle brisée.

Θ Il fête, il fait la libation «à Sa Reine» et à l'«Amour», dieu de cette Île. Il boit. Il verse une goutte sur le front de sa fille. Il boit encore, jusqu'au fond. Puis, il jette la coupe.

✳Chœur des flots : «C'est nous qui avons le cher trésor de l'Amour. C'est nous, infinis, insaisissables, sans corps, qui le buvons, le vidons, le remplissons encore. Ô, belle coupe...»

Θ Pendant le chœur, tous se retirent, sans bruit. Restent Lilia et le Roi.

V – <u>Roi et Lilia</u>

Lilia s'assied près de son père et lui baise doucement les mains. Elle ne dit que quelques mots, comme : «voulez-vous les musi-ciens ce soir ? La musique console».
Le roi : – non, elle ne console pas la douleur, mais elle la fait aimer. Qu'ils viennent. On ne peut vivre ni mourir même sans musique.

«Mourir» fait Lilia. Ô mon père, voulez-vous donc que je perde plus que vous n'avez perdu et que j'ai déjà perdu moi-même? – Elle se met à ses genoux, et lui prend les mains. «Regardez votre fille mon père. Elle vous aime. Ne l'aimez-vous point?...»

Le Roi : – Ô ma fille, que ta vue m'est douce! Et qu'elle m'est triste! Tu as de ta mère toute la grâce. Tu as les yeux; tu as la bouche..

Lilia : – Mais le front est de vous.

Le Roi : – Que le ciel n'y grave point mes peines..
Tu es toute elle. Tu la rappelles, mais tu ne me la rends pas. ..
Où est-elle?
Ô ma fille, va, tu m'es trop chère. Je respire ta fleur comme une joie printanière; et cette saison pour moi, sera la dernière.

Émoi de Lilia. — Il y a des accents d'adieu et de départ dans le fond de ce que vous dites. Vous nous quitteriez? Oh, sans son roi que sera donc Thulé? La race Honteuse, qui erre sur les mers, s'emparera de vos palais. Et que serais-je sans vous?

Le Roi répond : — Heven est à toi. Et il t'aime. J'ai vu cet amour volontiers. Et tous deux régnant, vous garderez les divines hauteurs de Thulé toutes pures.

— Vous devez donc mourir? — Ah, certes, je le veux. Je ne sais plus ce qu'est vivre, si je vis. – Pleurs de Lilia. — Ma fille, ne l'as-tu pas compris? C'est moi qui l'ai jetée aux flots de la mer infinie avec cette coupe tant aimée, où elle-même était, celle qui fut toute ma vie. Je ne m'en suis séparé que pour aller la retrouver. Avant que le soir de demain soit achevé, et que l'autre aurore soit revenue, ce soir où ma reine me fut ôtée, comme celui qui sous nos yeux finit, où je l'ai perdue, Ô ma candide fille, je compte n'être plus. Lilia pleure profondément. — Oh, mon père, je vous eusse manqué de respect, peut-être, si j'avais pu. Je vous aurais pris cette coupe, et je l'aurais gardée, si j'avais su que votre chère vie y fût.

Le Roi sourit. – Que dis-tu ? Tu te démens, tu n'eusses pas été toi-même. Pense, ma fille, à ma peine. Tu la vois. Le pourras-tu, voudrais-tu m'y condamner ? Il faut faire ce don du départ suprême, et de l'oubli à qui n'en veut pas d'autre. L'amour vaincu vainc la vie là où il l'est toute. Le plus beau sang, la plus douce liqueur avait débordé de cette coupe. Le reste le suit. C'est ma vie que j'ai jetée avec elle. Rien ne peut la reprendre. Ô souviens-toi ! Le pur cristal avait un reflet d'elle : son parfum y était et la forme de ses lèvres.

Lilia : – Ainsi, vous pourriez vivre si cette coupe vous avait été gardée ? Et vous vivriez si elle vous était rendue ?
Le Roi : – Je vivais pour souffrir et c'est pourquoi je l'ai jetée. Qui peut vivre avec le corps de ce qu'il aime quand l'âme n'y est plus ? Combien j'ai balancé ! C'est tout ce qui me restait d'elle. Mais enfin, je l'ai fait ; je l'ai lancée, pensant me lancer avec elle. Je ne pouvais plus vivre : ma peine était trop vive. Qu'ai-je jeté ? Ce n'est pas mon amour ; non c'est le corps qui m'attache et qui me blesse l'âme. [Il s'émeut de plus en plus.] Oh, laisse-moi seul, ma fille. Je sens que me gagnent les larmes. Un roi de l'Île heureuse ne doit pas pleurer, ni surtout un père ne doit pas attrister de pleurs le visage charmant d'une fiancée.

[Lilia s'éloigne – en retournant maintes fois la tête].

Chœur d'à peine 20 vers murmure des flots	Le jour est presque enfui Le soleil meurt Tout s'assombrit
	Le roi ne tourne pas les yeux vers sa [gracieuse fille Une image plus chère et plus douloureuse l'a tout envahi. [...]
	Il souffre car il est tout amour Et la mort l'a touché.

Suit une grande scène où le Roi est seul.
Il est triste et désespéré.
Puis, arrive le chant des vagues.

Murmures des flots A/ { .. Vois, Roi, vois cette forme. Elle
　　　　　　　　B/ { est à nous. Nous y buvons à longs
　　　　　　　　　　　traits. — Elle va être toute à nous.
　　　　　　　　　　　Mais la Terre l'a voulu retenir le plus
　　　　　　　　　　　longtemps. — Et nous allons enfin la
　　　　　　　　　　　prendre et l'entraîner.

Le roi (pâle) : — Ô c'est la coupe, et son bel ovale, et sa lumière
de cristal, que je vois flotter sur les vagues. Les mousses l'ont
embrassée et les algues. Te revois-je si tôt ? Ô je ne cours pas te
prendre. Ô vie, tu veux en vain me tenter. Je ne veux plus de toi.
Les algues se rompent ; plus fortes sont les vagues, tu vas être
entraînée. Ô mes lèvres s'agitent vers toi ; mes yeux s'élancent,
pour te presser encore. Je t'ai tenue. Je ne veux plus te posséder.
J'aspire à la félicité du repos, à l'oubli des mémoires de la perte.

[*Finalement il refuse de la saisir*][1]

— Disparais donc, toi qui es pareille au souvenir ; et qui es le Vase
même de toute mémoire. Je ne te veux pas car tu es vraiment le
corps de ce que j'ai perdu.

Lilia revient avec Heven. Pour calmer la douleur du Roi, elle lui
chante l'hymne que la reine chantait. Il est repris ensuite par le
Chœur.

---

1 Indication personnelle.

Cahier nº 5[1].

Lied

1 – Mer calme

Lied III/II. 12

Adº Mº	L'ineffable miroir
mf	De la mer s'ouvre aux cieux,
	Qui dorment dans les yeux
Retenant	Où tout dort, tout dort – de ce qui dut s'y voir.

TᵇIº	Le silence infini
pp	Pend sur les âmes vagues ;
Retenant	Un jour tel que la nuit
TᵇIº] p	Tombe – sur le sommeil – sombre des vagues.

	Il passe un bateau noir,
	Que le ciel a vu :
Ret. mf	La mer d'un trait l'a bu :
	Voici qu'il dort où nul ne peut le voir.

Encore plus lent	
pp	Pas une voix
	Tout reste vide ;
	Et sous le poids
	De l'air qui plombe

Pas une ride.
Et sur les routes
Du vaste monde,
Pas une goutte,

---

1 [Ms. 1376] Ce cahier présente une vingtaine de petites feuilles intitulées *Thulé* (noté *θulé*). Elles portent toutes la mention III.II suivies d'un autre chiffre. Ces textes appartiennent donc probablement au troisième acte. Ils sont en désordre dans le cahier mais la numérotation précise permet de les remettre dans l'ordre, ce que nous faisons ici. Nous ne présentons que quelques textes car l'ensemble est très difficile à lire.

Pas une ombre.
La mer profonde,
La mer de miel,
Miel noir, miel sombre,

Sort, rêve et dort.
ppp   Calme de ciel.
Calme de mort …
Calme de mort.

Lied III. II. VII

Chants du IIIème acte – Scène 1 de Thulé
Dans l'Île[1].

Lied Récit. / III^/II. II.   Solitude de l'âme

Moderato
    mf   J'ai vu le monde :
                                Le noir mépris
                                Alors m'a pris
                                Comme une Tombe.

                                J'ai vu les forts,
                                J'ai vu leurs crimes,
                                Comme ils oppriment
                                Qui ne les mord.

                                J'ai vu l'orgueil
                                Et sa vermine,
                                Et ses abîmes
                                De doux cercueils.

                                Car c'est les forts
                                Qui Tuent le plus :
                                Je les ai vus,
                                Eux aussi, morts.

                                Le noir dégoût
                                S'est fait mon maître
                                J'ai fui de tout
                                Pour n'y plus être.

---

1   Les éléments qui suivent ces indications sont difficiles à relier entre eux. Mais les
    lieder suivants portent les indications III. II. suivis encore d'un autre chiffre ce
    qui laisse penser qu'ils appartenaient à la suite de ce troisième acte.

pp

Mais je suis né ;
Je suis au monde,
Et je m'y sais[1]
Comme en la tombe[2].

---

1   On trouve ici un «vois» raturé en «sais».
2   Texte complet.

Lied du Coupable qui erre sur la mer et ne doit jamais retrouver
le port de l'Innocence.

Ébauche / Crime et douleur   Faute et douleur
        Même péché.   Un seul péché.

L'Homme qui n'a pas vu   dans son cœur le péché
L'Homme qui n'a pas vu   la Honte de ses larmes
L'Homme qui n'a pas bu   la douleur de son âme
Sur ses lèvres tombée,   ô pleurs de sang, de flamme
Qui dans la bouche de feu cherchent à se cacher

L'Homme qui n'a pas bu l'eau des sources amères
En Haine de lui-même et de sa vie gâchée
Pour assouvir son cœur de son cœur retranché,
Celui-là n'a pas su la douleur du péché
La douleur des douleurs, des voluptés, leur mère :

Toute faute se paie. Au mal c'est la douleur
Qui répond de la dette. Et le fond des tristesses
N'est pas dans les élancements de la détresse
Elle est dans le dégoût que le cœur a du cœur.

Ce qui a cessé d'être pur jamais ne cesse
De mourir en soi-même et des morts de sa mort[1].

---

1 Texte complet.

Lied – III / II/ I [4][1]

> Art est salut
> Art est Renaissance
> Art est rachat
> C'est la vie de Dieu
> Et sa profonde paix – à la place de
> La vie du monde et des combats
>
> Ô art – tu es beau comme
> L'âme innocente — et comme
> Les yeux aimants !
>
> Ce qui fut pleurs et cris
> En toi est mélodie —
> La solitude des nuits
> Tu la peuples d'étoiles
> Et les grincements de dents
> Assis au bord du lit
> La tête entre les mains
> Deviennent Harmonie
> Pure joie, chants secrets
>
> Alors joie et douleur
> sont les filles fleurs
> les filles sœurs
> des mêmes chants paisibles
> Et de la céleste prairie
>
> Ce qui fut élan
> Farouche au néant
> Et à la fin
> De la peine

---

1 Suarès lui-même précise qu'il s'agit d'une esquisse.

Devient une marche
Vers l'infini
Et le divin

L'Art sauve. L'Art <u>aime</u>
Amour est vie !
Des nuits de la douleur
Des vies de la peine
L'Art mène
À la nouvelle vie
Où l'âme se retrouve
Où le cœur se rachète
Et où l'être renaît pur, beau,
       Innocent[1].

---

1   Texte complet.

Cahier n° 20[1].

L'Atlantide	Vision du monde antique et du monde moderne.	Amour = cœur = […]
1re partie : lyrique	La nature et l'âme de l'homme sont en harmonie.	
2e partie : dramatique (l'Atlantide retrouvée)	L'individu et l'univers. La guerre de la pensée et l'amour. Chant religieux de l'infini.	Décor : l'océan […] Les galères qui désespèrent d'arriver à la découverte.
3e : lyrique et symphonique	Scherzo des sphères célestes et des systèmes. Symphonie du bonheur.	La raison ne suffit pas. – La vierge, fille du roi d'Orient…

Tous les sens profonds très cachés : on ne doit voir que les <u>Êtres</u>. Et il faut concevoir, non prouver.

Le désert de la mer est assez émouvant de lui-même.
La joie de la découverte assez belle.
La joie des amants assez féconde.

Mal du monde sans amour : [maladies, suicides, peste…]

[Ils désespèrent. Seule, la Princesse espère et soudain, la terre apparaît ainsi que le prince, «admirable», «printanier et superbe».
Amour, embrassement, joie, fraternité, «et leur force surprenante».]
«Tout ce qui n'était encore […] peu viril est soudain virilisé.»
1re partie : Nature-Raison suprême
Chants religieux.

---

1   [Ms. 1391]. Nous n'avons relevé ici que les grands titres des parties et indiqué les idées principales.

Mélancolie

> Ta tristesse est une prière qui vogue sur la mer des
> fièvres, et dont les voiles volent sur le souffle du rêve.
> Voilà pourquoi dans ta douleur palpite en silence une
> profonde et tendre volupté…

Dialogue avec Dieu :

« Je suis plein de vie Seigneur. Et mes peines se renouvellent avec
les saisons. […] »

« Certes, vivre n'est presque que souffrir — et la mort est au bout.
Mais pourquoi ne pas chercher en moi une vie immortelle ? Je suis
la grandeur de ton âme, et la force de ton cœur. Je suis l'Amour.
Que t'en coûte-t-il de tout quitter Hors moi-même ? Je suis tout
ce que tu es. Tu n'as de solide et de vrai que moi. »

Souffrance du monde conscience de la souffrance universelle :

— « Ô Amour, je viens. Il ne peut faire que je ne t'aime. Au sein
des supplices, je t'aime, comme au milieu des prés charmants de
la joie et du ciel. Mais cependant, je souffre. Car ce n'est plus de
moi seul, mais de toutes choses, que tu as mises, Amour, en moi. »

Chants de l'Île d'Amour
Mélancolie

Pain de l'Âme

L'Homme est un coup de dés de la nature. Si même elle perd contre lui, son jeu est encore le plus beau. Ses ressources sont éternelles. Elle n'a pas de cœur, et ne sait pas se perdre. C'est elle la sœur du prigieux Antée, qui reprend des forces dans la boue. Tout lui sert, et même à sa défaite.

LES DRAMES SUR LE CHRIST

Projet de drame sur le Christ[2]

1) Le monde est plongé dans les ténèbres de l'illusion.

2) C'est la suite et la cause du désir de vivre.

3) Celui qui désire entretient le monde et l'illusion.

4) Pendant ce temps, le sauveur souffre : chaque jour on le sert en sacrifice – pour le sort du monde – et le monde ne veut pas être sauvé.

5) Il faut porter la rédemption au rédempteur.

6) Que chacun le fasse pour soi, puisqu'un n'a pas pu le faire pour tous.

7) Ô détresse de Dieu ! Qui te comprendra ! Qui te guérira ! – Ô esclavage de Dieu, qui te rachètera !

8) Autant de désirs, autant de blessures : c'est les portes du monde. Là coule le sang de Dieu.

9) L'innocent, qui ouvre les yeux au monde ? Que voit-il ? 1 – La mort de tout. 2 – La mort de soi. 3 – La mort de Dieu.

10) L'innocent, ô qu'il est alors tout pitié ! 1 – Il a pitié du monde et de tous les êtres. 2 – Il a pitié de Dieu.

---

1 [Ms. 1391].

2 Deux feuilles recto verso. Il s'agit d'un projet, de notes. Il faut lire ce document en pensant à son caractère inabouti.

11) Alors, si pur il est invincible, il est sans crainte, dès qu'il consent à être tout souffrance, il s'immole. Il combat pour le monde et pour Dieu.

12) Mais, bien plus, pour sauver Dieu, il refait en soi le divin sacrifice = il rachète Dieu de la rançon de sang que Dieu paya.

*

La femme tentatrice du monde.
Le pouvoir tentateur du désir même.
L'ascète – celui où il n'est plus de désir de vivre, mais sans passion de sauver le sauveur.
Les vierges – le salut riant de soi-même.
Le tyran roi – blessé à mort d'amour mort double de désir.
Celui qui a renié l'amour pour vaincre = cadavre qui tue.

*

Savoir, c'est entendre la plainte de Dieu, dont les lamentations retentissent dans notre âme. La vie, c'est obéir à la douleur de Dieu et se vouer à sauver le sauveur.
On atteint au savoir par la pitié. On connaît la vie par le renoncement et on en remplit le but par le sacrifice[1].

Mouvements de la Grâce

A.
Dans l'âme du sauveur
B.
Dans le monde

1. <u>La Grâce naît</u>. Le cœur frappé d'étonnement et de douleur.
2. Aussitôt née, elle aspire au <u>sacrifice</u>, par compassion. [...] Elle naît de la <u>pitié</u> pour la <u>douleur</u>.

---

1   Indication sur le recto de la première page, en travers de la feuille sur le côté gauche.

3. <u>La volonté de sacrifice</u> est pleine. Tout semble plus cruel que la mort – la mort est partout mais la volonté du sacrifice croit à la vie divine et à la faculté de tromper la mort par le dévouement.

4. <u>La conscience du sacrifice</u> [...] du monde par la pitié. Il naît de la pitié le goût du sacrifice, il la réfléchit et il est plein d'elle. Le sacrifice est nécessaire = de par soi et de par le monde.

JÉSUS
(Extraits) [Ms. Ms. 43.039]

Voix de la Robe du Sauveur qui passe en murmurant à la terre.

Chants avant la fin[1].

Voix
de la Robe du Sauveur
qui passe en murmurant
à la Terre :

Andantino

mf.	Ô bien-aimés, — ô malheureux, — enfin, ô hommes !
f	C'est à vous cœurs amers
	Comme la mer sans bords, et l'horizon sans bornes
	Amer comme l'absinthe, et comme –
mf	Hélas ! –
pp	Comme la mort,
mf	Que je murmure ces paroles
	De lait et ces appels de miel ;
	C'est sous les pas
	De Dieu qu'ils s'ouvrent tels
	Que des corolles ;
	Fleurs qui consolent,
	D'où viennent-elles,
	Et leur odeur,
	Si ce n'est de ce cœur
	Céleste qui s'épand
	Comme un printemps
	Sur le désert des âmes,

---

1   Feuillet n° 1.

Qui fait porter la graine,
D'amour même au sol de la Haine,
Qui nulle part ne passe
Qu'il ne laisse ses traces
De tendresse, de grâce
Et de promesse pour toujours.
Ils brûlent, ces doux mots
Ils tombent, ces parfums,
De mes lèvres de laine :
Mais la fleur n'est qu'en lui,[1]
Mais l'encens est lui-même,
De sa chaleur ce lin est chaud
C'est de l'odeur du ciel qu'embaument tous mes plis,

Mes plis sont vos berceaux,
Hommes vêtus de maux,
Hommes errants et nus,
Sans voile et sans asile.
Venez naître au salut.
Exilez-vous de vous : le monde vous exile.
Renoncez-vous. Laissez-vous prendre par Celui
Aux mains seules de qui
Le dénuement est riche, et doux ce qui vous tue.
Jetez-les moi : je balaierai vos peines.
Souriez-moi : je vous ferai[2] sourire
Que craignez-vous ? Cette robe de laine
Est faite de rayons. Qu'il est doux d'y mourir
Aux orages du monde,
Et d'y revivre à la chaleur,
Liqueur de la miséricorde,
Dont Dieu déborde,
Et vous inonde.

---

1   Feuillet n°2.
2   On lit « rendrai » au-dessus de *ferai*, et « pour sourire ». au-dessus de *sourire*,

Que vous, qu'est-il de pire,
Ô Hommes ?
Dans vos plus durs martyres
Vous êtes vos bourreaux.
Vous mettez en morceaux,
Ce que vous avez d'âme et de bonté ;
Et tournant contre vous votre méchanceté
Vous vous donnez aux vers
Du doute et de l'Impureté.

Les maux dont vous souffrez[1]
Ne sont que la poussière du mal qui est en vous.
C'est le vent de la vie
Qui la rassemble et la soulève.
Et votre âpre salive
En y tombant fait cette boue
Dont le tas vous aveugle — et le poids vous achève.

Pourquoi parler ? pourquoi pleurer ? Hommes pourquoi
Garder vos liens à vos misères ?
Je glisse près de vous, la riante galère
Qui se balance dans la pluie,
Et qui veut vous mener de l'orage à la paix,
de la mort à la vie,
et au ciel de la Terre.

ppp   Vous n'êtes rien, Hélas. Et ne le savez pas.
Souvenez-vous, pour oublier, ô éphémères,
Que le néant vous presse et vous mord pas à pas.

---

1 Feuillet n° 3.

Allegretto

Et moi,
Je vis de laine
Et je bois la sueur
De la douleur
Et de la peine ;

Je suis de laine,
J'ai des caresses,
Plus douces que la joie ;
J'ai des lèvres muettes,
Qui baisent et ne blâment pas.
Et j'ai des bras
Si chauds d'amour

Pour ceux qu'ils pressent,[1]
Qu'ils font lever le jour
Et de tièdes chemins,
Où les candides fleurs
Se mettent sous la main
De ceux qui pleurent,
Au fond des cœurs,
Glacés d'Horreur
Et de Ténèbres,
Qui errent
Dans la nuit et le froid,
Et désespèrent
Bien plus de mourir
De vivre dans l'effroi
D'un siècle sans aurore et d'un ciel sans lumière.

---

1   Feuillet n° 4.

Je suis le lin
Qui fil à fil,
S'est fait des cils
Du chaste azur,
Des rais de flamme
De la lumière,
Et de l'air pur,
Où les yeux de la Terre
Font voler les appels
De leur misère,
Du bord de leurs lèvres de fiel,
Sur les brûlantes ailes
De la prière.

Très
tendrement

Je suis la robe blanche
Où sont blancs les péchés
Qui la viennent Toucher
D'un esprit sur les flancs,
D'une âme Tout couchée
Dans son dégoût de soi, et son envie de Dieu
Et qui s'épure en épelant,
Pleine d'Humilité,
L'oubli du monde et le ravissement des cieux.

Je suis la robe blanche,
Je suis tremblante
Et je flotte aux soupirs,
Comme les Tendres branches
Aux bises du matin,
Et comme aux souvenirs
De ce qu'il a perdu, le cœur atteint
Et frémissant, de la souffrance.

*

Sur un petit feuillet qui suit ce texte, Suarès a dessiné un Graal. Il
précise : « pour la Cène » et on trouve ces quelques indications qui laissent
penser qu'il prévoyait une scène du Graal, *à la manière des finals des*
premier et troisième actes de Parsifal.

– Chants du Graal.
– Sacre du Graal.
– Chants des Anges de douleur et du passé.
Quand Jésus Sauveur donne la coupe aux apôtres et qu'ils y
trempent leurs lèvres

<u>Prologue de 1903</u>[1].

Jésus - I ^/ I-I prologue et 2 actes.
Pour la Ière partie.

Prologue dans le ciel.

On verra Adam, Ève, Caïn, etc.
Mais Dieu le père restera invisible.

---

1   [Ms. Ms. 42.996⁶³⁻⁶⁴]. Le [Ms. Ms. 42.996] porte le titre de *Lazare*. Le prologue
    de 1903 ne correspond pas à ce dernier projet mais concerne un drame sur le
    Christ. Dans le dossier *Lazare* que nous présentons plus loin, on trouve en effet
    une chemise regroupant des textes sur le projet *Jésus*. Il y a donc un mélange de
    textes. Si la numérotation des feuillets est continue dans ce dossier, les textes
    n'appartiennent pas à un seul et même projet. Cette indication technique est
    indispensable pour le chercheur suarésien. D'autre part, la première page propose
    deux dates (1892 et 1893) et annonce l'acte V. Deux indications (acte VI et XIX)
    sont difficiles à comprendre… Pour simplifier notre propos, précisons donc sim-
    plement que le texte [Ms. Ms. 42996⁶³] correspond au prologue d'un *Jésus* et est
    daté de 1903. S'il est rangé dans le dossier *Lazare*, c'est en raison d'un mélange des
    feuillets. Précisons encore qu'il est recopié d'une autre main que celle de Suarès (il
    semble que ce soit l'écriture de son épouse Betty). La date de 1903 correspond-elle
    à la date de rédaction ou à celle de la copie ? La question mérite d'être posée. Ce
    document se présente sous la forme de feuilles jaunies, très abîmées (les bords des
    feuilles se désagrègent ce qui empêche la lecture des dernières lettres des mots qui
    s'y trouvent).

Les deux autres personnes apparaîtront vaguement dans un nuage. Toutefois de manière à être distinctes. L'Esprit sera une voix de femme.

Quant aux personnages, par le moyen de miroirs, il faut que Adam soit le même acteur qui doit faire plus tard Jésus ; Ève sera la même que la Vierge. Caïn le même que...
Tous, par le jeu des glaces devront paraître deux fois plus grands dans le prologue que dans le drame.

Le démon sera sous la forme d'Asraël. Le plus beau possible.

On entend des supplications.
Adam et Ève paraissent et ils déplorent d'avoir péché et d'avoir donné naissance au genre humain.

Invisible, Caïn maudit.

Atmosphère de souffrance et de désespoir.
Cependant, Ève prie le seigneur. Elle sait que la vie est sauvée malgré tout. Mais pourquoi tant de maux et tant de peines ?
Dialogue avec Adam : très bref.

On entend la voix du Fils. Il dit à Adam que lui aussi s'indigne. Rêve de la paix, et du bonheur.

Les personnages humains se retirent dans l'ombre. Tonnerres. Nuages.

Dialogue du Père et du Fils. Idée du Fils. Puisque la création a connu le péché c'est que le créateur l'a voulu.
Mais la création est une œuvre de l'amour. Le monde est né de cet amour. C'est le monde trompé, errant, se prenant lui-même pour sa fin, qui est le péché. Mais si le monde aime assez, il doit être sauvé. C'est donc l'amour qui sera le salut comme il a créé ce qui a péché.

Et le fils est l'amour-même du père.

Le père répond : il savait que le temps est venu, que la lumière du monde est trop forte. Il savait aussi que l'heure de l'amour a sonné. Ainsi, le fils sera Homme et le second Adam.

Le père avec douleur – [...] douleur de la Volonté, douleur qui sourit – consent à la naissance du fils sur la Terre, et l'Esprit à son tour envoie les réponses de la volonté du père et de l'adieu du fils.

Cependant, nuages encore – éclairs, puis dans le fond de la scène, à l'appel du père, s'élève une grande nuée d'or et de feu.

— Asraël !.. appelle le père par deux fois et le démon paraît. Il est suivi de Caïn.

[...]¹

Le père et Caïn : — Toi, force, intelligence, [...] toi qui veux l'empire de la terre.
C'est pourquoi, lui, le fils, à son tour, veut être la victime de Caïn. « Tu auras mon sang », dit-il.

Joie silencieuse et terrible d'Asraël. Stupeur et terreur de Caïn. Il dit au fils : « Tout damné que je suis, j'ai compris et même je t'aime. La vengeance que tu m'accordes sera pour moi le châtiment le plus horrible. »

— Et bien, dit le fils, c'est pour ce châtiment-là et ce nouveau péché que tu expieras l'ancien.

Caïn disparaît.

Le père et Asraël.

Le père parle.

---

1 On trouve ici ces quelques notes : Dialogue du Fils et de Caïn = blasphème de l'Intelligence, et de la Volonté humaine. / Droit de Caïn à s'estimer aussi haut qu'Abel sa victime et même devant (...) parce qu'il a voulu être libre. Le fils (...) ... à Caïn qu'en effet, il est une victime. / Suit une scène de dialogue entre le Fils et Caïn. Caïn s'estime « aussi haut qu'Abel » et même plus que lui « parce qu'il a voulu être libre ».

— Toi, force, intelligence, le plus beau des anges et qui, damné par là, tu auras le droit aussi de tenter mon fils. Je te livre le nouveau Caïn et le nouvel Adam. Tourmenteur [...] car tu es tout action. Mais tu n'aimes pas. Asraël, l'action sans cœur, l'amant de la mort.

L'Ange demande si toute liberté lui est laissée. Toute ! Une seule exceptée [...]. Seul moyen parce qu'il serait sans effet : l'ironie ! L'ironie est la fin. Elle désespère l'amour mais ne peut rien contre lui ;[1] et enfin la tragédie d'amour qui va suivre est insensible à l'ironie Asraël le reconnaît. Il s'en va.

On entend puis on voit Ève[2] qui supplie et qui fait oraison. Elle a le pressentiment d'une douleur inégalable mais aussi d'une incroyable joie. Elle mène par la main, Adam, elle se jette à genoux. Et tout en pressentant des peines infinies, elle se confond dans un cantique de joie et de remerciements.

Une ou deux paroles d'Adam, quelques paroles du Père et c'est la du fin du Prologue.

[1903 Mai][3]

---

1 On trouve ici une croix qui renvoie à ce petit texte : « Ici, le drame de l'amour. La vie est un acte d'amour. Tout acte est foi. L'ironie est de la mort. Au début est l'amour, et l'amour à la fin. L'horreur de la Haine va cesser. La mort n'aura pas le temps. »

2 On lit dans la marge : « Le premier soir : comme auparavant l'Annonciation et l'Adoration. Mais au début, le Prologue. Comme titre général : « Joie ! Joie ».

3 [Ms. Ms. 42.996^64].

LAZARE
Série [Ms. Ms. 42.996]
Ms. autogr. n.s. – s.l.n.d. [mai 1903][1]

Mathieu XXVIII, 1
Marc XVI, 1
Luc XXIV, 1
Jean XX, 1, 2[2]

*

— La Vie, la vie, la vie,
pour sortir de la mortelle angoisse
ou la mort comme le fond d'une coupe pleine.
Il faut que tu vives, Amour[3].

*

«Quand, le soleil venant, les étoiles comme des jeunes filles, se
retirent au gynécée de la nuit[4]».

*

En dédicace[5].

---

1   N.B : André Suarès n'écrit pratiquement jamais le nom *Lazare* mais l'abréviation
    suivante : ΛΛΖ. / Ce manuscrit est constitué d'une importante chemise divisée
    en deux sous-chemises désignée ainsi : A) 1- 67 B) Mélange.
2   [Ms. Ms. 42.996[8]].
3   [Ms. Ms. 42.996[13]].
4   [Ms. Ms. 42.996[18]].
5   Cette dédicace est très importante mais, hélas, très délicate à déchiffrer. Nous
    proposons tout de même ici ce que nous avons pu en lire. [Ms. Ms. 42.996[20]]. Le
    destinataire n'est pas indiqué. Il s'agit de son père mort en 1892.

Ô mon bien-aimé, seul tu as connu cette œuvre, et tu l'as aimée. Tu as su ce qu'elle était et ce qu'elle devait être. [...] Elle était en toi comme en moi-même.

Je te l'avais dédiée, dans le sourire de la peine, comme la douleur de la mère se dédie à l'incalculable joie de la vie naissante. Tu étais la Vie, la Force et l'Ardeur.

Et maintenant, à qui faut-il que je dédie ce poème ? Je ne le dirai pas ô mon Ami.

C'est à toi, pour autant que je vive encore moi-même. Et tu as voulu que je vécusse, je le sais. Tu t'es sorti de l'ombre même [...] ; et ta volonté est sacrée. [...]

Que l'Amour triomphe de la Mort, à cause de toi. Il le fait[1], mon bien-aimé, au moins en nous.

[...]

Et tu es, mon amour, puisque je suis encore.

Janvier 1905
Janvier 1907

---

1   Ou : « il le faut ».

Lazare, II, IV, § – après le récit[1].
Lazare se parle, seul.
H.[2] écoute, et lui presse la main.

Lazare :

> Mourir, mourir, mourir..
> Se peut-il que l'on meure ?
> Mourir. Alors que nul n'y croit.
> Et la terre est pleine de morts.
>
> La vie, Hélas, la vie, pas même un sommeil,
> pas même un rêve. À peine un cri,
> c'est la prière du soir que fait le petit enfant,
> comme déjà il dort dans les bras de sa mère.
> Mais qui ouvre les yeux sur le berceau, avant de se coucher,
> frémit de connaître sa misère. Mourir, mourir.
> Qui voit sa tombe, voit son lit.
>
> Ainsi, j'ai vu la mort, moi qui n'y croyais pas,
> moi qui n'y pensais même pas, je le sais aujourd'hui.
> J'ai vu la mort. Et désormais, je ne vois qu'elle.
> En tout, partout, – ô douleur – et en moi.
> Et désormais je suis un mort pour moi-même.
>
> Mon père est mort. Mon père, ma chair vive,
> ma chair première
> Mon père.. Ce que j'étais hier, — mon père est mort,
> je ne suis plus[3].

---

1   [Ms. Ms. 42.996³⁶].
2   Lazare est désigné par la lettre grecque : « Λ », mais qui est « H. » ? Jésus est plutôt désigné ainsi : Jes.
3   On voit ici comment la parole de Lazare peut correspondre à celle de Suarès. La mort de son père a été un traumatisme très important pour le jeune homme.

Et maintenant, c'est à mon tour, c'est à moi de mourir,
et lui, le bien-aimé, c'est à son tour de mourir en moi.
Ainsi je mourrai mon père. Et tu mourras.

Mourir. L'horrible sommeil va venir.
C'est bientôt l'heure. Ô rêve du jour, ô jour
terrible qui finit. Il faut donc que je meure ?
Il est comme moi ? Il faut que ce jour finisse et que
                                    je finisse avec lui ?
C'est ainsi.
Mon père est mort. Mon père bien-aimé n'est plus ici.
Il est là. Il est couché là sous la terre.
On l'a mis dans un drap. Il est étendu là, dans l'ombre.
Sa bouche, pleine de baisers pour ses fils, ne remue plus peut-être,
que pour —
[Cri. Il se cache le visage]
Ha.. Ha..
Il est couché — Ses bras le long du corps ne joignent
                                    plus sur ma tête.

Ses douces mains ne cherchent plus les miennes[1]
Il est là où je serai — muet, sévère et sourd
Comme je serai. Ha, —
Et ses yeux, ses chers yeux, —
Me feraient heureux, maintenant, si je les voyais —
Tes yeux, mon père —

                    [il se cache la face
                    sanglots profonds, convulsions.]

H. [il pleure aussi]
          — ses yeux, — ses yeux,
            Ô douleur, —[2]

---

1 Au verso de la page.
2 Texte complet correspondant aux recto et verso du [Ms. Ms. 42.996[36]].

Lazare, II, 1. 4[1]

Lazare. — Tout ce que je touche tombe en douleurs
    Tu le sais, j'ai perdu celle que j'aimais.

H. — Je l'ai su. Et plus que morte, puisqu'elle a refusé
    un tel amour, et qu'elle s'est vendue à un autre.

Lazare. — N'en parle plus. Il semble que je porte le noir destin
    de l'accomplissement —
    Mais toi, mon frère, toi du moins, tu me restes
    Et si beau que je rentre en toi seul au rêve de la vie[2].

*

Lazare, III.

Fin de la nuit d'été

Le jour reparaîtra puis le soleil viendra
Il se lèvera de la terre, il sortira du sein
Inébranlable et aussi sûr, dans sa marche infaillible
Que sa mort chaque soir est certaine
Car il est le soleil, celui qui ne se compare qu'à lui-même

Voici le dernier quart avant la troisième heure
C'est le moment où, parallèle à la terre
L'heure ouvrant les bras, se met en croix.

---

1 [Ms. Ms. 42.996[40]].
2 Texte complet [Ms. Ms. 42.996[47]]. Là encore, les éléments biographiques sont
    importants. Le frère d'André Suarès a une place centrale dans sa vie et leur relation
    est renforcée encore après la mort de leur père.

Lazare, III[1]

> [scène de Jésus priant
> et des Amens !
>
> de la foule.]

Jésus :   Mon père, toi qui donnes la vie et qui sauves les morts,
               Sauve, ô Roi de la Pitié, fais Grâce,
               Sauve celui qui meurt d'avoir aimé,
               Et d'avoir vu de trop près la mort.

L'homme de la foule :
    Amen ! Sauve les morts et ceux qui meurent !
            Sauve le cœur de l'Homme, ô Fils de l'Homme !
            Sauve l'Amour, Sauveur !

La foule :   Amen, Amen, Amen !
               Sauve l'Amour, Sauveur

Jésus :

L'homme :   Je veux la vie, Je veux la vie.
              Sauveur, touche la mort du doigt.
              Fais vivre celui qui aime.

              Foule : Amour ! Fais vivre les morts
              Rends la vie aux vivants.

---

1   [Ms. Ms. 42.996⁴⁸] Texte complet.

Lazare - III[1]

Jésus. — Je t'aime et te comprends.

Lazare. — Non, la douleur pour toi, Jésus, n'est qu'une épreuve.
Et tu l'aimes.

Jésus. — Je suis venu à la joie du soleil
Et je suis né dans la douleur à la douleur.
Je vis. Et je ne suis rien qu'un homme.

*

Lazare, III[A2]
I/α et III/ψ
Lazare, le mort.

[Terrible ironie]

— Tu m'as réveillé mon fils et toi, mon autre fils, mon bien-aimé,
tu es ici, tu es venu aussi.

— Ô ce n'est pas le sommeil et le repos n'est point. Vous m'avez
appelé. Vous m'avez réveillé. Ô tirez-moi de la tombe. Vous qui
m'aimez.

— J'ai été, j'ai été. Je veux être. Je suis. Je suis aimé. Vous ne m'avez
pas laissé dormir.

— L'horreur est ici, que je craignais et le désir de vivre. La vie !
Le soleil ! Ô nuit — le signe de la pourriture — le salpêtre [...]
et la lèpre qui court sur les os. Je veux venir à toi comme un fils
qui m'appelle.

---

1   [Ms. Ms. 42.9 96[49]]. Texte complet.
2   [Ms. Ms. 42.996[50]]. Texte complet.

Il se soulève.

> Faible lumière, bleue, dans le tombeau.
> Elle ne croîtra pas beaucoup, mais elle doit permettre de voir.

*

La plus forte ironie tragique : sans qu'un seul mot la révèle [l'explique] = elle doit naître du contraste, — de l'objet.

Les deux Lazare, sans se voir, sans le savoir, marchent l'un vers l'autre. L'un descend vers la mort, l'autre remonte à la Vie. Et le mort veut tellement vivre.

Et le fils, qui appelle la vie, n'a d'autre moyen que de donner la sienne.

Et la mort est toujours satisfaite. (Même si elle n'existe pas ?).

Et tout se passe sous l'œil et l'incantation de Jésus […].

TROISIÈME PARTIE

TEXTES NARRATIFS
ET PROJETS ROMANESQUES

Les projets romanesques sont aussi très nombreux mais Suarès en a brulé une grande partie car il en était mécontent[1]. Ce qui reste est donc bien difficile à appréhender. Il faut préciser qu'il ne s'agit pas de romans dans le sens classique du terme car Suarès mêle des passages poétiques, des lettres et des récits autobiographiques comme dans *Primavera*, un projet dont nous présentons plus loin quelques textes. Par souci de classement, nous les regroupons, comme dans notre premier tome, dans une partie intitulée « textes narratifs ». *L'Homme de Beauté* est composé de textes très variés comme des méditations, des récits de songes. Il existe d'autres exemples de mélange de genres à l'intérieur même de la forme romanesque. Certains ont pu marquer Suarès comme *Evgenij Onegin* de Pouchkine ou *La Doublure* de Raymond Roussel. Mais, cette fois encore, la plupart des projets suarésiens restent inachevés. Parmi toutes ces tentatives, citons principalement *La Vie promise, L'Âme triomphale, Atalante, Lise Candal*. Dans *La Vie promise*, Suarès voulait faire coïncider le temps du récit avec celui de la lecture. Selon sa correspondance avec Romain Rolland, ce roman de 200 pages fut terminé mais Suarès le détruisit[2]. Marcel Dietschy le date de 1888. Souvent dans ces romans, l'amour pur et salvateur s'oppose au désir et à la passion. *La Vie promise* est la recherche d'un amour spirituel. *Atalante* chante l'amour spirituel contre l'amour physique. *Lise Candal* raconte un amour impossible entre un jeune homme et une jeune veuve. Dans *Andromède*, Suarès décline les saisons de la passion. Il ne reste que quelques passages de ces textes le plus souvent très difficiles à déchiffrer. *L'Âme triomphale* ne sera pas plus terminée que les précédentes tentatives : « j'ai lu mon roman *L'Âme triomphale* qui

---

1 *Cf.* Yves-Alain Favre in *La Recherche de la grandeur dans l'œuvre de Suarès*, Paris, Klincksieck, 1978, p. 31.
2 Lettre inédite à Romain Rolland n° 95, 6 sept. 1889.

n'est qu'en moi, mais l'est si bien[1] », écrit-il à Romain Rolland en 1890. Il n'en reste rien. Suarès et son frère Jean avaient aussi imaginé écrire ensemble[2] et sous le nom de Villers[3], un roman intitulé *La Terre et la Mer*. Dans la perspective suarésienne de lier les formes, nous présentons quelques éléments de *Primavera* que son auteur qualifie de « roman-poème », mais qui n'est toutefois pas non plus un roman en vers. *Primavera* se compose d'un mélange de chapitres classiques, de passages poétiques, de lettres et de réflexions sur l'amour. La mythologie du printemps évoquée par le titre nous rapproche de la *Walkyrie*. Le cahier n° 5 contient un « Lied du printemps » et une partie du chapitre XXXII s'intitule « Mort de l'amour », titre très wagnérien.

Suarès utilise l'appellation de « roman-confession » pour qualifier *L'Homme de Beauté*, grand projet dont il reste de larges passages. On ne trouvera rien ici qui ressemble à un roman. Il s'agit en fait de réflexions sur l'art, sur la politique, d'un recueil de confessions mêlées à des passages poétiques. Certains textes sont extrêmement personnels. Nous présentons en particulier plus loin des récits de songes. L' « Homme de beauté », c'est l'artiste rêvé par Suarès, l'homme en quête de beauté, en voie de salut. De la même façon, « l'Homme de douleur » est la conscience souffrante de l'artiste. L'Homme de douleur peut devenir l'Homme de Beauté et le chemin entre les deux est la musique, suprême expression de la spiritualité de l'Être. L'Homme de beauté c'est l'Homme de douleur « racheté, renouvelé par l'intelligence du monde » écrit Suarès à Romain Rolland le 11 septembre 1902. L'ensemble ne ressemble donc pas à un roman mais bien plutôt à un essai, la méditation, la réflexion étant le fond de l'écriture de ce texte protéiforme. Les manuscrits qui devaient appartenir

---

1   Lettre inédite à Romain Rolland n° 174, 13 Août 1890.
2   Lettre inédite du 7 août 1898. Voir Christian Liger, *Les Débuts d'André Suarès*, Thèse de 3ᵉ cycle, Montpellier, 1968, p. 186. Ils y pensent encore en 1901.
3   « J'aurais voulu que Villers (quel joli nom, hein ?) publiât son petit roman avant la fin de l'année ». Lettre inédite du 5/10/1899. *Cf.* C. Liger, *ibid.*, p. 186.

à *L'Homme de Beauté* sont désignés par l'abréviation *H.M./B.* La question est complexe car Suarès avait un autre projet qu'il désigne par des abréviations très proches : *Hors de moi les Barbares* (*H.M* ou *H.M.B.*). Nous développons cette question dans notre premier volume et nous ne voulons pas alourdir le propos de ce volume-ci. L'essentiel pour le chercheur est d'être conscient de cette particularité qui complique les recherches et risque de faire réunir des textes qui, initialement, n'appartiennent pas au même ensemble. D'autre part, il semble que les deux projets ont fini par fusionner. *Hors de moi les Barbares* a été commencé en premier. Il a dû être terminé entre 1897 et 1899 et, finalement, Suarès l'a abandonné pour commencer *L'Homme de Beauté*, pratiquement terminé en 1902. On ne possède pas les versions finales de ces textes. Autant dire que les extraits que l'on possède encore sont extrêmement difficiles à réunir. Il faut, là encore, les lire en eux-mêmes et accepter leur caractère inachevé. Ces deux projets en annoncent un autre, abouti et publié celui-là : *Voici l'Homme*, terminé en 1904.

S'il reste de nombreux textes indiqués *H.M./B.*, ils sont souvent difficilement déchiffrables et il est encore plus compliqué de les mettre en ordre. Tout d'abord, il existe dans les documents en attente de classement un dossier portant l'indication *H.M./B.* Nous l'avons eu entre les mains mais il a, depuis, été transféré au centre technique du livre et se trouve donc indisponible pour le moment. Il serait intéressant de le retrouver et de tenter de le déchiffrer. Le reste est dispersé dans les carnets inédits. Yves-Alain Favre en signale des extraits dans le carnet n°20 et un plan dans le carnet n°100. Il faut encore ajouter les cahiers n°3, 6 et 15. Nous avons retrouvé encore d'autres pages dans les carnets n°21, 24, 93 et 102. Nous avons trouvé quelques textes à la fois très riches et relativement faciles à lire.

Nous avons choisi de présenter plus loin plusieurs types de textes. D'abord une dédicace qui précise le projet de Suarès. Ensuite, un très beau texte sur Wagner qui apparaît un peu isolé dans cet ensemble. Ensuite, viennent quelques textes très personnels (*H.M./B.* est aussi un «roman-confession»). D'abord des récits de songes, éléments très originaux de ce projet et intéressants dans une perspective biographique, puis des textes très émouvants sur la mort de son père.

Enfin, nous terminons par quelques textes sur l'art et la révolution artistique attendue et annoncée par Suarès. Dans ces derniers textes, Suarès apparaît très proche des textes révolutionnaires de Wagner. Même en 1849, sur les barricades, Wagner ne croyait pas vraiment à la révolution sociale. La véritable révolution ne pouvait être pour lui qu'intérieure, de l'ordre de la création. Et l'artiste véritable lui-même ne peut naître que de cette révolution. Car la révolution, au fond, quel que soit le contexte politique, est toujours l'expression d'un besoin intérieur de vivre libéré des lois de la société. C'est l'expression de l'humain contre le monde matérialiste de l'argent; de l'individu contre le groupe qui l'écrase; de la nature contre la civilisation qui l'asservit. Suarès connaissait bien le texte de Wagner *L'Art et la Révolution* au moins par les articles de la *Revue wagnérienne*, et on retrouve de nombreux accents wagnériens dans ses textes.

H.M./B.

Avertissement et dédicace
Carnet n° 21[1].

Tout ce qui est ici, est extrait des anciens manuscrits que j'ai jetés au feu, en 95 et 96[2]. Quelques-unes de ces fragments datent de dix et quinze ans plus tôt. Je ne sais trop pourquoi, entre cent et deux cents pages que je brûlais, je gardais deux ou trois mots. C'était sans doute l'obscur instinct de sauver quelque chose de moi-même, et de ce passé, qui, à mes yeux n'est rien. Voilà pourquoi je n'y mis aucun choix, en vérité pas le moindre ; mais au contraire, je prenais plaisir à laisser au Hasard d'en décider[3]. Ainsi je me faisais l'illusion de se séparer de ce passé, sans lequel je ne suis point et qui n'est rien sans moi. S'il m'avait fallu y penser, je n'aurais pas prétendu à la survivance. Il faut s'abuser… Puis, cette méthode convenait seule à mon dédain. J'en mettais un non moins immense à me juger, qu'à prendre la mesure des astres. Ce que j'ai voulu faire, m'a toujours seul pu séduire et j'ai toujours dédaigné ce que j'ai fait. La toute-puissance m'eût seule contenté. Je sens que ma passion d'Amour n'a été si ardente, si désespérée, si silencieuse, que pour n'avoir pas cessé d'être le soupir de mon cœur sorti, enfin, de sous le joug de cette insatiable faim de la toute-puissance. On le voit bien dans *H.M./B.* !

---

1   [Ms. Ms. 42.996[63-64]].
2   Il faut prendre avec précaution les dates annoncées par Suarès lui-même. Il est toujours nécessaire de les recouper avec les autres éléments à notre disposition comme sa correspondance par exemple.
3   La question du hasard est importante. Il est possible que Suarès ait envisagé une œuvre inachevée, recueil de ce qui reste du passé, d'une vie, dans son caractère aléatoire et très incomplet.

J'étais si désireux de tout ce que je me devais, et de tout ce que j'avais été, au prix de ce que je veux être, – que je ne prenais même plus la peine de lire les pages, jetées au feu par centaines. Je ne les feuilletais même plus. Je laissais mes yeux s'arrêter sur une ligne, – et parfois, je la retenais, sans regard même à ce qui la pouvait précéder, ou pouvait la suivre. Ainsi, mon dessein s'est trouvé rempli : je laissai au néant mon passé, en me flattant d'y avoir dérobé une lueur de moi-même. Je le regrette aujourd'hui, – et, ce soir, je ferai encore de même, pour avoir demain les même regrets.

*

Quelques-uns de ces mots m'expliquent en partie – à moi-même, s'entend, – car je ne prétends point être moins inexplicable aux autres, que je ne le suis, – et qu'ils se le sont tous mutuellement. Le cœur est une énigme pour le cœur, à moins que l'un des deux ne soit le veilleur assis sur la route de Thèbes, qui dévore l'autre. Et le cœur est encore plus mystérieux à l'esprit : car, c'est lui le véritable Œdipe, qui s'arrête devant l'énigme, ne pensant pas, d'abord, que le plus souvent elle n'a pas le moindre mot, – et que, s'il lui en trouve une, bien loin d'assouvir le Sphynx, – il le tue.

Eis Eauton[1]

Celles de ces notes que je vois dans leur fond, et comme elles s'offrirent à moi, dans leur pensée première, – je les marque *H.M./B.* : et peut-être m'en servirai-je, pour rendre cette confession plus tragique[2].

---

1   Cette expression grecque (que Suarès écrit parfois ainsi · εισ εαυτον) signifie «à soi-même». C'est le titre original des *Pensées* de Marc-Aurèle, ainsi que celui d'un ouvrage de Schopenhauer.
2   Texte complet. On voit que le matériau premier de *H.M./B.* est personnel et finalement assez aléatoire.

DEDICACE.

———

PAGE I

DU MOI AU MOI

ou.

DE MOI À MOI

ou.

III.

SI CE LIVRE N'EST PAS LE BREVIAIRE
DU PRINCE
PARMI LES HOMMES,
IL N'EST RIEN.

———

V.

MY WILL
IS MY RIGHT
MY WILL
IS
MY LAW.

———

VII.

JE CHANTE
LA VOLONTE
ET LA PUISSANCE.
JE CHANTE
EN L'HOMME
QUI VEUT ETRE
L'HOMME
QUI EST

———

1897–98[1]

---

1 Texte complet.

H.M./B. « Wagner et moi »
Carnet n° 24[1].

H.M.

B.   17/XI

Wagner et Moi

Au fond, j'ai été élevé avec Wagner, Beethoven et les Anciens. Je mets les Italiens avec l'antique. Nous ne faisons qu'un, ensemble. Je suis né d'eux, et de là. C'est pourquoi je n'ai jamais eu besoin de personne à vrai dire. Je me suis fait, comme si j'étais né en 1470, et non quatre siècles ensuite. Seulement, la Renaissance a eu son Wagner à la fin, et ce siècle au contraire a commencé par son Michel-Ange. Quelques-uns à vingt ans, vont faire acte de foi au tombeau de leur héros, ceux-ci à Napoléon, ceux-là à un saint. Pour moi, je le fis d'abord à la beauté et à la puissance, à Léonard et à Wagner[2]. Je connus dans Wagner avant tout le héros et le musicien : car la musique est l'expression immédiate du fond de l'âme. Son art me touchait moins que sa volonté[3].

---

1   [Ms. 1187].

2   On pourra s'étonner de ce que Suarès lie des figures de la Renaissance avec celle de Wagner. Il le fait souvent et en particulier dans la première partie de son *Wagner*. On peut penser qu'il imagine une nouvelle renaissance de l'art à travers Wagner. Il rapproche la puissance du génie wagnérien à celle de Michel-Ange ou de Léonard. On appelle plus souvent les grands génies romantiques aux côtés du compositeur. Et pourtant Wagner lui-même était très proche de l'Italie de la Renaissance. Il s'est inspiré de la cathédrale de Sienne pour le décor de son *Parsifal* par exemple et a écrit une partie de son opéra à Palerme. Rappelons qu'il est mort en Italie. Suarès est très sensible à la dimension italienne de l'imaginaire wagnérien.

3   André Suarès a toujours insisté sur la volonté de Wagner et sur la puissance de sa pensée. Il faut se reporter à son *Wagner* pour en prendre la mesure. Wagner n'était pas joué couramment à Paris loin s'en faut. Suarès connait bien sa musique pour avoir lu directement les partitions. Mais il est rapidement frappé par la figure même de l'artiste ainsi que par ses écrits en prose. Il est suivi en cela par Romain Rolland qui déclare n'avoir apprécié sa musique qu'après avoir admiré profondément l'écrivain et le penseur. Toutes ces réflexions montrent assez que la musique n'est pas le principal élément de Suarès dans son intérêt pour le compositeur.

Le jour où je la connus égale à celle de Napoléon, je lui fus tout acquis dans un délire de joie. Enfin, j'avais mon homme. Mes héros étaient alors Alcibiade et César, le Colleone de Verrochio, le maître qui trompe en beauté : le manque de beauté, je le sentis toujours en Bonaparte en dépit d'une force surhumaine : et mes anciens héros sont mes héros encore. Mais qu'un artiste fut aussi puissant que Napoléon, c'était m'ouvrir un temple. Voilà ce que fut ce musicien incomparable pour moi. C'était son âme, son cœur, sa Puissance Infinie, son Vouloir qui me possédèrent, ses pensées, son art même, ne me retinrent qu'au passage. Et de plus en plus, c'est sa musique qui me semble unique en lui : elle est proprement la conquête d'un univers, et sa création devant nous par un dieu, ordonnateur suprême.

En ce temps-là, Wagner était admirable, objet d'admiration et de dénigrement à la fois, vivant à miracle dans l'âme des hommes, mort de la veille ; c'était en vérité la vie merveilleuse qui suit l'ascension des hommes éternels. Depuis, sa victoire est trop complète ; le culte se fait idolâtre ; et Bayreuth grandissant, il se pourrait que Wagner descendît[1]. On fait de fades métaphysiques sur ce grand héros, on l'habille en philosophe, en prophète. L'Art qui est ce qu'il a de moins grand, se substitue à l'Artiste dont la grandeur fut sans pareille. À dire vrai, ce n'est pas du tout la beauté que Wagner satisfait pleinement : il est sans mesure, souvent sans proportions, – ou plutôt comme Michel-Ange il a des proportions qui ne sont que de lui : la perfection n'est nullement son affaire : mais oui, la toute-puissance, une force infinie, l'œuvre d'un titan, subtil et irrésistible. Wagner est, à beaucoup d'égard, du temps passé, il forme une époque, il en ouvre une autre : il fait passer d'un monde qui se meurt à un monde en train de naître. Ce fut mon grand maître d'énergie ; et, ayant Léonard pour la Beauté, j'avais d'autant plus besoin de lui : car Wagner est aussi plein de foi qu'un dieu[2].

---

1   Comme dans son *Wagner*, Suarès sépare l'artiste du monde idolâtre de Bayreuth pour lequel il n'a que mépris.
2   Texte complet, p. 23

H.M./B. – Récits de songes
Carnet n° 93[1].

§ – Si j'en avais la patience, la collection de mes rêves, pendant cinq ou six mois, ferait un recueil fort étrange d'images fantastiques et de curieuses visions sur l'âme humaine. Je reconnais en moi, comment les songes ont pu donner lieu à toute une interprétation de la vie, et à la science des devins. En effet, dans les rêves les plus vrais, où les caractères se peignent le plus crûment, je ne suis pour rien, tout le temps que dure le songe.

Une vue claire des objets et d'autrui, surtout de leurs sentiments ; une lucidité nue, lavée de cet amour-propre, que les yeux de l'esprit portent, à l'état de veille, comme des verres de couleur, voilà les ovalités singulières de la vision mentale, pendant le rêve. À la réflexion, cette vue semble extraordinaire, de ce qu'elle s'intéresse aux objets et aux gens sans y mêler l'intérêt de soi. Cette absence de soi-même dans ce qui vous concerne, c'est assez pour prêter quelque chose de miraculeux à des songes bien conduits : on ne se souffre pas impersonnel, sans quelque croyance à un prodige.

[...]

De là, une sensation de vérité plus sincère, où la volonté n'a pas de part : même si l'on veut, on répond en quelque sorte sans s'être adressé d'appel : et, par suite, le penchant est vif à croire ce qui s'offre à l'esprit sans y avoir été appelé, – et d'un air prophétique.

Carnet n° 24[2].

Je me suis arrêté dans une plaine grise et morne, sans fin du côté du Levant, et bordée au Couchant par l'infini de la mer violette. Le ciel était pareil à une fumée rose. Le soleil descendait à

1   [Ms. I256].
2   [Ms. 1187].

l'Occident. Je sentais une tranquillité désespérée, et je n'ignorais pas un instant que je dusse bientôt mourir. Je n'avais qu'un désir, voir une fois encore un bel arbre, et m'appuyer à lui. Or, voici soudain que je trouvai un frêne admirable à ma gauche. « Se peut-il que je ne l'aie pas aperçu jusqu'ici ? » me dis-je plein de doute : mais je me répugnais à croire qu'il eût surgi de terre tout à coup ; ou, pour mieux dire, j'avais peur d'en être sûr. Je m'arc-boutais contre le tronc, et je jouissais de l'ombrage lumineux de ce bel arbre, qui filtre la lumière. Je cherchais mon ombre à mes pieds, et n'en vis pas la moindre trace : « Ah, je me rappelle » murmurais-je, pensant à ma mort. « Que cela soit donc, puisque cela doit être ». Je suis vaincu. La mer était immobile. Une voix s'écria : « Et toi aussi tu vas à l'Occident. Tu suis la loi : tout roule à l'Ouest, les Hommes, les peuples, et les villes ; tout se porte au Couchant. » Alors, je vis une branche basse de l'arbre se diriger vers moi, en forme de bras et de main ; et je reçus un coup de poignard dans le cœur. J'éprouvais une douleur profonde et écœurante : il me semblait qu'un fleuve de sang coulât sur ma langue. « C'est ainsi, balbutiais-je, c'est ainsi : je savais bien que je mourrais de la sorte. » [...] Puis je sentis comme un flux tiède [...] me couvrir peu à peu. Et j'aperçus que j'étais au fond de cette mer violette, comme au creux d'une baignoire immense. Il me paraissait que la mer s'étendait par couches liquides de plus en plus sombres et de plus en plus épaisses sur moi. Cependant, immobile, je n'éprouvais pas la pression d'un grand poids. Non, c'est seulement des vagues sur des vagues, où je me sentais ensevelir. « Tant mieux, me disais-je, ainsi, je ne pourrirai pas. Il y a un salut peut-être. » Mon cœur me faisait cruellement souffrir : une pensée le traversa soudain, comme une flèche, d'une joie à la pointe si aiguë qu'elle n'était pas soutenable : et je criai : « père chéri, est-il vrai que je doive te voir encore ? » Je voulais dire aussi : « Est-il vrai que tu sois là ? » Mais les flots m'emplirent la bouche et me noyèrent la gorge[1].

*

1   Extraits, p. 70 et 71.

La Reine de la Ville

Songes

§ – Je montais, par un chemin vert et humide, au haut d'une douce colline ; et quand je fus au sommet une vue inoubliable s'offrit à mes yeux. Le soleil se levait. Une immense forêt s'étendait à ma droite et formait un grand arc boisé d'un côté de l'horizon. La lumière du jour baignait les arbres sur le bord opposé à celui où je me tenais, tandis que l'autre partie de la forêt était plongée dans l'ombre du matin, qui vibre comme de l'eau courante. Il en résultait un contraste d'une beauté divine entre cette armée d'arbres sombres et la perspective éclatante de la forêt blonde. Au pied de la colline, qui descendait par une pente douce vers un large fleuve, une ville, fleurie de dômes d'or et de Campaniles roux, dormait dans une brume lumineuse. Au-delà, riait la mer, verte et tendre comme une feuille. Des navires s'y avançaient, ailés de voiles immenses, et qui semblaient enivrés de joie. Cette vue m'emplit d'un bonheur si religieux, que je m'agenouillai dans l'herbe, et je murmurai : «Ô beauté ! N'est-ce pas là Florence ?» Et quoique je ne la reconnusse point [j'] étais persuadé de la connaître. Je craignais de faire un mouvement, ou de tourner la tête : la vision ravissante s'évanouirait. Voilà donc là Florence ! [...]

§ – Une femme nue, s'avance, d'une démarche royale, de longs cheveux dorés flottant sur les épaules. [...] À mesure que cette femme marchait, le sang coulait de ses pieds blancs. «Les pierres la blessent», me dis-je. «Mais pourquoi le sang ne se mêle t-il pas à la boue, délayée par la pluie.. Et où cette femme va-t-elle ?» Elle se baissa, et ramassa une des pierres sanglantes ; elle la porta à ses lèvres, et la couvrit de baisers. De l'autre main, elle fit le salut oriental, qui ressemble au signe de croix, se touchant le front, les yeux, la bouche et le cœur ; mais au lieu de porter sa

main sur la poitrine, elle en désigna son ventre, d'un geste las-
cif, et me regarda fixement, elle que je croyais jusque-là ne pas
m'avoir vu. Ses yeux m'apprirent qu'elle savait tout de moi, mieux
que moi-même. Un désir cruel s'éleva dans ma chair et me tour-
menta. Elle, alors, se cambra en arrière, et, renversée à demi, me
fit voir un corps d'une grande beauté, dont le parfum violent
venait à mes narines. Je fis un pas vers elle, mais, ayant écarté ses
doigts de ce ventre luxurieux, il en sortit un serpent, qui, sau-
tant à terre, rampa et me glaça d'horreur. Alors, comme je recu-
lais, elle saisit la pierre sanglante qu'elle tenait sur ses lèvres, et
me la lança de toutes ses forces. Je la reçus au front, et je tombai, frappé comme de la foudre, en poussant un cri terrible. Cri
étrange, car c'était : «délice[1] !»

Carnet n° 93[2].

IX. 1897 – *Eis Eauton*

Songes

§ – Comme des flèches, lancées obliquement du haut du
ciel, descendit, fendant l'espace, un vol d'aiglons, de faucons,
de vautours. Leurs pupilles en ligne brillaient tellement, qu'elles
faisaient comme un sillon de flamme dans l'air. Chose étonnante,
en vérité : ces oiseaux de proie, l'aile éployée, avaient le bec ferré
d'un métal doré, éblouissant, et leurs ergots étaient bottés d'or.
Ils se précipitèrent sur la plaine grise et solitaire ; ils semblaient
donner du bec avec furie. Et soudain je vis sauter, de toutes parts,
comme des étincelles d'un brasier pétillant, des yeux humains,
noirs, bleus, gris, animés encore de leurs regards. Je ne savais que
penser, quand je m'aperçus que cette plaine immense et si unie,
était comblée de tous ses plis d'Hommes étendus sur le dos, nus

---

1   Texte complet p. 74.
2   [Ms. I256].

et de couleur blême, au milieu de feuilles marcescentes, étalées en ouates et en tapis. Ces misérables oiseaux faisaient jaillir des orbites les yeux de ces hommes, qui paraissaient morts ; et les poussant de leurs bottes d'or avaient l'air de jouer aux billes. On n'entendait pas un cri, quand, tout à coup, une voix grave, comme les plus bas tuyaux de l'orgue, cria : ... «voilà le griffon». Je levai la tête pour voir la bête : mais le ciel entier, parut couvert, au-dessus de moi, par une aile gigantesque et fauve, dont l'aspect m'emplit d'une telle terreur, que je tombai évanoui.

H.M./B. Le thème de la mort et du père
Carnet n°21[1].

.. «Mon Père».. Dieu ne peut avoir d'autre nom... «Mon père».. comme l'enfant perdu, en détresse, affamé, mourant, dans les ténèbres.. Et la porte s'ouvre : «les bras sont ouverts».. un regard ineffable, qui nourrit, qui désaltère, qui guérit, qui fait un lis de la nuit, qui fait fondre la glace de l'âme transie, qui restitue à l'immuable lumière. — «Mon Père...»

—.. «Viens, mon Fils. C'est moi, mon Fils. Ne crains rien. Je sais. Ne dis rien. J'ai tout entendu. Viens, mon Fils..» — «mon Père, mon Père.. Et mon bien-aimé Père selon la chair, mon cher infortuné est là aussi, guéri dans le ravissement, sur le seuil.. qui me sourit.. Mon père.. Je ne me rassasierai pas de ce nom..»

Je l'aime trop pour le craindre, S'il EST. IL sait. Il comprend.

Je lui pardonne.

Il doit donc tout me pardonner.

— Je lui pardonne, dis-je : Car Je vis. Et Dieu sait..
— Oui : il sait.
— Mon père..
— Je sais mon fils : Je sais[2].

*

Passio. – ENTREE EN GRANVAL.

— «Mon cœur, approchons avec respect. Fais taire toute vanité.» Plus un regard, plus un reste de mémoire, pour les misères du marais Humain. Faisons silence dans l'infini.»

---

1   [Ms. 1184].
2   P. 69. Extrait. Le reste est trop difficile à déchiffrer.

« Parle, toi seul, mon profond silence. Dis l'Amour de ce cœur, dis-en les Holocaustes, que je présente. Profond silence, entretiens-toi avec l'infini. »

« Plus près, plus près encore, Sois Pensée. Sois la lumière d'un regard d'extrême amour. L'insondable Infini attend cette clarté. Ton sacrifice la lui porte. Resplendis enfin, pur silence, comme le sang du Sauveur dans la Coupe Sacrée. »

Tout se tait. Sa pensée seule plane. L'intelligence est Parfaite. Le parfait Amour, s'espace, comme le Ciel Bleu au-dessus des palmes. Un murmure de Sources. Un frémissement d'ailes. La Tristesse et la Sérénité volent dans l'air, comme une troupe d'hirondelles.

Et soudain, un grand cri s'élève du cœur.

« Soupirs, ce n'est pas assez. Murmures, vous êtes peu. Je crie, je crie à toi, infini, au sein du profond silence. Ô mon Âme, je ne consens pas encore. Hélas, que je suis déchiré.. Et à jamais, et dès le premier jour..

.. Je crie, je ne puis vivre. Et je ne puis mourir. Je suis le lieu de la souffrance. Et sans doute, c'est être de l'Infini, dans le plan de la vie.

Mais cette élection passe toute force.

.. Je ne puis vivre ? Je ne puis mourir. Je crie. »

*

« Silence profond. Tout s'arrête. La pensée est en suspens. Psyché souriante, cesse de sourire. Une amère tristesse l'envahit. Et sa clarté devient plus dure que le diamant.

.. Je ne puis vivre. Je ne puis mourir. Je crie. »
Effrayant. Effrayant.

Silence. Combat.

Effrayant[1] !

---

1   Texte complet, p. 105.

Carnet n° 24[1].

13 novembre.

À mon père.

Ô mon père, que tu m'es cher… Nulle interruption d'amour.
Je puis ne pas penser à toi : il le faut bien. Mais ne point t'aimer,
je ne le peux pas. Je t'ai mis tout vif dans mon cœur. Tu y es tout
vif, jusqu'à ce qu'il cesse de battre.

Que tu étais beau.. et même ces jours-là, parmi tant d'objets
hideux qui semblaient déjà s'éloigner de nous. La voici cette
chambre, et le feu rougeoyant dans l'âtre, et la pendule aux aiguilles
en os, qui vont s'arrêter, dans quelques heures, sur l'heure douloureuse.. Mon père, cœur béni, le plus doux des hommes.. aimable
à ses ennemis même, et qui les faisait rougir d'oser lui faire mal..

Cette nuit encore, dans le cauchemar, j'entendais rouler des voi-
tures, et des gens parler avec des menaces, au coin de la rue, comme
lui-même les entendait plein de terreur, au cours de ses innombrables
rêves.. Le charroi de cette rue, et son souvenir me poursuit.. La nuit
même, où tout devait finir pour ce Bien-aimé, deux hommes se
disputèrent aigrement sous les fenêtres ; et moi, les larmes me noyant
l'âme, j'ouvris la fenêtre, et en proie à une colère désespérée, je les
chassai, leur ordonnant de faire silence.. Lui, la tête si pâle sur l'oreiller,
il soupira plus profondément, ses yeux fermés depuis tant d'heures..

Où est-il ?.. L'esprit se sent défaillir d'y penser.. Quoi ? Cet Être
béni n'est plus rien pour lui-même, — quand il n'a pas cessé et ne
cessera jamais d'être si vivant en mon Âme, qu'elle souffre de lui,
comme s'il était là, — et désormais sans compensation, sans caresses,
sans vie, sans espérance ? Et moi-même, puissance superbe, avide,
insatiable, espacée en appétits sans fin, — que serai-je demain ? Tout
à l'heure ? — Je frémis : je sens la Mort, là, à mes côtés.. J'ai peur[2]..

---

1 [Ms. 1187].
2 Extrait d'une feuille complète, p. 2. Plus loin, on trouve un autre texte sur le même
   sujet. Il sort de la maison et rencontre une prostituée. Il rapporte cette anecdote à
   Romain Rolland : «je suis sorti d'assez bon matin, après avoir erré une partie de
   la nuit : le mort est toujours dans la maison.»

La révolution
Carnet n°24[1].

Eux – Révolution[2]

Qui ne la croit prochaine ? Ceux qui ne réfléchissent pas, ou qui espèrent que le monde comme il est durera toujours autant qu'eux-mêmes. [...] Je ne suis pas socialiste, encore moins, suis-je du parti communiste. Je les regarde en lutte, je crois à la défaite de la société actuelle : j'en sens la mort à plein nez, jusqu'au dégoût : elle est déchue ; elle est injuste ; elle ne se comprend plus elle-même ; elle n'est qu'une méthode de jouissance pour quelques-uns et de douleurs pour la foule ; qu'elle disparaisse[3].

Pour moi, sensible d'abord à moi-même, et par là en révolte contre une société qui me blesse de toutes les manières, j'y ai appris que toute autre société serait plus ou moins hostile à l'homme de mon espèce, et par conséquent, je sais considérer l'ordre social indépendamment de moi : car je suis anti-social au premier chef.

Mais vous voyez bien qu'on a tort de nous reprocher de pousser à la révolution. Ce n'est pas par plaisir, par jeu, par calcul. C'est par nécessité. – Et quelle ? – Nécessité de la raison ; nécessité du cœur : je dirai : besoin né du désespoir : personne, au fond, ne souffre plus que nous, de soutenir nos propres opinions. [Je montrais Rolland]. – Pourquoi ? Quelle manière tragique ... – Par ce que nous sommes plongés dans la mort et la décomposition. Cet état n'est pas tenable. Mort pour mort, une seule est bonne : celle d'où il doit naître un ordre nouveau. Il est bon, à l'avance, étant ordre. Il est juste, à l'avance, étant riche d'une foi : il a la plénitude du droit, ayant la capacité d'une Vie. [...][4]

*

---

1   [Ms. 1187].
2   P. 16. Il semble bien que Suarès rapporte ici une discussion avec Romain Rolland. Cette scène aurait pu être intégrée à l'intérieur d'un roman.
3   P. 17
4   De là le nombre de suicides, conclut-il.

Une seule raison suffit à rendre compte de la Révolution qui se prépare, et à la montrer légitime : c'est qu'elle est fondée sur le bien de tous, et qu'elle établit son droit sur la raison. Ces trois états de la même pensée se tiennent, trois faces de la même pierre d'angle. Or, l'histoire de l'Humanité toute entière porte le poids de cette pierre, et l'élève de plus en plus haut, pour en faire la clé de voûte du futur édifice : en effet, toute l'histoire des hommes est l'extension du droit de vivre à un groupe d'hommes de plus en plus nombreux. Ici est le terme car il s'agit du nombre parfait. — Mais n'y aura t-il pas toujours des heureux et des malheureux ? N'est-ce pas une utopie que ce bonheur universel ? — Là n'est pas la question : c'est aussi une utopie le bonheur d'un seul homme : qui est heureux ? Le problème est que nul n'ait des chances inégales au bonheur : il s'agit d'établir non l'égalité mais l'équivalence universelle[1].

[...]

Qu'on ne dise pas que cette vaste uniformité doive anéantir l'individu : c'est le contraire : il y aura infiniment moins d'individus, — mais quelques-uns seuls, d'une individualité infiniment plus puissante. Nulle part, la sélection ne s'exercera mieux.

Et de la sorte, l'Art lui-même y gagnera. Résultat admirable que l'Art ne soit pas rétribué, mais le travail seul : ainsi l'Art cessera d'être un métier, à la merci de ces multitudes viles. Je le regarde comme une condition digne de donner l'essor aux plus grandes œuvres : c'est l'état antique : on était non pas un auteur, mais un citoyen assez doué de poésie, pour écrire, à l'heure où les astres se promènent ou se divertissent, chacun à sa guise, – *Prométhée* ou *Philoctète*. Cela est vraiment être poète. Et la Cité reconnaissait le génie en lui donnant les moyens de se produire. Des deux côtés, c'est la mesure et la pureté du vrai.

L'Art n'est vraiment l'Art que s'il est un superflu, un Plaisir Idéal, un Divertissement divin[2].

---

1 P. 33.
2 P. 26. La réflexion dépasse la seule question politique pour se concentrer sur le domaine artistique. La *Revue wagnérienne* avait largement relayé les propos de Wagner qui liait révolution sociale et révolution artistique.

L'ordre de la beauté
Carnet n° 21[1].

Ordre

Apprenez ici l'Ordre, qui est le plan même de la vie.

L'Ordre est divin. L'Ordre est le monde. C'est l'œuvre d'un Dieu.

Le monde est un Ordre, une œuvre de la Volonté.

Kosmos et Welt, sont la pensée profonde.

Tout ce qui est contre l'ordre est contre l'Art. L'Art est une volonté d'Ordre. Tout ce qui est αναρχιε[2] est contre l'Art. Et l'artiste véritable est une puissance contre toute anarchie.

Apprenez donc ici l'ordre par la grâce de l'Art.

Et connaissez dans l'Art la puissance de l'Ordre. [3]

*

Pulcherrima verba. Le tyran.

Qu'est-il, s'il n'est pas le plus beau ? Il n'est point. Le plus beau, — le plus grand, le plus haut : Tout intelligence, Tout Volonté, Tout Ordre, Tout Architecture enfin, pour faire de ce Monde, un beau Temple du Beau.

— La suprême Beauté de l'Action : qu'elle est un Art, dont tous les éléments sont humains, dont toutes les expressions sont vivantes. Le mot, le geste, sont la matière, ici tout est Vie. L'Artiste d'un tel Art est divin.

— Le drame[4] du grand poète est une Action, où son Âme appelle à soi l'émotion du Peuple, pour un travail commun. Le grand Artiste conduit un cœur sacré, où toute la foule entre par le sentiment. De la sorte, le peuple humain, dans le temps et l'espace, accomplit

---

1   [Ms. 1184].
2   Écrit en grec : *anarchie*.
3   Texte complet, p. 10.
4   Suarès écrit δρ pour : «drame».

sa part du chef-d'œuvre ; et tout grand poème en est un, où le Poète le convie, et où le peuple, en effet collabore. Admirez donc par là, la Beauté de cet Art Suprême, dont la matière est déjà Vie et Peuple. L'action souveraine, où le Dieu [...] se retrouve et se complaît, est l'Art que je veux dire ; et l'Artiste en est l'Homme de Beauté que je vous annonce.

[...]

Ô Règne, je te ferai Edifice. Souveraineté, tu seras Temple et Poème. Hommes, vous y entrerez, comme dans le Parthénon, pour la fête de la Déesse. Vous y viendrez entendre des chants [qui] doivent vous ravir ; et connaître une beauté, et la révélation vous emplisse l'Âme d'une Vie Éternelle. Sachez que cette joie est la tige admirable, où va s'épanouir la fleur de votre joie. Ce Temple divin, que vous n'eussiez pas même conçu sans moi, ni seulement soupçonné en rêve, c'est ma domination qui l'élève. C'est la puissance qui l'a créé. C'est la Grandeur souveraine qui l'a bâti : et pour vous : Cette puissance ne s'est accomplie que pour vous offrir ce ravissant prodige. Elle va donc vous associer à ce qui n'était pas même l'ombre d'un songe, au fond de Vous : à son œuvre parfaite ; à la Force qui la porte ; à la Domination qui l'achève ; à la Beauté qui y a choisi son séjour, et qui y réside. Cette puissance a vécu pour cette œuvre. Son Art va faire de Vous les mêmes artistes qu'elle, et qu'un Dieu même : chacun de vous, va prendre sa place dans cette beauté et cette joie, comme chaque brin d'herbe, ou chaque fleur, à la sienne, selon son rang, dans le charme de cette prairie. Le Temple est bâti. Et je vous l'ouvre. Venite, Adoremus. L'Art suprême, et la beauté sont ici[1]..

---

1 Texte complet, p. 108.

Du moi au moi
Carnet n° 3[1].

H.M./B. / II. II, 5

Le Moi – Solitude et beauté –

1. Il pensait : Pourquoi n'ai-je jamais pu me plier à ce qui eût été pour moi d'un si grand avantage ? – Parce qu'il eût fallu en quelque sorte, pour Vaincre consentir à être Vaincu ; et pour s'accroître dans le monde, à se diminuer en soi. – Il y avait là un marché intolérable.

2 – Etait-ce être vaincu ? – Ce l'était plus qu'on ne peut dire puisque c'était l'être vis-à-vis de soi. Toute la victoire, que comporte le succès, n'est après tout qu'au regard des autres. C'est pourquoi la victoire et le succès diminuent presque tous les hommes.

3 – Ne vainc-t-on que vaincu ? – peut-être : en tout cas, c'est la règle si l'on poursuit la victoire et que la fortune ne vous y aide pas. Car il y a l'étoile qui sans doute, est la maîtresse pièce de la vie d'un homme : celle où il n'est pour rien.

En général, l'étoile fait sentir sa bienheureuse influence surtout en ce qu'elle accorde le goût du conquérant à ceux du temps dont il médite la conquête. Il peut poursuivre la victoire, sans céder rien de Soi, Victoire toutefois un peu basse et vainqueur un peu bas.

4 – Pourtant, qu'importe cette défaite intérieure ? Qui la connaît ? – Moi, qui l'obtiens, moi qui la souffre. Moi seul et c'est assez, Je me vois céder dans ce que j'ai de plus grand et de plus fort, à ce que je me sais de moindre et de plus ordinaire. Et j'y consens. Et j'en fais système. Et je m'élève là-dessus. Je gâte le plus noble Visage du monde pour le barbouiller en masque qui séduise la plèbe des spectacles. Il n'est pas de plus grande honte que celle-là. J'ai dit le mot capital : la honte. La honte est le mal pour la beauté.

[...]

---

1   [Ms. 1166].

Ici, vous pouvez voir que la Beauté est propre à créer une morale divine. Mais il va de soi qu'elle ne le peut aux dieux.

Appelons le *bien*, – la beauté des humbles, et du commun des hommes, qui n'ont point de beauté naturelle.

C'est pourquoi il faut une morale aux hommes ; il la faut constante ; et qui impose un devoir impérieux[1].

*

H.M./B.
II. II. 4.5

— Ne te pardonne pas tes crimes, ignore-les.
— Quoi ? Serais-je si pauvre d'énergie que d'être aveugle et de mon gré ?
— Je te dis d'ignorer ces crimes, non de les méconnaître. [...] Tu dois les haïr les fouler aux pieds – les abîmer dans la honte, ne jamais les aimer mais il ne faut que cette honte soit tienne ni que ton âme y participe.
Chasse de toi tout ce qui est indigne de toi. Tous tes crimes, attribue-les au scélérat infini, dont tu portes la livrée, – à l'homme, au p... humain dont tu es fait.
Il est même bon que tu aies des crimes pour t'en défaire. Là, tu exerces ta puissance et ta liberté. Car tu es l'homme libre entre tous les hommes. La parfaite innocence est un esclavage et un sommeil.

[...]

On n'est libre que si l'on est maître de soi : c'est une conquête pour le grand conquérant. Il faut lutter[2]..

*

---

1   Extraits.
2   Texte complet.

H.M./B. II. IV.

Rome – Les bustes et la statue de Colleone.

* Je ne puis avoir à faire à ceux que je méprise. Il n'en est qu'un moyen selon mon goût : c'est d'en être les maîtres. Alors, ils font de leur mieux, pour essayer de ne plus être méprisables.

* On n'est point assez haut si l'on peut recourir à ceux qu'on voit dans leur bassesse : car on les cherche, si l'on s'appuie à eux. Et loin de les élever à soi, c'est à eux que l'on s'abaisse.

* Une certaine hauteur de tête ne va pas sans la raideur du cou. J'aime la nuque raide de Colleone : voilà un homme à cheval, qui regarde bien le ciel. À quoi bon se jeter là-haut dessus si c'est pour tenir ses yeux plus bas que les étriers.

[...]

*

Pour et contre la bête

1 – La foi fait tout le bonheur. Il n'y a pas de bonheur sans la foi. Nul n'a le bonheur qui n'y croit. Les religions ne sont toutes que des systèmes et des méthodes pour la recherche du bonheur. La foi la plus triste n'a point de tristesse pour ceux qui ont foi. La foi n'est déserte et désolée qu'au regard de ceux qui ne l'ont plus et l'examinent[1].

---

1 Extraits.

PRIMAVERA

Nous ne présentons ici que des extraits de ce qu'il reste de ce roman. Le chapitre XXXII et le chapitre « Mort de l'Amour », sont toujours dans les documents en attente d'inventaire. Il faudrait les retrouver et en produire un état pour avoir un ou plusieurs passages entiers. Les autres documents que nous avons retrouvés et que nous présentons ici appartiennent aux cahiers n° 5 et n° 19. Comme souvent, André Suarès n'utilise pas le titre du projet mais un sigle ou une abréviation. *Primavera* est indiqué par les deux lettres P et V enlacées :

Les textes qui appartiennent à ce projet apparaissent dans un grand désordre à l'intérieur des cahiers comme dans les documents en attente de classement. Nous avons essayé de rétablir un certain ordre dans la mesure où une indication de chapitre en chiffres romains est notée sur la plupart des feuilles.

Lied.

La musique est amour
L'amour est tout musique

Ta voix, ô
est la musique d'amour

Chère parole
chère musique
profonde
sonore auréole
baiser mystique
sur les lèvres du cœur

Tes gestes sont un son
Tes pas sont les accords

Tes yeux, tes yeux divins
sont une mélodie[1].

*

---

1   Texte complet sur un folio.

X à XIII

De la joie – dans les bourgeons de la joie, toutes les vertes pousses de l'espoir.

5m	Voix vertes des bois
4m	Je vous entends
5m	J'écoute vos voix
4m	Vos rires d'enfants
7f	Frais regards des jeunes feuilles
4m	Au cœur vos yeux
4m	Sont de doux cieux
4f	Qu'il cueille, cueille
4m	[...][1]
4m	
4f	
6m	Car voici mon printemps
6m	Et le temps d'être dieu.

---

1   On ne trouve ici que les deux derniers vers de la seconde strophe. Les indications de décompte de vers sont de Suarès. Nous les laissons tels qu'ils apparaissent sur le feuillet.

Qu'est-ce qu'agir ? C'est se faire.
Il est donné à peu d'agir.
Il faut avoir un moi.
Agir n'est pas lutter pour de petits objets.
Mais lutter pour être soi.

[...]

Chant VII

L'amour est musique

> Car ta beauté
> est l'accord unique
> des musiques
> infinies.
> De tout l'univers
> aux musiques
> de l'amour

> Il est la symphonie
> de tous les désirs
> et de tous les rêves
> du ciel qui se lève
> au sein de tous les plaisirs
> de la vie

Primavera – XXIII

Ce que disent les pharisiens. Gagner sa vie. Tout est là.

Gagner sa vie. Qui vous en sait gré ?
Il faut gagner beaucoup, gagner sur les autres.
Avoir de la fortune, non du cœur.
Voilà, gagner ce qu'ils admirent.

*

S'il faut gagner sa vie, j'ai le dégoût de vivre[1].
La vie qu'on doit gagner au jour le jour souille la
vie divine, et lui ôte tout son prix.

Qu'on me donne un royaume à conquérir !
mais non le loyer de ma chambre, et
mon croûton de pain !

Je peux ce qui est grand. Je ne peux rien de petit.
— Mais qui l'a dit ?
— Moi. Et je vous méprise encore plus que je vous
Hais de ne pas le sentir – de me le faire dire.

---

1   On voit dans le passage qui suit combien Suarès met de lui-même dans les paroles
de son personnage.

I.I[1]

Je vais la voir. Ô divine ! Quel air aura-t-elle ?

— Me dira-t-elle tu ? Jamais je n'oserai lui dire que <u>vous</u>.

Puis il a honte de ces soins. « Non, il vaut mieux que je sois moi-même et s'il le faut, sans recherche. » Et il laissa pendre ses cheveux noirs sur son dos.

[Il faut lui plaire par ce que je suis. Sans quoi – y renoncer. (Affres). Du reste, que gagnerais-je à me composer ? Jamais je n'aurai l'air vil [...] des hommes de ce temps.]

—... Que tout ce monde a l'air nouveau, simple et doux.

Ils savent que je vais <u>la</u> voir. Ils savent que je l'aime. Et ils m'en louent. Ils me disent de la mériter. Et même... Espère !

Acheter des fleurs – dans la voiture. Mille baisers...

*

— Elle me dit « tu ». Et attendit, de l'air calme qui est le sien. Il le fallut (Je sortis).
— Il sentit une main rude et glacée se poser sur son cœur. Et y étouffer la joie. « Que suis-je pour elle ? À peine un frère. Ô Dieu qu'un air de haine, de dédain même, m'eût fait souffrir plus volontiers, que cette simple amitié. »

Mais, je repris espoir bientôt. Nous parlions. Elle était près de moi. Hélas, j'oublie tout près d'elle ; et non qu'elle ne m'aime pas. Alors, parfois, j'aime pour deux, et je me renvoie un rayon

---

1   André Suarès précise ici : « Mettre tout en récit - Lettres : je : je ». Les passages qui suivent sont transcrits tels qu'ils apparaissent sur les manuscrits. Il s'agit de notes préparatoires et non d'une scène complètement écrite.

d'amour, comme s'il venait d'elle. C'est là que je rêve. Et je cueille dans ses yeux et son sourire la pensée de bien des nuits, le miel de plus d'un jour.

(pensai-je)

— Quels cheveux, fit-elle. Ah, pensa-t-il, si seulement elle me faisait signe de les couper, pour lui plaire[1] !

---

1   Petite scène écrite sur une feuille recto verso. Texte complet. On voit ici encore l'importance de la biographie dans ces petites scènes. Suarès portait alors de longs cheveux noirs qui lui valaient beaucoup de moqueries. Se résoudre à les couper était pour lui impossible. Il le fit pourtant un jour ce qui attira d'autant plus l'attention sur lui.

Primavera I[a]

[...]

Lied

Douceur du printemps
Tristesse suprême
Charme bleu du temps
Ô brise qui sème la vie et l'amour

La nuit fuit le jour
L'espoir est en fleur
Ô tristesse suprême
Tout revit, tout aime
Hors toi, mon cœur

La charmante Vie
Rit et se réveille.
Rien qui ne sourie
Ni rien qui sommeille
Sous le ciel d'amour

Ô tristesse suprême
Hormis toi seul mon cœur[1]

---

1 Texte complet.

Vers XXI (grandes joies)

[esquisse]

Allons bénir l'amour
parmi les herbes vertes
parmi les fleurs des champs
la caresse du jour
et l'ivresse des feuilles nouvelles.

[Prélude]

Les lèvres de l'aurore
belles lèvres de rose
touchent les yeux du ciel,
et ce baiser de miel
jette sur toutes choses
la vie et le réveil
de l'adorable bord
de l'infini qui dort
dans sa robe vermeille,
jusqu'aux pieds des mortels
des êtres éphémères
qui vivent et qui meurent
mais aiment sur la terre.

Mais après que l'aurore
a caressé l'azur
de son être de rose

Ô lumière

la lumière et le ciel
jettent à toute la terre
leur adorable rire

Les pans bleus de la robe
de l'azur paternel
s'écartent de son corps
de ce corps éternel
[qui au temps se dérobe
Jeunesse et beauté parfaite][1]

---

1 Texte complet.

<u>Noms</u>[1]

Elle - Andrée
Lui - Vallier ou Valny ou Valdy
L'Amie - Camille
L'Ami - de Barres
Le père - M. Jordan
L'oncle - Paul Jordan
La mère - Me Geneviève Jordan
Les fâcheux - M. Dyle
                    M. Me. de Troipon
L'âne Riquet
La vieille Marthe Ferant

*

Marquer <u>partout</u> très fortement
                le caractère de <u>fatalité</u> de leur amour
– de leurs souvenirs
– de leurs rencontres
– de leur réunion
– de leur résistance
– de leur abandon

«Je suis né pour toi»
«Pour toi je suis née»

[...]

Si tu les entendais piailler! ... C'est inimaginable; cela dure depuis ce matin. On a volé, cette nuit ou l'autre, dans la maison en face de chez nous; trois ou quatre morceaux de plomb, et quelques bouteilles. Ce sont des cris! Des plaintes! Des éclats d'indignation!

---

1   Il s'agit de notes pour des noms de personnages sans plus de précision.

Chacun entre, et s'exclame ; on cause avec la victime, une vieille femme ; on n'en revient pas ; on s'étonne, et puis on déclare ne plus s'étonner de rien ; les voix s'apitoient et se mouillent. On va pleurer. — D'abord, j'ai cru qu'on avait trouvé un homme mort, pour le moins une vieille femme étranglée. Hélas ce ne serait rien ; mais trois bouchons à lèvres, une pince, et des tronçons de plomb, cela crève le cœur. Tous, content les grands crimes dont ils ont ouï dire depuis qu'ils sont nés. Un gros homme riche, le lion du chemin n'en démord pas : « ce n'est pas ce que ça vaut, répète t-il cent fois ; mais il faut aller se plaindre ; il le faut absolument ; et nous ? Vous comprenez, c'est dans l'intérêt de tous. » Tant qu'à la fin, la vieille femme lui dit : « Si vous y alliez ? » — Non, non, il faut que ce soit la victime même. Il lui donne tous les renseignements. Ah, voilà un homme qui s'entend à déposer une plainte. Quelle race ! — Que je me sens en colère de reconnaître, parmi [...] les plus fausses, les plus vaines, la voix d'une jolie femme, jeune et au gracieux visage, que j'ai vue passer plus d'une fois.

Peu de choses pourraient l'émouvoir, sans doute ; un aimable sourire, un doux regard l'indigneraient, car elle est d'une vertu sèche. Mais les « mon dieu ! Oh ! ha ! vraiment ? est-ce possible » se pressent sur ses jolies lèvres, pour trois boutons. — Je ne serai jamais aimé d'une femme je le prévois...

Le meilleur de la comédie, c'est le calme superbe du grand garde Martin. La baraque volée tient à la sienne ! Ils ont le mur mitoyen. Et on le payait pour être l'épouvante des voleurs ! Il ne se défend même pas. Il est si sûr de son fait. Jamais la nuit ne l'a trouvé en faute ; Cerbère dort, si lui. Il s'en tire admirablement, et affirme : « Croyez-moi, si l'on a volé... — Comment ? si ? — Hé bien, il est impossible que ç'ait été de nuit ! Jamais de la vie ! On vous a volé de jour ! Croyez-moi de jour ! de jour » ! Car, ce grand garde n'est garde que de nuit. — Il faut bien qu'il dorme le jour. — Hou, Hou — en sol bémol, comme le bon veilleur des *Meistersinger*[1].

---

1   Ce texte est accompagné d'une citation de partition avec deux ou trois indications et le dessin d'une corne, allusion à celle qu'on entend à la fin du second acte des *Maîtres Chanteurs de Nuremberg* de Richard Wagner.

XLIII

>   Le monde — ce gouffre
>   La Vie — Cette bouche dévorante
>   qu'importe les rires — à toi
>   qu'importe les douleurs à moi ?
>   dieu se fait des uns et des autres —
>   il y a mes pleurs dans son rire — Tout est pour lui seul —
>   Nous ne sommes rien —[1]

*

XLIII ou XLIV

Grande nuit qui commence.

L'âme est un arc bandé qui lance des actions aussi
[promptes et
perçantes que des flèches.

Mais il est trop tendu vers son but suprême, le bel arc
passionné, l'âme, le bel arc qui vibre, — d'un seul coup peut
[se rompre
à l'Heure du dernier trait.

J'aurais pu te ravir au monde, à ton père — mais non à toi. Te
prendre malgré toi, c'est ne vouloir que ton ombre. J'aime
laisser.   [mieux me

On meurt quand on veut. On vit quand on veut.

*

---

1 Texte complet.

III. V – [joie infinie][1] – Naissance renaissance. Printemps Vie.

[lied à la fin du chapitre II ou IV ou V]

Primavera

1/   Tu es le lys
        de la vallée ;
        tu t'es levée
        pour les délices
        de ma vie ;
        et tout rit
        sous tes pas
        ô pure Vierge
        du printemps.

2/   La mort de l'an
        s'en est allée ;
        aux pluies d'hiver
        le vent suave a donné la volée
        ô lys de la vallée ? Tu es paru
        tout refleurit ô fleur des champs
        et mon âme, et mon cœur
        et le monde, et ta joie
        doux printemps.

3/   Le vent est un baiser
        si doux passe l'air
        sur la joue qu'il semble
        ta caresse. Il est parfumé
        ô lys de l'encens divin

---

1   Ce lied était prévu pour « la fin du chapitre III ou IV ou V » du roman. Ces quelques
    mots en notes résument ce que représente le printemps : « joie infinie, naissance,
    renaissance, printemps, vie ». André Suarès n'en était pas satisfait. Il indique dans
    la marge : « tout à refaire ». Texte complet sur une feuille.

de ton haleine
ô primevère. Tout rit
vêtu de tes regards charmants.

4/   L'Hiver s'en est allé
le vert avril revient
il rit son cher, son nouveau rire
ô lys de la vallée
qui fais tout refleurir.

III–IV (Printemps de l'amour[1])

Le printemps était venu.

Faste divin d'être jeune, alors, je vous ai connu ! Gloire joyeuse
de vivre, alors vous avez rayonné de moi. Félicité d'aimer, rêve
charmant de la Tendresse, alors, je vous ai bu à longs traits ! Mais,
cependant, charme de la jeunesse et de la vie, quel cœur, s'il n'a
aimé, a pu vous connaître ?

*

XLV

Réflexions sombres de la nuit de Saint Jean.

Je ne me tue pas parce que mon amour m'a pris à moi-même et
qu'il ne me restitue pas.
Il n'y a qu'un bon parti : se tuer, puisqu'on ne peut être soi.
Être content de ce qu'on a dans le monde, il faut l'être : c'est
de cœur noble — mais, être content de ce qu'on est, quand on a
fait le rêve d'être bien plus, et qu'on ne le peut, — il est lâche et
bas de l'être : noble est alors de se délivrer de soi.
Ou c'est malgré soi qu'on est empêché d'être soi-même ;

---

1   Petite feuille marron recto verso.

Ou c'est faute de force qu'on ne peut être soi.

Un amour où l'on s'est mis entier, et qui ne vous rend pas vous à vous-même, est bien fait pour vous tuer. Il faut en mourir, si l'on n'en sort pas. Le ravir, qui le peut ? Ce n'est pas un père qui te défend, ô ma vie, ce n'est pas les lois qui te gardent de moi ; ce n'est pas même toi : c'est moi : on ne peut prendre ce qui n'a son prix divin que s'il se donne.

Si c'est faute de force qu'on ne peut être soi-même, et que pourtant, on ait fait ce beau rêve de vivre et d'être un Homme — le mieux est encore de se tuer.

Par là, on est fort. Par là, on laisse une preuve de sa force ; et la seule qu'on pût donner. Être un Homme, voilà le plus grand et le plus noble des destins.

Des myriades d'êtres passent sur la terre sans seulement s'en douter. Quelques-uns seuls s'élèvent à l'Humanité et sont des Hommes. Pour les autres, pour ceux qui en ont conçu la soif et ne peuvent l'apaiser, – qu'ils se tuent – par là, du moins, ils seront dignes d'avoir rêvé le destin superbe dont ils n'eurent pas la dignité.

Et de la sorte aussi tous ceux qui n'ont pas de talent et peu de force ; tous ces demi- vivants, qui ne sont ni Hommes ni animaux, videront la Vie, dont ils gâtent la grandeur par leur médiocrité, et dont ils corrompent la puissance élémentaire, par leur vague haine du sein dont ils sont sortis, – et leur envie imbécile des hauts lieux ? Où ils ne peuvent atteindre. – Que la force seule règne : la force des Dieux ; et la force de la terre, mère des Dieux, qui dort et dont la puissante maternité conçoit et pousse au jour les dieux, les âmes fortes au milieu des souffles infinis de son haleine immense ; dors, Terre !

(Lied)

XLVI

— Tu ne sais pas ce que j'aurais pu
              faire
si j'avais seulement pensé à
T'aimer jusqu'au bout, malgré toi.
Je t'aurais prise, – enlevée –
arrachée, gardée jusqu'à ce que
Tu m'aimes – à genoux –
       mais l'idée que tu ne m'aimes pas
          est une idée de <u>mort</u> –
          Je <u>ne</u> <u>veux</u> que l'amour.

[Des jeunes filles discutent entre elles. Elles s'amusent à imaginer leur futur mari. Le terme de diplomate revient souvent dans leur bouche[1].]

Scène 3.

XL à XLV

Ils sont à la table du five o'clock sous les arbres.
Dix ou douze jeunes filles. Dont Betty.
Les hôtes ordinaires, le (Micard de Fleurigny !) fait la vaisselle avec les jeunes filles, dont Betty. Question mariage.
— Voyons, dites-moi un peu, mesdemoiselles, que voulez-vous comme mari ?
— Rires, etc…
— Mais, franchement, sans fard.
— Toutes s'apprêtent à mentir. Mais, malgré elles, le vrai perce.
— 4 ou 5 répondent un diplomate, recta.

---

1   Avant ce texte, une grande feuille propose un plan en trois parties ou trois scènes mais elle est difficile à déchiffrer.

— Décidément, le diplomate a du succès. Il est très demandé.
— 2 ou 3 ingénieurs, 2 ou 3 officiers nobles. etc…

[…]

— Je suis étonné, mais pas une de vous ne veut donc un poète,
un artiste, un savant : voyez, vous les avez oubliés, peut-être,
qui veut un artiste ?
— Pas moi. Pas moi. Pas moi. (Rires généraux) sauf Betty ou
Henriette…
Pourquoi, enfin ?
— Sans le sou
— Bohème
— Pas de tenue
— Bohème, etc…
(Une) — Mais non. Ils sont plus rangés […]
— C'est vrai. Vous en voulez donc ?
— Non. Non. Ils sont trop ennuyeux à vivre.
(À Henriette ?)
— Vous seule mademoiselle ?
— Pas moi, je ne me crois pas digne d'un grand savant ou d'un
grand artiste […] je craindrais trop qu'il m'aimât moins que son
art – de ne pas assez le comprendre, et de ne pas le rendre heureux.
— Voilà des sentiments bien élevés mademoiselle.
Une — Oh, si élevés qu'on n'y respire plus.
Autre — Henriette n'a que des sentiments rares. (Elles se moquent
toutes)

[…]

QUATRIÈME PARTIE

TEXTES THÉORIQUES
ET PROJETS MÉTAPHYSIQUES

André Suarès concevait son œuvre comme un vaste ensemble couvrant tous les domaines de la création. Ainsi, les drames, les ensembles poétiques, les romans, étaient encadrés ou accompagnés de textes théoriques, de projets métaphysiques, politiques, religieux... Il pensait même écrire sur la marine avec son frère Jean ou encore un traité de mathématiques. Mais, si Yves-Alain Favre insiste beaucoup sur cet aspect dans sa thèse, il est probable que cela soit resté un projet de jeune homme et que cette forme rêvée n'ait jamais abouti.. On ne trouvera à ce propos que des plans, des «visions» qui ne se sont jamais réalisées. D'ailleurs, Favre reconnaît que Suarès s'est éparpillé dans de multiples ébauches qu'il n'a jamais menées à bien. Ceci dit, les textes qui nous restent, pour incomplets qu'ils soient, sont révélateurs de la réflexion de Suarès sur l'art. Dans notre premier volume, nous présentons tous ces essais dans la partie «textes théoriques et projets métaphysiques», et en particulier un texte qui était spécialement important pour Suarès : *Léonard*. Des nombreux projets d'essais sur l'art, nous présentons ici des passages d'un document au titre énigmatique : *P.F.* Yves-Alain Favre y voit justement la «préface» au vaste ensemble rêvé par Suarès. C'est une interprétation possible de cette abréviation. La Bibliothèque littéraire Jacques Doucet en a choisi une autre puisqu'on trouve ce document sous le titre de *Poésie française*, [Ms. Ms. 43.007], ensemble qu'il faut encore compléter par quelques pages du carnet n° 53, [Ms. 1425] et d'un autre dossier non coté dans les documents en attente. Cette interprétation de l'abréviation *P.F.* en *Poésie française* ne semble pas justifiée car elle ne rend pas compte du contenu de l'œuvre. Nous avons choisi de conserver l'abréviation qui la désigne en espérant trouver un jour dans une correspondance inédite ou une note dans un carnet, un titre complet. Nous considérons volontiers le propos de Suarès dans ce texte comme étant une «profession de foi». Pourtant, si les mots correspondent aux lettres de l'abréviation, cette expression sonne par trop peu «suarésienne» pour qu'on la propose réellement comme titre.

P.F. est un document essentiel pour la compréhension de l'esthétique du jeune Suarès. C'est un essai qui présente une métaphysique de l'art très proche des écrits de Wagner comme *Opéra et drame* ou *L'Œuvre d'art de l'avenir*. On y retrouve les grands thèmes du wagnérisme : la recherche d'une œuvre totale, la volonté de fonder un culte, l'affirmation de la dimension métaphysique de l'œuvre d'art, la recherche d'un «public idéal». Suarès suit en cela les résumés de la «doctrine wagnérienne» tels qu'on peut les trouver dans les articles de la *Revue wagnérienne*, et en particulier ceux de Wyzewa. Le dossier de la Bibliothèque littéraire Jacques Doucet présente un plan (reconstitué après coup et qui n'est pas de la main de l'écrivain) montrant que Suarès avait prévu un chapitre consacré à Schopenhauer et à Wagner. Il semble en effet que Suarès, par l'intermédiaire de la *Revue wagnérienne* et des écrits de Wagner, soit fortement influencé par la pensée de Schopenhauer. Rappelons que le philosophe place la musique au sommet de l'art et considère l'intuition comme le mode principal de la connaissance dans son ouvrage principal *Le Monde comme volonté et représentation*. L'art apparaît donc en son essence métaphysique. Il donne accès par la pensée intuitive à la véritable connaissance. D'autre part, il reste de *P.F.* des passages importants sur le rapport de l'art et de la science que Suarès oppose l'un à l'autre. L'art perçoit le monde dans son essence et transmet directement l'idée au spectateur par l'émotion sur le mode de l'intuition. C'est particulièrement vrai pour la musique. Au contraire, la science aborde le monde de façon intellectuelle sur le mode rationnel. Pour Schopenhauer comme pour Wagner et Suarès, l'artiste accède à la véritable connaissance, au contraire du scientifique[1] car il a accès aux racines mêmes de la vie, aux

---

1   *Cf. André Suarès et le wagnérisme*, Paris, Classiques Garnier, 2009, p. 374-375.

forces vitales qui l'animent et non à sa seule forme extérieure. L'artiste appréhende l'essence des choses quand le scientifique n'a accès qu'à leur aspect extérieur. Cette question est largement développée par Wagner dans *L'Œuvre d'art de l'avenir* et *Opéra et drame*. Nous développons en détail cet aspect du wagnérisme dans notre premier volume.

D'autre part, Suarès, comme Wagner dans ses écrits théoriques, présente le drame grec comme la dernière manifestation de l'œuvre totale en ce sens où, selon lui, il réunissait théâtre, musique et danse dans une représentation publique à la fois politique, esthétique et religieuse. Lorsque Suarès emploie le terme de «drame», il faut comprendre «œuvre d'art totale» et pas uniquement «œuvre théâtrale», «dramatique», «scénique» comme nous l'entendons aujourd'hui. Le mot «drame» est alors à comprendre dans son acception «wagnérienne», c'est l'œuvre d'art suprême dont rêve Suarès.

On sera surpris par le ton exalté, idéaliste, utilisé par Suarès. On comprend très rapidement qu'il nous présente une vision utopique de l'art. Or, si cette belle image est au fond celle dont rêve toute la génération symboliste, elle est si idéale qu'elle en devient totalement inaccessible pour le jeune écrivain qui se donne comme but de l'atteindre. Suarès se place lui-même dans une position qui va le conduire à l'échec. Il place l'art si haut, ses modèles sont si imposants qu'il ne peut qu'être insatisfait de ses tentatives. Ces quelques pages de *P.F.* sont donc révélatrices à plusieurs titres. Elles dévoilent la conception sublime que le jeune écrivain se fait de l'art. Elles montrent clairement quels sont les modèles sur lesquels Suarès appuie sa vision artistique : principalement Schopenhauer et Wagner. Enfin, elles éclairent les choix de Suarès et montrent de façon évidente les raisons de ses échecs.

Tous les textes de *P.F.* présentés ici sont extraits du dossier *P.F*[1], de la Bibliothèque littéraire Jacques Doucet. Ce dossier contient

---

1   [Série Ms. Ms. 43.007].

les documents signalés par Yves-Alain Favre comme faisant partie du «Fonds Doucet». Ils sont très délicats à déchiffrer, ce sont de petits feuillets très fragiles, recouverts d'une petite écriture. Nous avons respecté le texte de Suarès et la présentation du document autant qu'il était possible. Nous détaillons le contenu des feuillets et nous précisons si le texte est présenté dans son intégralité ou non. Les passages indéchiffrables sont précisés entre crochets.

P.F.

Poésie française, [Ms. Ms. 43.007]

P.F. [Poésie française][1]

Appendice

I.   L'œuvre d'art suprême
II.   Foi – Art
III.   Science et Art
La critique / le Talent

V. Schopenhauer (symboles) Wagner
Métaphysique et poésie (Kant, Schopenhauer)

VII.

1. Tendance à l'extraordinaire
2. // // lyrique

Shakespeare et Mallarmé
L'Idéal / France Art et Poésie
[…] ordre intérieur

---

1   Ce plan (d'ailleurs incomplet) n'est pas de la main de Suarès. C'est une reconstitution
après coup. On le trouve dans la chemise de *P.F.* M. Chapon nous a affirmé qu'il
n'en était pas l'auteur. Il est probable qu'il soit alors de la main de la secrétaire de
Mme Rolland qui avait travaillé sur la constitution de ce dossier dans les années
1980. Son intérêt est de présenter les thèmes principaux de cet ouvrage ainsi que
les thèmes – sinon les titres – des parties. Nous n'avons pas essayé de le rendre plus
complet. Nous le livrons tel qu'il se présente au chercheur en ce qu'il est un outil de
travail indispensable pour regrouper les textes épars. On remarque l'interprétation du
titre qui, à notre sens, est fausse. L'art apparaît dans toute sa dimension métaphysique
à travers ces quelques titres et dépasse la seule question de la poésie française.

Héritage de la Grèce
La Rime
Science et Art
Langue

VIII. L'art est une contemplation

La voix
Art et *P.F.* aussi. Des gros artistes.

IX.   But de l'Art
Innocence de l'Art
Grandeur et sainteté de l'Art

I. L'œuvre d'art suprême

En musique ou en poésie, le plus grand œuvre de l'art est un
Drame[1].

Quel que soit l'art[2], son chef-d'œuvre est là où cet Art est Drame.

Le Drame en effet, est à l'Art ce que le culte est à la religion.
Il est l'acte essentiel de l'émotion – et de la prière.

Il est communion. Le peuple entre en communication avec
lui-même – et par l'âme d'Art – avec Dieu[3].

---

1   Le terme « drame » est à prendre dans son sens wagnérien d'œuvre d'art total, d'art complet.

2   Comprendre ici : « quelle que soit la forme artistique choisie ». En effet, Suarès envisage que le « drame », donc « l'art complet », puisse être atteint ailleurs que dans la forme wagnérienne du « drame lyrique ». Le « drame » peut donc être réalisé dans la poésie, dans une forme « non-scénique », et c'est ce qu'a tenté Suarès.

3   Suarès envisage la dimension collective comme intégrante à cette notion de drame, même s'il l'imagine sous une forme poétique. Le « drame » a une dimension sociale, politique et collective. Il ne s'adresse pas à un individu isolé. On voit ici clairement la dimension religieuse du « drame », la conception idéale et mystique de l'œuvre d'art.

P.F. II, 2

J'ai voulu tout connaître. J'ai commencé par où les autres finissent. Je n'avais pas vingt-cinq ans que j'avais tout lu. Le désir de savoir, la passion de la foi, m'ont dévoré[1]. Je voulais la vie, je l'aimais avant tout. Vivre, c'était toute ma philosophie. J'allais dans Spinoza et dans Kant. Puis je partais pour labourer la terre avec Tolstoï. Je voulais créer un art comme Wagner[2]. Et tout me semblait vide. Et cette vie que je voulais de toutes les forces de mon être, tendu à ce seul but – me paraissait une mort et une nuit.

Chemise du temps § 5 – 10[3]

[…]

Ils se sont donné le nom de décadents et l'ont pris avec fierté. Cela dit tout.

Plus tard, ils ont cru, changeant leur nom, changer leur être. Ils n'ont fait que se trahir encore plus. Ils voudraient faire croire qu'ils ont créé un art mais, ils n'en ont pas la force. Ils sont bien des auteurs de décadence.

[…]

C'est de Flaubert encore que les français raffinés ont le plus tiré leur goût de l'opéra. – La France n'est qu'opéra[4]. Tout ce que

---

1 La dimension biographique de Suarès est toujours affirmée même dans les textes théoriques qui prennent souvent la forme de confessions. On retrouve ici les différentes dimensions de la quête suarésienne et combien elle découle d'une recherche intérieure et non pas d'une théorie qu'il voudrait appliquer à son œuvre.

2 Cette affirmation est fondamentale et on la retrouve souvent dans sa correspondance avec Romain Rolland.

3 Nous ne présentons ici que des passages. Ce texte présente quelques phrases d'un texte écrit sur le recto et le verso. Il s'agit d'une violente attaque des décadents et de Flaubert.

4 Le terme d'opéra est intéressant à commenter ici. L'opéra s'oppose au « drame » tel que nous l'avons présenté précédemment. L'opéra est l'accumulation d'éléments disparates, là où le drame présente une véritable union des différents arts qui le composent à la

font les décadents, est de l'opéra[1]. Je parle de ceux qui tâchent à n'être pas seulement infâmes de niaiserie, et de prétention : pour ceux-là, il n'y a que le fouet, et la chemise de force. Mais, le fouet suffit à les guérir. Car, ils mentent plus qu'ils ne sont malades. Il est vrai qu'il y a des maladies qui font mentir[2].

Art et Lettres.

I– La littérature n'est qu'un jeu[3].
§ Elle n'est pas un art.
§ Dans le monde moderne où tout est incomplet, là où il y a une grande littérature il n'y a pas de grands artistes[4].
§ La littérature allemande n'est rien mais il y a Goethe. Il y a Wagner.
    La littérature anglaise n'est pas beaucoup. Mais il y a Shakespeare.
§ Les Français au contraire n'ont qu'une littérature (de même tous les peuples du Sud, qui ont la forme antique et non l'âme).

II– L'Art s'adresse à l'Homme complet[5] et le cherche :
§§ a) Il est plaisir des sens. – b) Il est plénitude de l'intelligence.
    Et par ces deux voies, il est Comble de l'Âme Volupté Innocente et Intuition.

---

façon du drame antique. Le drame est organique et unifié. Suarès reprend directement l'opposition wagnérienne des deux termes que l'on retrouve dans ses textes théoriques. Rappelons que Wagner ne compose pas d'« opéras » mais des « drames lyriques ».

1   Ces termes sont soulignés par Suarès.
2   C'est le paragraphe final. Suarès s'attaque dans ce texte à celui qu'il présente comme le « père » des décadents : Flaubert, qui n'est que « ruine », « fausseté », « style » et « puits d'ennui » […], il « ressemble à Stace et à Apulée ensemble. Et pas la moindre vie ».
3   Suarès s'attaque ici aux littérateurs, aux hommes de lettres qui font métier de leur écriture.
4   Là encore, Suarès considère que l'œuvre véritable doit être complète, il cherche l'œuvre d'art totale.
5   L'homme complet est une notion largement développée par Wagner dans ses œuvres en prose. Il décrit une humanité idéale qui aurait réconcilié intérieurement pensée rationnelle et pensée intuitive, émotion et intellect, nature et culture, masculin et féminin. Rien de moins ! Ceci explique la remarque qui suit sur le plaisir des sens et la plénitude de l'intelligence. Pour plus de détails, voir à ce sujet la partie consacrée à *P.F.* dans notre premier volume.

§ – Il n'y a que les rhéteurs et gens de lettres qui ont pu poser la question : faut-il avoir éprouvé les passions pour les rendre ? Elle est du même genre (pour l'artiste) que (pour le savant) celle-ci : faut-il comprendre les phénomènes pour les expliquer et les faire comprendre ? – Or la [première] question est celle des pays de littérature qui séparent toujours l'Art de la vie[1] et n'en font qu'un jeu raffiné d'esprit. – La [seconde] question est celle des ignorants (ce qui est la même chose pour l'esprit, que les gens de lettres pour le sentiment[2]).

§ – L'Art est tout sentiment. Il est le sentiment de tout ce que l'Homme sait et sent, – et la miraculeuse intuition[3] de tout ce qu'il ne sait pas, et pressent. – L'Art est donc la pleine Vie.

III– La littérature, prise comme on la voit dans les pays de Lettres, n'est dans son plus bel état qu'un genre agréable de Science. Elle est la psychologie, la philosophie, l'Histoire, des femmes et des âmes de petite attention.

§ Telle, toute la littérature française. Elle apprend. Elle donne des idées de tout. Elle distrait. Mais elle ne va au fond de rien. Elle ne révèle rien. Elle donne des vues sur l'Homme intérieur sans enlever jamais l'Homme extérieur du sein des apparences.

§ Car cette littérature ne crée pas la Vie du sentiment[4].

---

1   Dans cette volonté de réunir les contraires, Suarès cherche à réunir l'art et la vie.

2   Les termes entre crochets ont été rajoutés. Suarès avait prévu des renvois aux deux questions par des numéros. Pour plus de lisibilité nous avons reconstitué la phrase.

3   Pour Suarès, comme pour Schopenhauer, l'intuition est le véritable moyen de la connaissance. Plus : elle est la connaissance elle-même. L'art est donc, lui aussi, un moyen de connaissance en ce qu'il est imagination, intuition… Pour Suarès, comme pour Wagner (à la suite de Schopenhauer), l'imagination et l'intuition, loin d'être opposés à la connaissance et à la vérité, sont au contraire les véritables moyens d'accéder au savoir véritable. Nous développons ces idées plus largement dans notre premier volume dans la partie consacrée à *P.F.*

4   Suarès reproche ici à la littérature son caractère trop intellectuel et pas assez sensible, émotionnel. Il est véritablement à la recherche d'une œuvre qui unisse ces deux caractères. Là encore, il reprend les éléments du wagnérisme tels qu'ils sont développés dans *La Revue wagnérienne* en particulier, à savoir « recréer la vie du

IV– Shakespeare. – Gœthe. – Wagner. – Tolstoï. – qui font vivre dans le cœur les plus grandes pensées sont des artistes, – non des littérateurs. Les peintres de notre temps, les musiciens tels que Berlioz ou tous ceux de ce temps, sont bien plus des gens de lettres que Gœthe et que Wagner.

Et Verlaine, qui est un artiste infâme, et un art misérable, de malade et de dément dans la fange, est beaucoup plus un artiste que les peintres Burne-Jones ou les musiciens Saint-Saëns et le reste. – Il vit du moins, et il fait sentir la misère de la boue qui chante en lui…

IV– Foi – Art

C'est pourquoi il n'y a pas plus de religion sans foi que sans foi il n'est d'art[1].

Nul ne fait que ce qu'il est. L'Œuvre d'art donne la mesure de l'Être de l'homme, du peuple, de la Race, du temps.

L'Amour de qui n'aime pas est une froide trahison qui dégoûte et qui glace.

Qui n'a pas d'idée, n'en feint pas. Le corps mort est moins hideux que l'âme morte : tous deux se sentent de loin.

La foi de mode est un blasphème. Il y a un éternel Judas à cent mille têtes qui baise les lèvres de Dieu, et qui ayant dit le nom divin, ne dit que son nom de traître.

Une foi ardente, pure et vive comme le feu, claire comme la lumière, brûlante comme le vrai, est la chair même du vrai artiste.

Les gens de métier sont les gens sans foi.

---

sentiment» dans une œuvre organique à la fois musicale et poétique. La musique participant de l'émotion, et le texte de l'idée.

1   André Suarès rejoint Wagner avec cette idée que l'art remplace le christianisme moribond telle que le compositeur la développe dans *Religion et Art* (1880). Suarès écrit plus loin : «l'Art est la Religion de l'avenir», «l'Art est le culte et la prière».

Et tous ceux sans foi sont de métier – quoi qu'ils fassent. – Ceux qui sont doués de cette ombre décevante de la lumière, qui a nom talent, ce ne sont que des voleurs de jour, qui se parent de leur rapine, mais que leur vol marque une tache délétère[1].

V. 1– Objet de l'art. 2– Symbole. 3– Musik[2] 4– Poésie

L'intuition est l'entendement à la fois du plus haut point de la Science et du plus haut point de l'Art : car c'est là que l'Art prend la science à lui et se l'attache : car l'Art pousse la science dans ses propres voies[3].

1– L'objet de l'art est éternel. On ne peut le livrer droit au cœur pas plus qu'aux yeux. — Nous ne connaissons rien en soi. Il nous faut des images de tout.

2– Le symbole est la chaîne de l'Art et de toute connaissance. Bien loin d'aider à l'Art, il en est la tare. Il est, par force, dans tout ce que l'homme exprime, aux autres et à lui-même. — Si l'homme en use à dessein, il ne le crée point : il ne fait que le joindre à une foule d'autres ; il rend ainsi de plus en plus épais cet écran fatal qui ôte à l'âme la vue du fond de l'être, et l'être lui-même.

L'Art ne tend au symbole que dans les âmes qui sont le plus loin de l'Art. L'Art tend par contre à la vie pure et à la contemplation directe de l'Éternel.

Le but de l'art est de toucher ce fond d'éternité, et de nous y mettre d'un seul jet comme au sein du Vrai. Plus l'Art est grand, plus l'Art est art, plus il est riche de cette vie, et pauvre de l'autre, qui n'est qu'inadéquations, tâtonnement, infirmité.

Aller au-delà de l'accident, pousser le phénomène jusqu'au point où il se volatilise dans l'émotion, voilà l'effort du grand artiste.

---

1   Texte complet. Feuillet écrit recto-verso.
2   Le mot est écrit ainsi, en allemand, dans le texte de Suarès.
3   Noté dans le sens de la hauteur dans la partie gauche de la feuille.

Le symbole est l'image d'un jour, d'une heure, bien plus d'un moment d'un seul esprit.

L'Art est la contemplation de la Vie de dieu par l'âme toute sachante[1] du seul Voyant humain – de cet Homme éternel fait de tous les hommes, – du peuple Humain enfin, – pour qui, de loin en loin, l'Artiste parle, et dont il prend la voix.

Die anderer Künste reden nur Vom Schatten, sie (die Musik) Aber Von Wesen.

Wagner et Schopenhauer disent de la musique[2] : « C'est le seul art qui parle de l'essence des choses. Les autres arts ne parlent que de l'ombre des choses[3]. »

Cela n'est pas. Il faut dire « l'émotion est le seul sens qui nous livre l'essence des choses. » – Et cela est dès lors vrai de la musique. – Je veux[4] que ce le soit aussi de la Poésie[5].

La poésie prend tout au sein de l'Idée, et l'en tire, pour le mettre dans le cœur de l'Émotion[6].

---

1   L'expression est lourde. Elle vient directement des traductions des textes de Wagner avec ce qu'elle doit de maladroit aux traductions de l'allemand.

2   Il est intéressant de voir que Suarès lie la pensée des deux hommes.

3   La phrase en allemand est griffonnée dans la marge au verso du feuillet. A. Burdeau traduit ainsi le passage de *Le Monde comme Volonté et représentation* (PUF, 1996, p. 329) : « C'est pourquoi l'influence de la musique est plus puissante et plus pénétrante que celle des autres arts ; ceux-ci n'expriment que l'ombre, tandis qu'elle parle de l'être ».

4   On voit bien ici la détermination de Suarès à reprendre à la musique son bien et, malgré son opposition au mouvement, son lien profond avec le symbolisme. Si la musique en somme est la seule à pouvoir mettre l'homme en lien direct avec l'essence des choses et des êtres c'est parce qu'elle est expression pure et directe de l'émotion. Or la poésie peut se faire expression de l'émotion au même titre que la musique et prendre le rôle qui jusqu'à présent était le fait de la musique. Il rejoint en cela Mallarmé. Sur ce point, *P.F.* est un texte capital dans la pensée de Suarès.

5   On voit bien comment Suarès utilise les propos du philosophe et du musicien pour les reprendre à son compte et faire sien ce projet mais dans la poésie et non pas la musique.

6   Texte complet sur une feuille recto verso.

P.F. V.

Science et Art.

Quand on parle du rôle de la science dans l'Art, ces gens de mode et de mauvais rire croient toujours qu'il s'agit de faire un poème des mouvements planétaires, ou de la synthèse des sucres.

Or, il est à peine besoin de dire, que le poème fait sur l'objet de la science, ne serait en rien de l'Art, sans être plus de la science.

Mais il s'agit que la science fasse l'Homme complet[1], que les notions accrues en nombre infini soient la terre plus riche des émotions.

Afin que l'Art soit la révélation d'un monde non pas médiocre – mais du monde entier, du monde de Dieu, qui tout amour est aussi tout savoir.

Les grandes âmes ont un droit et je le réclame.

Chapitre de la Critique[2].

§ 5. Abus de critique.
  6. Quelle critique convient.

---

1 L'art complet réunit toutes les formes d'art. Principalement la musique (qui s'adresse à l'émotion, au cœur), le texte (qui s'adresse à l'intellect, à l'esprit rationnel), et la danse, le jeu du comédien (expression du corps). Cet art complet s'adresse, dans l'esprit de Wagner comme dans celui de Suarès (et avec lui des symbolistes et autres wagnéristes), à l'homme complet qui trouve en lui l'équilibre de ces différents éléments. L'homme complet, nous en avons déjà parlé, est une sorte de vision idéale et utopique de l'humanité. Il réconcilie encore en lui la pensée rationnelle et la pensée intuitive, et trouve un équilibre entre la nature et la culture. Wagner, dans ses textes en prose des années 50, imagine une humanité réconciliée, vivant en harmonie, et s'étant libérée du joug du matérialisme. Ce sont des visions idéalistes d'un artiste proche des révolutionnaires qu'il a pu connaître en 1849 à Dresde. Suarès imagine une humanité qui aurait trouvé le chemin de la rédemption, il ne s'agit de rien de moins que d'un retour au paradis terrestre comme on le verra plus loin dans *P.F.* VIII. Art complet, homme complet, public idéal, sont des notions qui sont liées.
2 Nous avons relevé ici les paragraphes déchiffrables.

§ 5. Monsieur de Seipse[1].

— C'est un pauvre présent celui qui vit du passé.
— Qui dit plus qu'il ne fait, dit moins qu'il ne croit dire. Le temps où l'on parle le plus d'art est souvent celui où il y en a le moins.

[...]

§ 6 – La critique du temps est, comme le reste, en anarchie. Elle n'est qu'une occasion que le critique se donne de paraître quelque chose.

[...]

La critique qui n'a d'autre règle que de juger selon son goût de l'heure, va droit à l'anarchie. Car ce n'est pas en même temps pareil à celui-ci, que celui qui ne s'en fie qu'à soi, peut rester ferme. Dans la critique comme dans le reste il faut une règle – sinon une foi – c'est-à-dire il faut se mettre au second rang soi-même.

[...]

[Le critique] vit de ce qu'il tue ou de ce qu'il loue. Mais il ne s'en soucie jamais. Il ne pense qu'en tirer un peu de vie pour lui-même. [...] L'anarchie est moins une absence de pouvoir qu'une confusion de jugement.

[...]

Il n'est qu'une vraie critique : celle qui comprend. On n'enrichit que ses bras de dépouilles. On s'enrichit l'âme d'intelligence.
— Celle-là seule crée. Créer est la marque du vrai[2].

---

1 Monsieur de Seipse est l'un des pseudonymes de Suarès.
2 Le seul véritable critique est aussi un créateur. C'est ainsi que Suarès s'intéresse aux écrits d'artistes sur d'autres artistes comme le *Beethoven* de Richard Wagner. Seul un génie peut véritablement comprendre et donc écrire sur un autre génie.

VI – Schopenhauer dit des symboles :

Les symboles peuvent avoir souvent de l'utilité dans la vie : ils sont sans valeur pour l'Art.

Die Symbole mögen im Leben oft von Nut sein, der Kunst aber ist ihr Werth Fremd. Sie sind ganz wie Hieroglyphen anzusehen.

Ils ne sont pour lui que des Hiéroglyphes.

Une œuvre d'art n'a de valeur réelle qu'autant qu'on peut en oublier l'allégorie et le symbolisme.

Wagner dit (des prétentions) :

L'art cesse au fond d'être de l'art, dès qu'à la réflexion il nous faut le voir comme tel.

Die Kunst hört, genau genommen, von da an Kunst zu sein auf, wo sie als Kunst in unser reflektierendes Bewusstsein tritt[1].

P.F. epigr. 2[2]

Es ist schon ein grosser und nötiger Beweis der Klugheit und Einsicht, zu wissen, was man vernünftiger Weise fragen Sollte.

C'est déjà une grande et nécessaire preuve de pénétration et d'intelligence, de savoir quelles sortes de questions la raison donne le droit de se poser.

---

1 Recto de la feuille. Ces citations sont directement écrites en allemand. Il semble que Suarès ait lu les textes dans cette langue, qu'il les ait cités (en les recopiant ou en les retrouvant de mémoire) et ensuite traduits.
2 Texte au verso de la feuille. La phrase est de Kant.

Métaphysique et poésie

Kant a rendu toute métaphysique impossible.

– Depuis lui Hegel l'a rendu impuissante et Spencer presque inutile : car elle n'est qu'une table des matières de la science imparfaite.

Schopenhauer[1].

– Fait de la métaphysique sans le Vouloir. Aussi fait-il de la mauvaise philosophie. Ce n'est ni de la psychologie ni de l'éthique vraies : car celles-ci sont sciences, et à peine fondées.
Pourtant Schopenhauer abonde en idées fines sur l'homme, l'Art et la Vie – Mais idées littéraires, paraphrases et tableaux des faits.

C'est un romancier analyste qui peint les idées d'une âme assez belle, la sienne.
Pour tout le reste, – c'est l'abus d'une Abstraction puérile – la Volonté n'explique rien ; elle n'est qu'une intégrale des éléments d'action et de vie.

– La question est toujours : qu'est-ce moi ? Qu'est-ce être ? Quoi que ce soit ?
    Car il s'agit de connaître pour quoi, comment, et quoi – c'est à dire dieu, or dieu ne peut ni se prouver ni même se chercher (Kant).

    Donc fin de la métaphysique en tant que philosophie.
Mais on ne peut pas même vivre dans le soupçon de dieu. Vivre c'est connaître Dieu. – La vie est le rapport de chaque être à l'Etre.

– Il faut donc le saisir au fond de Tout, de l'Âme, c'est-à-dire dans l'Amour. Et le louer, le voir, le retrouver, le vivre dans l'Art qui seul est la Foi de l'Avenir.

---

1   Ces quelques notes révèlent les limites de l'admiration de Suarès pour Schopenhauer.

Philosophie – Science et Art[1]

Que sert donc la science à l'Art ?

À rien, en elle-même. Tout ce qui se prouve, tout ce qui se déduit, tout ce qui se sait, n'est qu'un néant près de l'Art qui le crée. – La Vie ne daigne même pas avoir d'yeux pour tout ce qui l'explique[2].

Mais Science, savoir, servent à l'Art comme de nourriture. Ils sont la terre et la pluie de la moisson de l'âme.

Et il faut que l'artiste les ait en soi pour en user.

[…]

Afin que la fleur sublime de l'art soit plus haute, plus parfaite, que son parfum dure plus, que sa racine tienne mieux dans l'homme, et que sa tige plus forte porte sans plier le poids de cette Intuition embrassement de dieu, qu'est la fleur immortelle.

P.F. V §10[3]

Le génie est libre de toute preuve. Il est l'intuition pure de ce qu'il y a de plus vrai dans l'homme – et de ce qui dure. […] L'art est sa propre preuve. Voilà pourquoi, nourri de toute la science du monde, il n'en fait jamais son objet même[4].

[…]

Comme le beau héros qui avait le prix de la grâce aux fêtes sacrées, allait chaque matin s'exercer péniblement dans la poussière du

---

1   On trouvera ici le premier et le dernier paragraphe du feuillet. Le reste est impossible à lire.

2   L'art apparait supérieur à la science ici. Cette idée est développée encore dans les textes suivants (*P.F.* V § 10).

3   On ne présente ici que des extraits du feuillet.

4   Ce texte sur l'importance du lien entre l'Art et la science suit des propos de Suarès sur la science dans la poésie et les mathématiques indéchiffrables.

stade[1], — ainsi le grand cœur de l'Artiste doit se rendre plus profond de tout ce que la science y peut mettre, de tout ce qu'elle ajoute au mystère en le réduisant de proche en proche à cette unité formidable, où tout semble se condenser.

[...]

Le poète est le seul métaphysicien.

C'est par suite des mêmes raisons que le vrai poète se trouve être, désormais, le vrai philosophe à l'ancienne manière des Grecs dans leur fleur.

Car lui seul peut être métaphysicien, lui seul peut faire sentir l'inaccessible, et mettre par là dans le cœur ce qui n'est pas fait pour l'esprit.

Plaisante erreur qu'un savant croie pouvoir être métaphysicien... La science et l'esprit ont pour objet la nature [...] Le cœur est le grand Artiste qui est savant en Dieu.

P.F. VII – 3[2]

Le moi du grand Artiste est fait de mille moi sublimes.

[...]

La métaphysique de *Tristan* est ce qu'il y a de plus vieux au monde. C'est ce qu'il y a de plus neuf et de plus profond : car c'est tout au fond.

Le génie sublime n'invente rien en fait d'émotions. Mais il rend plus nouvelles qu'un nouveau monde, celles qui sont les plus

---

1   La comparaison avec le poète grec correspond à la théorie wagnérienne qui voit dans la tragédie grecque la dernière manifestation du «drame», de l'œuvre d'art totale.

2   Extraits.

anciennes, en les décuplant, et en les pressant dix fois plus de leur essence. Donner une forme nouvelle, vouloir ce qui est vraiment pensé à nouveau, c'est-à-dire inventer.

[...]

Car enfin qu'a donc Mallarmé de si grand qu'il le cache[1] ? Quels oracles rend-il dans ses énigmes ?

Du temps qu'il faisait des vers dans la langue ordinaire, il les faisait aussi vides d'idées que nul autre : c'était le même métier froid, la même intention plastique et la même manie de mots excessifs, mal faits pour la plupart, sans valeur claire ni beauté formelle, – qui a rendu peu à peu, en quelques années, les œuvres du Parnasse d'une monotonie et d'une fausseté intolérables.

[...]

En outre, c'était des poèmes à la façon de cet Edgar Poe, qui fut un alcoolique de tant d'imagination, mais un insupportable fat avec ses prétentions, son caractère de cryptologue intuitif. Son analyse

---

1   Suarès se déchaine ici contre Mallarmé. Sur ses rapports avec le poète, voir l'article de Léon Cellier : *Suarès et Mallarmé*, dans *La revue des lettres modernes*, «André Suarès et le symbolisme», 1973, p. 61-84 et notre premier volume *André Suarès et le wagnérisme, op. cité*, p. 139-144. Rappelons seulement ce qu'écrit Bertrand Marchal à propos du wagnérisme de Mallarmé : « De la *Rêverie d'un Poète Français* à *L'Hommage*, et de *L'Hommage* aux *Notes théâtrales* de 1893, la question wagnérienne est donc d'abord, pour Mallarmé, une question religieuse, l'art n'ayant de sens que dans la mesure où il est capable de proposer à un public contemporain une représentation, en forme de célébration, de son destin ; et c'est bien parce que l'homme est au centre du débat sur l'art et la religion qu'au-delà d'une simple querelle de genres, la mythologie représente pour le poète l'enjeu essentiel de sa rivalité imaginaire avec le musicien, et le critère décisif de la modernité » (Bertrand Marchal, *La Religion de Mallarmé*, Paris, José Corti, 1988, p. 207). Le rapport de Suarès à Mallarmé est complexe car il y a, dans la conception même de l'art poétique, des points de rencontre extrêmement importants entre les deux écrivains. Dans les années 1890, Suarès voit en Mallarmé «le Bach» de la nouvelle poésie. En ce sens, il annonce l'art nouveau, et précède le Beethoven ou le Wagner qui saura le réaliser véritablement. Suarès envisage d'être celui-ci. *P.F.* a dû être rédigé entre 1890 et 1895. Ce texte est sans doute l'un des plus récents.

du *Corbeau* est du dernier sot, bien digne de séduire cet insupportable Baudelaire, qui est le plus faux poète qu'on puisse imaginer. Si Mallarmé avait de grandes idées, que ne les disait-il alors ? Il n'y en a pas trace [...] dans les quelques pages de vers qu'il a données. Les idées sont des plus banales : on ne voit en rien le lien de l'idée et de la forme.

[...]

C'est toujours des vers classiques... bien réguliers, très lourds, peu harmonieux, rimés avec soin. Il n'y a aucune liberté, même dans les vieilles formes.

[...]

Quant aux images qui voilent ces grandes idées, et qui en sont la forme plus puissante à les imposer, elles sont très ordinaires : une fleur dans un vase, un livre grand ouvert, etc.
Quoi donc ? rien de grand ? rien de nouveau ? dans la forme ! – rien dans le fond. Il tourne autour de cette idée que l'objet est bien loin d'être connu ; que le sujet seul se connaît, et encore ! mais il n'y a vraiment rien de plus banal.
Mallarmé est un homme à qui on a dit qu'il avait du génie, parce qu'il sait beaucoup, dit-on, et qu'il cause fort bien. On lui a persuadé qu'il avait du génie et il l'a crut parce qu'il avait une tendance à le croire. Mais il n'en a aucun.

[...]

Le seul poète qui ait quelque génie en France : Verlaine : ne l'a que dans ses pièces enfantines.

Rien de grand sans clarté.

[...]

L'Art est une communication de l'Âme à l'Âme. Le plus sublime est le simple pur[1].

P.F. VII-5

« La rime est un drelin-drelin pour endormir les sauvages et les enfants ». (R. Wagner[2])

— Néanmoins, il l'emploie[3].

— La rime est l'élément harmonique du langage et de la poésie.

— Elle n'a rien à voir avec le sens.

— Elle est en rapport inverse du sens. Plus les vers doivent être pleins de sens et de notions, plus la rime y doit être rare — et même évitée tout à fait, de même que les assonances. Plus les vers veulent être émouvants par la suggestion des sons des mots, plus les rimes doivent être abondantes, riches, fortes, répétées même dans le cours du vers, et liées à leurs diverses consonances.

— Rime, allitération, rythme sont la musique de la poésie.

---

1   Le texte présenté ici est aussi complet que possible.
2   Cette citation de Wagner est extraite d'*Opéra et Drame.* Wagner attaque violemment la rime, qu'il présente dans un texte provocateur et, il faut bien le dire, peu subtil, comme le « postérieur » de la poésie, « aride », « flasque » et « blafard », et qu'il oppose au beau visage du verbe. *Œuvres en prose,* T.V, Delagrave, Paris, 1910, p. 128. Wagner recherche principalement le jeu sur les sonorités et utilise allitérations, assonances, onomatopées allitératives. Il recherche avant tout l'expression et rejette tout caractère mécanique et obligatoire de la rime. Ce propos sur la rime est assez proche de la position de Verlaine qui le considère comme un joujou d'un sou. (Texte complet au recto de la feuille). Cette petite citation révèle la connaissance précise qu'avait Suarès des écrits en prose de Richard Wagner.
3   Wagner utilise parfois effectivement les rimes comme dans le poème de *Lohengrin.*

VII–5 Science et Art.

C'est pourquoi la science est partout menée en secret par l'Art dans ses voies propres.	Que la science est le moyen total de l'Esprit : mais que le tout esprit n'est qu'un moyen <u>du</u> et <u>pour</u> le tout-cœur. L'Art est ce tout-cœur, en foi.

P.F. VII–5

L'Art suprême rejoint la science suprême dans la connaissance de l'Univers.

Mais, ce que la Science fait par fragments et par analyse, l'Art le fait par synthèse et d'un seul coup. — Toute science n'est faite que pour donner une force dernière et un aliment total au cœur. L'Art porte cette nourriture, et la rend sang et chair[1].

L'Art suprême fait entrer dans l'Être. Il est la porte de la foi. Il convainc sans qu'on cherche des preuves : il fait tout savoir sans conscience, il est… tout le reste «peut-être» ou «est selon les lois» ; l'Art fait entrer dans la foi.

La mission de l'Art est de tenir l'âme dans la foi ; l'Art assure l'Âme dans l'Être. — Sans aucune étude, de la façon la plus générale, la plus humaine, comme toute belle forme de religion, — lui qui est la Religion-même fait sentir par le cœur humain ce qui est le prix — pour les esprits — de la longue recherche, de la toute science et des parfaites études. — Il est donc le savoir essentiel fait cœur et partie de l'Homme-même[2].

---

1 Cette idée est importante. Rendre la vie est le but de l'art wagnérien selon la *Revue wagnérienne*.
2 Le savoir ne doit pas rester dans le pur domaine intellectuel mais, par le biais de l'émotion et donc de l'art, faire partie de l'être, s'intégrer dans la vie même.

La science décompose tout l'univers pour trouver le fond de l'être dans chaque partie. — La philosophie prend les résultats de toute la science, et veut comprendre cet Être total ce qui est vain. — L'Art seul le peut. Il est la seule métaphysique possible. — Et de l'Art l'Émotion pure est la sagesse parfaite. C'est pourquoi tout se ramène à la Musique et à la Poésie. — Le musicien donne la main au poète et à l'ancien Philosophe. Le philosophe au musicien et au mathématicien[1].

Langue

Pour moi j'écrirais tout ce que je chasse de mon âme, — en bon Italien de 1491 si je pouvais.

[...]

P.F. VIII.

L'art est une contemplation.

Mais l'œuvre d'art doit être une création de la vie heureuse, offerte au peuple humain, et où, les portes de l'Amour étant ouvertes, il puisse entrer dans le jardin d'Éden, et vivre de beauté[2].

---

1 Suarès perçoit plusieurs moments, suivant en cela la pensée de Wagner. Le premier est le moment mythique, pendant lequel l'homme saisit le monde de façon intuitive. Le second est le temps de la science qui voit le règne de la pensée analytique. Le troisième moment annoncé par le wagnérisme et repris par Suarès réconcilie ces deux types de pensée et ces deux modes de connaissance. Et le poète, l'artiste, ont une supériorité en ce qu'il rend toute la puissance de la vie au savoir intellectuel.

2 Ce texte révèle tout l'idéalisme de Suarès et laisse présager l'impasse dans laquelle il va s'engager. Il place l'art si haut qu'il risque lui-même de se mettre dans la situation de ne pas atteindre son objectif. Il reconnaît lui-même écrire pour un public idéal, un peuple de beauté. On retrouve là les termes mêmes des textes de Wagner tels que Dujardin les rapportaient dans son compte-rendu du livre de M. de Wolzogen, *Le Public Idéal*, dans *La Revue wagnérienne* du 8 avril 1885. *Cf.* notre premier volume, *André Suarès et le wagnérisme, op. cité*, p. 516.

Le public idéal est le public humain, sage enfin, qui connaît l'amour et le monde.

Le peuple humain est le peuple de beauté.

— Comment ils doivent aller écouter l'Œuvre d'art. Et s'y préparer. Se laver l'âme — Et les vierges, l'orner de gravité. Les vieux la parer du désir d'amour. (etc...).

L'Art met l'Homme à l'origine des causes
    à l'origine du cœur
    et au sein de l'âme de l'âme —
Ainsi, l'Art est religion : car il fait sentir dieu,
        il le prie, et le fait prier
        il le mène et le confond
        dans le cœur.
Le cœur pur, où fleurit la beauté, est digne de dieu. Et dieu aime à y venir, Hôte divin de ce divin palais.

Chapitre des voix.

On peut faire avec la voix de l'homme beaucoup plus qu'il n'a été fait. On n'y a même pas songé. La voix humaine a des ressources infinies. Je ne veux pas dire la voix du chant, mais la voix qui parle. Il y en a un grand nombre de sortes et souvent de très diverses[1].

[...]

Le charme de la voix du chant ne peut en rien remplacer celui de la voix simple qui parle. — La voix parlée a son registre. Elle a ses timbres : ses intonations. Elle est complexe en elle-même.

[...]

---

1   Claudel a laissé des remarques très riches sur cette question à propos de *L'Annonce faite à Marie*, voir notre premier volume, p. 268.

Wagner a pesé toutes les proportions où le poète doit se mêler au musicien et le musicien au poète. Ses plus beaux vers, les plus grandes pensées de ses drames sont dits sur la scène presque sans musique. Il n'y a pas de vers plus minimes que ceux qu'on lit vers la fin de la *Goetterdaemmerung*. «Ruhe, ruhe» et Wagner les fait chanter par Brünnhilde. Aussi peu qu'il se puisse. C'est par ces vers sublimes et par eux seuls, que l'immense symphonie de la *Goetterdaemmerung* s'interrompt.

Hors Shakespeare, Goethe et Wagner, les poètes n'ont pas senti ce que vaut le mot parlé. Il y a toute une musique en lui, de l'espèce la plus délicate, la plus fine ou la plus forte : mais la force et la finesse ne s'en étendent qu'entre des bornes très rapprochées. L'erreur des auteurs décadents a été de penser faire de la musique des mots par les principes de l'autre.

Rendre leur pouvoir musical aux mots ne tend à rien. Ils l'ont perdu et c'est une mort aussi raidie que toute autre. Ce que les mots ont perdu en évocation sensuelle, ils l'ont gagné en associations d'idées.

Dans la bouche des gens médiocres, le mot a un ou deux sens secs. Dans les poètes de génie, une foule de rapports d'idées et d'âmes.

Des grands artistes.

Comme l'Art est la fleur de l'Esprit humain, le plus grand artiste est celui dont l'âme porte sans peine tout le travail de l'humanité, et qui l'offre dans son œuvre à l'amour du peuple entier. L'Artiste fait comprendre aux autres par le cœur, et comprend lui-même ce que la science a découvert, et ce que tout le siècle sait, cherche à savoir, veut faire et fait.

— C'est pourquoi il n'y a pas de grand artiste sans grande âme.

Croire que le grand artiste n'a pour lui qu'«un certain instinct», c'est ne rien entendre à l'essence de l'Art et du génie de l'art.

— On voit bien aux époques où la science ne prétend point, que le grand artiste est, dans son œuvre, le premier des savants : qui est plus savant que l'*Odyssée* ? Qui plus que Dante ? Qui plus que Vinci ? Qui plus que Goethe ? — Ils ont la vraie science. Leur seul tort, aux deux derniers, est d'avoir voulu toucher aux métiers de la science : le grand artiste doit avoir assez de posséder l'Âme de la science.

Là où il y a eu l'Art grand et vrai, — là les artistes ont été les premiers hommes de leur temps, leur génie s'est mis dans leur art. Mais ils avaient, dans leur temps, et leur pays, plus de génie que personne.

Par là on voit que les Grecs ont eu leurs plus grands génies dans la poésie et la plastique. Les Italiens dans la peinture, les Anglais dans la poésie, les Allemands dans la musique, les Français dans la prose.

Personne n'a eu plus de génie au XVIIIᵉ siècle, en France, que Pascal et Molière, Retz ou Descartes. C'est pourquoi le génie de la France est prose. Et les Français sentent bien que leur langue tient lieu de tout.

Tous les génies de l'Angleterre ont été poètes : c'est pourquoi poésie est si grande en Angleterre : elle tient de tous les arts.

Qui peut, même de loin, se comparer pour le génie aux peintres italiens ? Aussi leur peinture est la première du monde.

Et qui en Allemagne a eu le génie des Gluck, des Mozart, bien plus des Beethoven, et Wagner !

Le grand Art d'un peuple est la forme qui est le plus propre au génie de ses plus grands hommes. — Le fond de l'Art ne varie pas : c'est toujours le plus haut point du génie.

[…]

IX – But de l'Art.

* Créer la Vie Joyeuse
* Créer le monde Saint de la vie pure et de la Vie Heureuse
    Créer ce monde.
    En créer l'Âme.
    En créer le Rêve.

* C'est le monde de misère et de douleur où nous sommes qu'il
faut faire rentrer dans l'ombre du songe. —
Triste songe. —
C'est le Rêve, créé par le cœur de l'Art, où il faut entrer, de
plain-pied dans l'autre monde — le seul <u>vrai</u>, le seul <u>Humain</u>,
le seul où, l'un près de l'autre embrassés, père et enfant, dieu
soit dieu, l'Homme soit l'Homme.

* Regarde autour de toi = misère infinie
                          bassesse infinie
                          méchanceté infinie

Toutes choses qui d'un seul mot, sont l'Ombre infinie, le
non-Savoir l'être imparfait, – la nuit –.
C'est au fond de la Mort que l'œil plonge sans cesse quand il
regarde le monde.

* Le public idéal est le public Humain qui veut l'Homme vrai,
qui l'aime, qui beau cherche le beau, le pressant — qui, d'un
mot, voit l'Idéal, voit la Vie, qui Vive dans l'Idée, et Voyant
l'Art y croit.

Grandeur et Sainteté de l'Art tel que je le vois.

— L'Art est la Religion de l'avenir.
— L'Art est le culte et la prière.
— L'Artiste est le prophète de Dieu ; précurseur d'Idéal.
— Il force le cœur de l'Homme, et le mène à Dieu, à l'insu de l'homme même, sans que l'homme le veuille, sans qu'il y pense : il est la purification même et le lieu pur.
— L'Art est la Rédemption[1]. Il sauve de la basse vie. Il est la Vie bonne. Il est la Vie belle. Il est la vie de vérité et ainsi la vie heureuse et parfaite.
— Il est divin. Il fait des Dieux. Il déterre la terre ; il débrutise l'Homme et tout le peuple.
— Rien n'est plus saint, plus noble, plus grand. L'Art a la mission du divin — et la garde de l'Idéal humain.

---

1   La rédemption est sans doute le thème principal de toutes les œuvres de Wagner, qu'il s'agisse des drames musicaux ou des œuvres en prose. Suarès reprend cette quête à son tour.

CINQUIÈME PARTIE

LES CARNETS

LES CARNETS D'ANDRÉ SUARÈS

Remarques générales

L'étude des carnets d'André Suarès serait impossible sans le travail de Cécile Jasinski qui en a établi un répertoire, présenté sous la forme de petits classeurs disponibles à la Bibliothèque littéraire Jacques Doucet. Dans un avertissement, elle donne de nombreuses indications au chercheur.

Elle précise d'abord le nombre de carnets. Il en existe 219, tous conservés à la Bibliothèque littéraire Jacques Doucet, ce qui constitue un ensemble considérable de 20.182 pages. Ce sont des petits carnets, de petits blocs de papier ou encore des agendas dans lesquels Suarès consigne toutes sortes de textes et de notes. Il y insère souvent des feuilles libres : enveloppes ou morceaux d'enveloppes, marges découpées de journaux. On y trouvera aussi bien des textes complets que de simples remarques ou pensées. Suarès recopie aussi des lettres qu'il a envoyées et parfois les retranscrit de mémoire.

L'écriture de Suarès varie énormément selon les carnets. S'il recopie un texte pour le consigner, elle peut être très soignée et presque calligraphiée. Comme Cécile Jasinski le remarque, l'écriture est « parfois à peine déchiffrable pour les brouillons jetés impétueusement sur le papier dans la soudaineté de l'inspiration ou du sentiment ». Le plus souvent, Suarès emploie des abréviations qu'on ne peut repérer et comprendre qu'après une longue fréquentation des carnets.

La plus grande question est celle de la datation. Ils couvrent la période de 1894 à 1948. On aurait pu espérer les dater sans trop de difficultés mais Suarès glisse parfois des textes récents dans des carnets anciens ou bien recopie des textes anciens dans des carnets plus récents.

Et parfois, on ne trouve aucune indication de date. Ainsi le carnet n° 1 présente des textes écrits entre 1901 et 1931 ! D'autre part, il faut vérifier les dates données par Suarès lui-même car elles ne sont pas toujours exactes. Cécile Jasinski en donne des exemples dans l'avertissement de son répertoire.

Il existe donc pour la recherche suarésienne un champ d'investigation immense et passionnant. Ainsi, la chronologie suarésienne est toujours approximative, il faut prendre cette idée comme inhérente au travail de recherche.

Enfin, les numéros de carnets ne correspondent en rien à une quelconque chronologie, vérifiée ou non, mais à leur ordre d'arrivée à la Bibliothèque littéraire Jacques Doucet. C'est un point extrêmement important. Au chercheur donc de rétablir un ordre entre les textes indépendamment des numéros de carnets, et surtout trouver un lien entre des textes éparpillés dans des carnets différents.

D'autre part, pour leur consultation, il faut être conscient d'une particularité : leurs cotes ne suivent pas nécessairement l'ordre des carnets. Concrètement, il est plus facile pour les membres de la Bibliothèque littéraire Jacques Doucet de les retrouver par leur numéro plutôt que par leurs cotes. Ils sont en effet rangés par numéros. Par contre, le cas des cahiers est très différent. Leurs cotes sont absolument nécessaires pour les retrouver d'autant qu'elles n'apparaissent pas dans les catalogues.

Qu'avons-nous retenu des milliers de pages des carnets pour ce volume particulier ? Simplement quelques textes qui concernent Richard Wagner ou le wagnérisme, toujours dans l'idée de mieux comprendre l'esthétique suarésienne des premiers essais. Nous aurions aimé les présenter dans un ordre chronologique mais la question des dates étant problématique, nous les présentons par numéro de carnets. Ce choix peut se discuter. Nous ne souhaitons

pas imposer une lecture ou une vision particulière d'une hypo-
thétique organisation des textes. Nous cherchons à présenter
des textes en fournissant le plus possible d'informations pour
en saisir la portée.

Les références des carnets d'André Suarès apparaissent dans
le répertoire de Cécile Jasinski de la façon suivante : on trouve
d'abord le numéro du carnet, la cote, puis des éléments de datation et ensuite, la vedette matière et les incipit des textes ainsi
que le nombre de pages du carnet. Nous ne reproduisons pas
toutes ces indications mais nous précisons à chaque fois la cote,
les éléments de datation, éventuellement le nombre de pages.
On trouve ensuite un court commentaire sur l'intérêt du carnet
dans son ensemble et particulièrement sur les textes concernant
Richard Wagner. Nous relevons les textes dans leur intégralité si
cela est possible ou nous en donnons un extrait selon ce qu'il
est possible de déchiffrer. Les mots manquants ou les différentes
possibilités de lecture sont précisés entre crochets. Ce sont des
textes inédits. Certains ont pu être cités dans des thèses ou articles,
nous le précisons dans la mesure où nous en avons connaissance.

Enfin, comme nous l'avons précisé, Cécile Jasinski présente
son répertoire par ordre de carnets. Nous avons établi une liste
des carnets qui (dans la mesure où cela est vérifiable) se rapporte
à notre période d'étude. Nous la proposons ci-après. Ce travail
de tri et d'établissement de corpus est nécessaire à toute étude
de textes dans les carnets.

CARNETS D'ANDRÉ SUARÈS CLASSÉS PAR DATES
(SELON LES INDICATIONS DE CÉCILE JASINSKI)

On remarque rapidement plusieurs choses. Le carnet le plus ancien n'est pas le n° 1 mais le n° 100. Un même carnet peut présenter des textes de dates extrêmement éloignées les unes des autres. De la même façon, des textes rédigés durant une même année peuvent se trouver mêlés dans de nombreux carnets (voir l'année 1898). Certains carnets sont consacrés à des projets entiers comme le n° 52. Enfin, les dates proposées ici sont indicatives et la question de la date est à se reposer pour chacun des textes, toujours. Ce tableau est une base de travail à compléter.

Dates	Numéro des carnets
1894-1895-1898	100
1895	94, 152
1895-1896	21
1895-1897 et 1933-1934	126
1896-1912	52
1897	24, 46, 92, 143, 166
Postérieur à 1897	86
1897 et 1910	93
1898	11, 18, 34, 35, 57, 98, 99, 102, 105, 148
Vers 1898	28
1898-1899	25
1898 et 1901	104
1898-1899-1900	97
1898 et 1933-1935	194
1899	14, 26, 43, 132

Dates	Numéro des carnets
1899-1900	33, 58
Antérieur à 1900	151, 184
1900	47
1900-1901-1902	20
1900-1903	198
1900-1905	32
1900-1906	87
1900-1901-1906-1907	124
Postérieur à 1900 et 1903	191
1901	16
1901-1902 et 1904	144
1901-1907-1911-1923-1930-1931	1
1901 à 1913	48
1901 à 1930	103
1902 et 1906-1907	199
Postérieur à 1902-1905-1909	130
1903	110, 146, 173, 201
1903-1934-1936-1939	171
Antérieur à 1906	186
1906	101
1906 et sans indications de dates	178
Postérieur à 1906	174
Antérieur à 1907 et 1941	161
1907 à 1910	139
1908-1909	53
1908-1911	44
1908-1913 et postérieur à 1928 et à 1933	190
1909-1911	114
1909 à 1912	172
1909-1911-1912	3
1909-1923-1927	120
vers 1910	136

Dates	Numéro des carnets
1910-1913-1915-1942-1943	96
1911	9, 88, 122, 128
1911-1917-1925	155
1911 et 1921	140
1911 et 1929	117
1912-1913	75
1912-1913-1921-1932	106
1912-1914	90
1912-1913-1947	167
1913-1933-1938-1943	207
1914-1915	109, 147, 150
1914 1918	56
1914-1924	203
1915	129, 156, 157
1915-1916	59
1915-1916-1924	193
1915-1924	203
1915-1922-1923-1924	107
1916-1917	111
1917	158
1917-1918 à 1920	206
1917 à 1919 et 1937	162
1918	205
1919	81, 142
1920	55
1921	145, 149
1921-1922	45, 134
Précédant de peu 1922	76
Antérieur à 1922 et à mai 1907	17
1922	55bis
1922-1930	123
1922-1931	74

Dates	Numéro des carnets
1923	73
Entre 1923 et 1929	165
1923-1929	30
Antérieur à 1924	204
1924	80
1924-1925-1926	170
1924-1925- 19361 à 1944-1946	159
1924 à 1938	195
1925	72bis, 115, 125, 155
1925-1927-1928	183
Postérieur à 1925	4
1925-1926	196
Postérieur à février 1925-1929-1932	131
De janvier à juin 1926	7
Juin 1926	67
Juillet 1926	78
1926	60, 67 bis, 79
1926-1927	41
1926-1930	118
1927	65, 141, 160
1927-1928 et occupation	185
1928	69
Postérieur à juin 1928	202
1928-1929	163
1928-1930	66
1928 et 1938	182
1929	83, 187
Postérieur à 1929	197
1929-1930	82
1 930	6, 164
1931	74
1931-1934	91

Dates	Numéro des carnets
Antérieur à 1932	200
1932	2
Postérieur à 1933 et 1936	188
1933	89, 127
1933-1935-1936	133
1934-1939	12
1936	17
Du 23 février au 27 Mai 1937	71
1938	51, 95
1938 - 1939 et durant l'occupation	180
Postérieur. à 1938	175
1938-1941	179
1939	27, 31, 40, 108 (dernier trimestre), 137, 154, 168, 169
1940	29
1940-41	112
1940-1944	10
1941	19
1941-1947	113
1941-1945-1948	72 (dernier carnet)
1942	23, 36, 37, 38
1943	8, 13, 39, 85
1943-1945	42
1944	68, 76
1944-1945	70, 77

CARNETS FAISANT RÉFÉRENCE
À RICHARD WAGNER

Références et textes inédits

Ce carnet porte le numéro 1 mais cela ne signifie pas qu'il soit le plus ancien. Il s'agit d'un agenda de 1930. Cela ne signifie pas non plus que les textes datent de 1930 ! En effet, on trouve à la fin de l'un des textes la date de 1907. Il a sans doute été écrit cette année-là puis recopié ensuite sur l'agenda de 1930. Suarès agissait souvent ainsi. Il recopiait des textes anciens sur des carnets plus récents. Cela explique les propositions de dates par Cécile Jasinski qui s'étalent de 1907 à 1931.

Ce texte sur *Tannhäuser* n'est pas daté. L'absence de précision peut justement laisser penser qu'il est de 1930 mais, on l'aura compris, rien n'est sûr en ce domaine. Suarès compare les orchestres français et américains dans l'ouverture de *Tannhäuser*. Il les a donc entendus en concerts. Ce pourrait être un élément pour dater le texte mais nous n'avons rien trouvé pour le moment de probant dans sa biographie. On retrouve sa critique habituelle de *Tannhäuser*, trop proche selon lui du romantisme des *Burgraves*.

Suarès se démarque de la lecture baudelairienne (alors qu'il avait tant fait pour divulguer les idées du poète sur le compositeur). Rappelons simplement ici que Baudelaire voit dans *Tannhäuser*, l'expression de « la lutte des deux principes qui ont choisi le

---

1 [Ms. 1164]-1901-1907-1911 & 1923-1930-1931-159 ff.

cœur humain pour principal champ de bataille, c'est-à-dire de la chair avec l'esprit, de l'enfer avec le ciel, de Satan avec Dieu ». L'amour charnel de Vénus s'oppose à l'idéalité pure d'Elisabeth et le héros se trouve pris entre ces aspirations. C'est ce qu'il explique en détail dans *Richard Wagner et Tannhäuser à Paris*, article paru pour la première fois dans la *Revue européenne*, le 1ᵉʳ avril 1861. Cet article est fondateur dans l'histoire du wagnérisme et cette lecture dualiste est, depuis, la plus courante.

Suarès, dans le texte qui suit, s'attache surtout à la bacchanale du Venusberg (qui suit l'ouverture proprement dite) évoquant « les vagues de la volupté sous les ondes de la foi ». Loin de s'intéresser à l'opposition entre l'amour mystique et pur d'Elisabeth et l'amour sexuel de Vénus, Suarès retient le passage qui lie les deux. Cela est intéressant de deux points de vue. D'abord parce qu'il éclaire la lecture suarésienne de l'œuvre de Wagner. Ensuite, on voit l'intérêt que Suarès porte ici à l'écriture même de l'ouverture de l'œuvre qui tend vers le poème symphonique par sa construction et sa dimension. Il la compare aux poèmes symphoniques de Liszt. Le texte est ici retranscrit dans son intégralité :

> Il faut convenir que *Tannhäuser* est une œuvre à-peu-près morte. Il n'en resterait rien si Wagner n'y avait mis la symphonie du Venusberg[1]. Quand elle est donnée avec la force, le rythme et le mordant qu'elle exige, à la suite de l'ouverture, on croit entendre un grand poème symphonique de Liszt. L'impression est curieuse : elle éclaire l'âme parallèle des deux musiciens et même des deux amis. Presque jamais en France on ne rend le Venusberg comme il faut : ou trop vite, ou trop lent, le mouvement est à contresens ; il n'y a pas cette souplesse et ce balancement qui évoquent les vagues de la volupté sous les ondes de foi. À la lecture comme à l'audition, le Wagner du Venusberg est bien celui de Loge, et l'on entend ici et là le pétillement du brasier[2] ; on sent

---

1   Le Venusberg désigne le lieu où vit la déesse Vénus au début de *Tannhäuser*. Wagner ajoute à la suite de l'ouverture une bacchanale qui se passe au Venusberg. Dans ce texte, le terme « Venusberg » désigne, non pas le lieu, mais la musique de la bacchanale qui s'y déroule.

2   Loge est le dieu du feu dans la *Tétralogie*. Il est invoqué au final de *La Walkyrie* par Wotan pour entourer de flammes le rocher sur lequel Brünnhilde est endormie.

la marée et l'enveloppement des flammes. Ce poème symphonique perd toute sa puissance si les archets montrent la moindre raideur ou la moindre mollesse : cet accent juste, et l'unisson parfait, sans retard ni battement, voilà ce qui manque le plus à nos orchestres. Et d'ailleurs la vie expressive ne manque pas moins aux orchestres d'Amérique et d'Angleterre, qui semblent mécaniques.

Grâce au ciel, le Wagner du Venusberg n'est plus celui de *Tannhäuser* et de *Lohengrin*, et de trente-cinq à cinquante ans, quel pas immense[1]. *Tannhäuser*, dans l'ensemble, reste fort au-dessous du *Freischütz*[2]. Le drame même n'est presque rien. On sent bien ce que Wagner a conçu, et comment le poète perdu dans la volupté rêve du salut et quand il touche à la rédemption de l'amour la plus pure, le rêve de la terre l'arrache au ciel. Mais ces retours et ces combats de héros, rien ne les justifie, rien ne nous les explique. Rien dans l'action, rien dans les mots. D'ailleurs, le spectacle dévore le drame. Au fond, c'est toujours l'éternel début de Wagner : la rédemption de l'homme, le salut de la vie et à quel prix. Certes la vie est le péché, l'amour seul est sauveur ; mais dans l'amour même il y a la damnation s'il n'y a pas le salut. De l'effervescence sentimentale et romantique à l'ascèse mystique de *Parsifal*, en passant par l'extase nihiliste de *Tristan* et la négation universelle du *Ring*, Wagner traite toujours le même sujet, qui est, du reste, une pièce maîtresse de la pensée humaine. Mais, dans *Tristan* et *Parsifal*, tout est essentiel ; et, ce que le poète exprime, le musicien le révèle entièrement par l'émotion : ce qui est dit supplée de la sorte à ce qui ne l'est pas, et qu'il faudrait dire. La musique est vraiment le langage de l'intuition et c'est par l'émotion qu'elle révèle à la pensée sa propre profondeur[3]. Dans une œuvre comme *Tannhäuser*, le poème et la musique sont également impuissantes : elles manquent l'émotion et restent en deçà. Quelques rares accents, quelques harmonies, çà et

---

Suarès ne voit donc pas dans l'ouverture de *Tannhäuser*, une œuvre de jeunesse.

1 Pour comprendre cette phrase, il faut savoir que l'opéra de Wagner a été créé à Dresde en 1845 et à Paris en 1861. Pour contenter les abonnés, friands de ballets, Wagner réécrivit l'ouverture en développant la musique du Venusberg dont il fait une bacchanale enfiévrée. Ainsi faut-il comprendre cette phrase qui différencie les deux périodes de l'écriture wagnérienne.

2 Opéra de Weber qui a marqué et influencé Wagner mais qui est du premier romantisme. Il date de 1821. Wagner est né en 1813. Ce jugement est assez provocateur et concerne donc l'opéra en lui-même et non l'ouverture.

3 On retrouve là une idée chère à Suarès qui est directement liée à la pensée schopenhauerienne. Voir à ce propos les développements de notre premier volume.

là nous mènent sur le seuil ; mais jamais on ne le passe. La fable est sans intérêt. Vénus est une Imperia bavaroise. Cette déesse est aussi pauvre en moyens qu'une grisette : on appelait ainsi les maîtresses des étudiants en 1840.

Pour la grandeur, elle est juste au niveau d'une petite amie que l'étudiant lâche pour faire un beau, un bon mariage. Tout le drame tourne autour de ce concours de chansons, qui sert de prétexte à la plus ennuyeuse et plus vaine parade : dames en Hennins qui crient écoutons ! fuyons, fuyons ! Chevaliers en fer blanc, landgrave en carton peint, pages, guerriers, tournois, toute la clinquaille de Moyen Age à la Victor Hugo. Jusqu'à cinquante ans, Wagner poète a conçu le spectacle comme l'homme des Burgraves ou peu s'en faut. Ce concours, ces trouvères, cette harpe forcée, et qui m'exaspère à la longue, quoi de plus monotone, et même de plus faux[1] ? Qui prend le moindre intérêt à cette histoire ? et pourquoi tout un peuple, fût-ce de Burgraves recule-t-il avec horreur, et prend-il la fuite, au seul nom de Vénus ? Or, à la harpe, on ne fait plus qu'un seul vœu : entendre un de ces chevaliers jouer de la flûte ou accompagner ses prouesses sur des cymbales ; mais au diable la Harpe, cet accordéon à cordes.

Wagner est lui-même toujours dans l'ombre transparente de ses héros. Le combat éternel de la vie charnelle et de l'amour divin est sa propre guerre. Dans le monde, il est lui-même le poète qui défie les autres chanteurs, et qui doit toujours être le vainqueur de tournois. Tannhäuser ne diffère pas, à cet égard, du jeune Walter, si avantageux, des *Maîtres*. Vérité surprenante de cette âme partagée. Wagner est, toute sa vie, l'Hercule au carrefour. Les racines de son art restent les mêmes, quand les arbres diffèrent prodigieusement en grandeur, en beauté, en ces flots d'harmonie qui sont la vie de l'œuvre musicale. Il a donc quelques formes essentielles qu'on retrouve partout. Elles semblent toutes réunies, et portées à la perfection dans *Tristan*, où la sphère harmonique est si bien fermée et d'une unité si puissante que ce chef-d'œuvre paraît le chef-d'œuvre le plus original de Wagner.

---

1   Il s'agit du concours du second acte. Les chevaliers-poètes s'affrontent sur la nature de l'amour.

CARNET N° 2 [1]

Ce texte sur *Les Maîtres Chanteurs de Nuremberg*, outre les réflexions sur l'utilisation du leitmotiv et sur le romantisme, présente des éléments importants sur le lien entre Apollon et Dionysos (à ce sujet, il faut se reporter plus bas au carnet n° 127 qui définit chacun des aspects apollinien et dionysiaque). Suarès reprend les deux aspects musicaux qui atteignent, selon lui, un véritable équilibre dans *Tristan*. Ce texte date des années 1930 et l'on voit bien que, s'il remet en cause la valeur de certaines œuvres wagnériennes, André Suarès reste fidèle à la figure de Tristan et à la musique de Wagner.

Il faut convenir que, dans *Les Maîtres Chanteurs*, le leitmotiv tourne à l'obsession. La glose collée perpétuellement au texte rend le poème monotone.

Parfois, il en est de même dans *Parsifal* : c'est le thème du Graal qui finit par obséder. D'autant plus qu'il est sans souplesse : il ne se prête pas à l'action, il n'est pas dramatique. Pour lui-même d'ailleurs, on voit bien qu'il n'est pas de Wagner étant l'*Amen de Leipzig*[2].

Quant aux thèmes musicaux et à l'usage que Wagner en fait dans le drame pour peindre les caractères, *Tristan* est le modèle incomparable. À cet égard, comme en tout, *Tristan* est le chef-d'œuvre de Wagner et du drame en musique. Ici, tout est en équilibre, le drame et la symphonie se valent, Apollon et Dionysos coexistent et se tempèrent l'un et l'autre. L'inspiration fût-elle romantique, comme on dit, l'âme ne l'est pas. *Tristan* est d'une perfection classique. Où l'on voit que le mot de Romantique n'a pas de sens, le plus souvent, du moins en musique. Car, à le bien prendre, dans le sens qu'on lui donne toujours, toute musique est romantique […] si elle n'est pas un exercice d'école. Par ailleurs, romantique est moindre, rien de plus, et qui pis est une [impure] politique. J'ai défini

---

1 [Ms. II65]-1932-121 ff.
2 Le thème du Graal tel qu'on l'entend dans *Parsifal*, est en effet un emprunt de Wagner à un thème musical utilisé dans la liturgie luthérienne dit «l'Amen de Leipzig». Ce même thème se retrouve sous forme de citation dans la symphonie «Réformation» de Mendelssohn (mesures 33-41).

le romantisme : l'excès dont l'artiste n'est pas maître ; en d'autres termes Dionysos sans Apollon. Or, jamais œuvre ne fut plus parfaite que *Tristan* par son calcul, ses proportions et par la souveraine maîtrise de l'artiste[1].

CARNET N° 4[2]

André Suarès a toujours insisté sur l'importance de Beethoven. Il aimait jouer certaines de ses sonates. Selon lui, Beethoven annonce Wagner par la puissance romantique de sa musique. Wagner fonde la religion de la musique. Rappelons que Wagner a écrit lui-même sur Beethoven et que Suarès connaissait l'ouvrage de Wagner. Pour conserver la métaphore religieuse, Beethoven est le Jean-Baptiste du nouvel évangile et l'on devine que Wagner en est le Messie.

> En art, Beethoven et Wagner ont eu la grandeur du héros dans le monde de l'action. On ne peut plus séparer Beethoven de son rôle héroïque. On n'entend sa musique, désormais, qu'à travers son caractère.
> Si le dix-neuvième siècle a été le siècle de la musique, on le doit d'abord à Beethoven.
> Wagner là-dessus, a fondé la religion de la musique. [...] De là qu'il appelle Beethoven le mage, et le précurseur : Beethoven est le Jean-Baptiste du nouvel évangile[3].

CARNET N° 8[4]

Ce texte concerne la succession de Wagner, ses épigones. Pour Suarès, ils n'ont fait que copier leur modèle et n'ont pas réussi à trouver leur propre veine créatrice. Wagner apparaît comme

---

1   P. 39.
2   [Ms. 1167]. Postérieur à 1925, 60 ff.
3   Texte complet.
4   [Ms.1171] - [1943 ?] - 121 ff.

le «mancenillier[1] à l'ombre mortelle» dont parle Julien Gracq
dans sa préface au *Roi Pêcheur*, le «magicien noir» qui entraîne
la perte de ses disciples. Suarès a souvent traité cette question,
en particulier dans son *Wagner*.

> Wagner descend la pente. Les temps de Wagner sont révolus. Les épigones
> de Wagner n'ont rien fait qui vaille : tous ensemble, et par centaines, ils
> n'ont tiré d'eux-mêmes, si divers fussent-ils, que la même musique, le
> même art monotone, lourd d'emphase, d'excès et d'ennui. Ils ont pris
> le mot d'ordre à Bayreuth ; le même esprit a gâté leur musique, et ils
> ont accepté (avec les chaînes de l'orchestre le plus compact) la captivité
> volontaire de la légende. Leurs œuvres les plus sincères semblent parfois
> de pesantes parodies. Tant il est vrai que la sincérité de l'artiste n'importe
> en rien à la vérité de l'art. L'innocence de l'œuvre, son accent purgé de
> toute formule, une émotion qui coule de source, sa vertu [...] antique,
> on ne demande pas plus, et la véritable intensité est là, sinon la seule[2].

CARNET Nº 13[3]

Les textes du carnet nº 13 sont incomplets et difficiles à déchiffrer mais ce qu'on peut en relever est d'une grande richesse. Ils
reprennent de nombreuses questions musicales comme l'injuste
cruauté de Wagner au sujet de Mendelssohn. Il contient aussi de
nombreux textes sur la musique de Saint-Saëns ou de Mozart. Dans
le texte qui suit, Wagner apparaît comme «un peintre sonore» qui
parvient mieux que quiconque à peindre la nature par les sons. La
différence avec les «anciens musiciens» est de suggérer et d'évoquer
plutôt que de chercher à imiter la nature. Nous sommes ici dans
la perspective de l'union des arts chère à Suarès et au wagnérisme
français tel qu'il l'a découvert en particulier avec la *Revue wagnérienne*.

---

1   Cet arbre d'Amérique produit un latex très vénéneux et son ombre passe pour être
    mortelle.
2   Texte complet.
3   [Ms.1176] - [1943] - 105 ff.

Wagner peintre sonore, incomparable musicien par-dessus tout, il est sans égal à peindre la nature par les sons, sans jamais chercher l'imitation matérielle[1], comme les anciens musiciens et Beethoven lui-même[2]. Il fait entendre l'âme et la vie sensible des formes vivantes et des couleurs : les eaux, les abîmes, les monts et les fleuves, la mer et les forêts, le feu, les heures du ciel et de la terre. Nul n'a été la voix universelle comme lui, l'émotion puissante de tous les décors. Par là, une fois de plus, il est le plus grand, le prince des romantiques : Weber, Beethoven, Berlioz, Liszt et Schubert, tous sont en lui [...][3] »

Plus loin, Suarès compare l'orchestre de Wagner à celui de Debussy. L'orchestre de Wagner forme une masse quand les instruments conservent leur voix particulière dans celui de Debussy. C'est ce qui fait son originalité et sa force :

L'orchestre de l'un et l'autre musicien révèle la contrariété de leur génie : celui de Wagner est masse uniforme, puissance égale et continue ; l'orchestre de Claude Achille est, dans la puissance même, un ensemble de voix particulières, où chaque instrument garde son timbre et son âme personnelle[4].

Une petite anecdote sur Wagner et Liszt rappelle combien Suarès recherchait l'expression dans le jeu pianistique ou, plus généralement, dans l'interprétation. Il raconte un échange entre les deux hommes. Liszt est au piano et joue une transcription de la lamentation d'Amfortas au premier acte de *Parsifal*. Wagner trouve que son jeu est trop beau, pas assez torturé dans l'expression :

Un soir à Wahnfried, Wagner fermant le couvercle de l'Erard sur les doigts de Liszt, pape du clavier, et si digne de l'être, lui dit : « Allons, assez, papa ! C'est trop bien, ce n'est pas ça ». Il s'agissait d'une transcription merveilleuse note par note de la lamentation d'Amfortas, au premier acte de *Parsifal* : j'ose penser que Liszt était trop simple, trop honnête homme, trop peu profond dans le péché pour rendre le charme de la désolation.

---

1   Wagner a pourtant aussi utilisé l'imitation dans *Siegfried* lorsque l'adolescent tache de dialoguer avec l'oiseau de la forêt à l'acte II.
2   Songeons par exemple à l'orage dans la s*ymphonie pastorale* de Beethoven.
3   P. 13. Texte incomplet.
4   Extrait.

Où ai-je voulu en venir ? La façon de toucher le son, à quoi je pense, je ne saurais le définir qu'ainsi : la touche va sur le cœur du musicien qui écoute après avoir pressé le cœur du musicien qui exécute[1]…

Un autre petit texte poursuit cette comparaison des deux créateurs. Pour Suarès, Liszt est à Wagner ce que Bourdelle est à Rodin. Le génie de Wagner, comme celui de Rodin, est plus intense et aussi plus égoïste, plus orgueilleux, sans pitié. Suarès développe cette idée dans son *Wagner*. Le compositeur y apparaît dans toute la monstruosité de son génie :

> Bourdelle est à Rodin ce que Liszt est à Wagner. Que de vertus en Bourdelle, mais quelle vertu en Rodin. Homme à Homme, qui peut comparer Wagner à Liszt et Rodin à Bourdelle ? Rodin et Wagner sont terribles, méchants, d'un orgueil, d'un quant à soi, d'une volonté égoïste, à tout immoler sans pitié : à leur art ? Oui, mais leur art, c'est leur moi. D'ailleurs, Rodin est le plus divin[2].

CARNET N° 14[3]

On trouve dans ce carnet un texte sur le petit monde de Bayreuth et de ceux qui le gouvernent. Cosima d'abord, épouse avare et despotique qui porte la plus grande responsabilité. Méprisée par les grands chefs allemands et compositeurs admirés par André Suarès : Felix Weingartner, Richard Strauss. Après Cosima, Suarès présente Siegfried Wagner comme un personnage de moindre importance. Non, son opéra *L'Ours* ne rivalise pas avec les œuvres wagnériennes quoi qu'en dise Houston Stewart Chamberlain. Suarès dénonce l'idolâtrie, le culte voué au grand compositeur, tout ce qui fait de Bayreuth « la plus

---

1   P. 101-102. Texte incomplet.
2   Texte complet.
3   Carnet n° 14 - [Ms. 1177] - [1899], 80 ff. p. 8-9.

avide des églises ». De la même façon que Dieu lui-même n'a plus grand-chose à faire avec l'Eglise, le compositeur est bien loin de Bayreuth :

> On ne parle que de l'avarice et du despotisme de Cosima Wagner. Richard Strauss la méprise ; Weingartner[1] écrit dans les journaux contre elle. À Paris, il y a un fort parti contre Wahnfried[2]. La petite société de Bayreuth tourne à la plus étroite et la plus avide des églises.
> À propos de l'ours[3] de Siegfried Wagner[4], voilà-t-il pas qu'on ose donner le fils pour l'héritier véritable du père ? Et qui donc ? Ce Chamberlain[5] lui-même, qui connaît le père et l'admire plus que personne. Quel rite plus idolâtre que ce culte que j'ai marqué, et où Wagner finit par disparaître sous l'idole ? On ne peut comprendre l'erreur d'un esprit comme Chamberlain. C'est la possession d'un bel outil à analyse par un nom et une famille. Il paraît que Bayreuth fait les frais des livres que publie Chamberlain mais est-ce une raison pour manquer de la sorte à ce qu'on doit à sa propre intelligence, et à soi-même ?
> Les rites de Bayreuth exigent la soumission. Comme dans l'église catholique, Dieu le cède pratiquement à la Vierge et aux saints, à Bayreuth, Wagner s'efface de plus en plus devant l'auguste veuve et ses enfants d'un lit ou de l'autre. Et Herr Doctor professor Thode[6] lui-même a sa part de cette action très sainte.
> Aucun d'eux ne sent combien ils manquent tous d'égard au grand homme, en le noyant dans tous ceux qu'ils se rendent à eux-mêmes. Du reste, il a été persécuté de sa femme ; il doit l'être de son fils. « Sois seul si tu veux être ! » ; c'est le bon conseil avant et après la mort. La Cosima Wagner est une âme dure et despotique : le génie de son mari lui est un instrument de règne, d'abord.
> L'évangile de ces fidèles porte que, si Wagner est le plus grand des hommes, Liszt et tout ce qui tient aux Liszt le suit immédiatement en

---

1   Felix Weingartner, célèbre chef d'orchestre autrichien.
2   Wahnfried est le nom de la maison de Wagner à Bayreuth.
3   Cette expression fait allusion à un opéra de Siegfried Wagner qui porte ce nom. Siegfried administra le festival de 1907 à sa mort en 1930.
4   Siegfried est le fils de Richard et de Cosima.
5   Eva Wagner (sœur de Siegfried) épousa l'historien anglais, antisémite et pangermaniste, théoricien du racisme, en 1906. Il est fondateur des « Bayreuther Blätter » et, avec Dujardin, de la *Revue wagnérienne*.
6   Henry Thode, historien de l'art, épousa Daniela, la fille de Cosima et de Hans von Bülow.

grandeur. Hérétique qui n'accepte pas le dogme. Bayreuth est le centre du monde et Cosima le centre de Bayreuth. On lui doit *Parsifal*. Liszt n'a pas été sans aider au génie de Wagner ; car, selon ces fanatiques d'amour-propre, Liszt a du génie[1].

On trouve un peu plus loin des textes sur des musiciens, dont quelques remarques sur Georges Enesco que Suarès vient d'entendre en concert. Outre l'information sur le concert qui pourrait permettre de dater ce texte en faisant des recherches sur ses dates de production à Paris, l'allusion au caractère féminin du violon de Beethoven est révélateur de la pensée de Suarès[2] :

> Enesco. Il joue le concerto de Beethoven, opus 61, pour le violon. C'est un jeune homme, de 22 ou 23 ans. Roumain de nation. Il a eu le prix de violon au Conservatoire, où il fit des études de Composition. Il l'avait bien mérité. [...] Le violon est presque toujours femme dans Beethoven.

CARNET N° 15[3]

Ce texte sur Yggdrasill est très beau mais difficile à déchiffrer. Yggdrasill est le « frêne du monde », l'arbre mythologique autour duquel le monde s'organise selon la mythologie nordique. On le trouve dans la tétralogie wagnérienne. André Suarès fait parfois allusion à cet arbre mythique dans de petits textes inédits des carnets et cahiers. Il est pourtant rare d'en trouver un aussi complet que celui-ci où l'on voit que l'image poétique de l'arbre est loin de l'univers mythologique wagnérien. Cécile Jasinski date ce carnet de 1947. L'image de Wagner qu'on y trouve correspond

---

1 Texte complet.
2 Le thème de l'androgyne a une place prépondérante dans son esthétique. Nous l'avons expliqué dans notre volume *André Suarès et le wagnérisme, op. cité.*
3 Carnet n° 15. [Ms. 1178], 1947, 407 ff.

bien aux textes sur le compositeur de la fin de la vie d'André
Suarès. L'écrivain dénonce « l'attirail barbare » de l'univers wagnérien. Il annonce la « chute verticale de Wagner : dans le gouffre
romantique ». Il annonce même la fin du compositeur : « On ne
le chantera plus. Son drame ne sera plus rien. Et tout son attirail
barbare rentrera, comme il est juste, dans le chaos de la barba-
rie[1]. » On comprend alors que l'image d'Yggdrasill rétablisse les
éléments mythologiques dans leur dimension poétique dégagée
de l'idolâtrie et de l'idéologie :

> Un arbre immense, des plus hauts, asile à toute sorte d'oiseaux, comme le
> ciel, de l'oiseau-mouche, du martin-pêcheur aux buses de proie, aux cous
> pelés des condors, et du rouge-gorge aux aigles énormes héraldiques et
> stupides, c'est moi, frissonnant avec délices de mes feuilles sans nombre
> dans le jour et la nuit. Indifférent à tout, sauf à la feuillaison perpétuelle.
> Serais-je infiniment haut, pour durer cent mille siècles que je ne cesserais
> pas d'être le nid de toutes les ailes. Peu importe le reste, si je vis dans mes
> feuilles sans nombre, si elles poussent, et se rencontrent dans l'ombre
> et dans la lumière. Elles frémissent, il n'est pas d'ombre et les ténèbres
> mêmes sont lumière pour elles. Arbre, mon arbre, ma vie, mon être[2].

CARNET N° 16[3]

Marie Jaëll est une pianiste virtuose, également compositrice
et pédagogue. Née à Steinseltz en Alsace le 17 août 1846, Marie
Trautmann est décédée à Paris le 4 février 1925. À 20 ans, elle
épouse le pianiste Alfred Jaëll, ami de Liszt, Brahms et Camille
Saint-Saëns. Elle poursuit avec lui sa brillante carrière de virtuose
à travers l'Europe et rencontre Liszt à 22 ans. Le compositeur fit
éditer les « valses à quatre mains » de la jeune femme et les joua

---

à Bayreuth avec Camille Saint-Saëns dont, d'ailleurs, elle suivit les cours. Chose exceptionnelle, en 1891 et 1892, elle joue en six concerts l'intégrale de l'œuvre pour piano de Liszt salle Pleyel et, en 1893, l'intégrale des 32 sonates de Beethoven. Comment et quand Suarès a-t-il connu Marie Jaëll ? Nous n'avons rien retrouvé à ce sujet mais, dans ce carnet que Cécile Jasinski date de 1901, l'écrivain rapporte une conversation avec la pianiste à propos de Franz Liszt. Outre la réflexion sur le génie particulier de Liszt, Suarès termine par une réflexion sur son amitié avec Wagner. Il développe en particulier une idée originale : *Parsifal* serait né de l'amitié des deux hommes. Il insiste également sur l'influence de Liszt quant à l'esprit religieux de Wagner[1].

Je fais dire à Madame Jaëll ses souvenirs sur Liszt. Elle l'a beaucoup connu dans ses quatre dernières années de sa vie. Il a été son maître. Elle vivait à Wien, dans ce temps-là – 1881 ou 1882. Il y était aussi. Elle l'a vu ensuite à Bayreuth, plusieurs fois, et à Paris en 1885.
[…]
À 34 ans, quand Wagner s'adresse à Liszt et lie partie avec lui, il lui parle comme un écolier à un grand docteur, comme un inconnu à une puissance. Il est très humble. On dirait qu'une génération sépare ces deux hommes. Wagner a le ton révérant d'un jeune artiste s'adressant à un ancêtre : Liszt n'est pourtant l'aîné de Wagner que de deux ans et quelques.
Madame Jaëll me dit sur Liszt musicien, ce que je n'ai entendu dire par personne, ni lu nulle part. Il ne s'est pas produit de métamorphose dans la carrière de Liszt, même à la suite de son amitié avec Wagner. La vie de virtuose n'absorbe pas entièrement le musicien ; en outre, cette vie a pris fin de bonne heure. Liszt se fixe à Wagner qu'il n'a guère plus de trente ans. On ne se le figure pas si jeune : c'est qu'il occupe le monde depuis plus de quinze ans déjà. Voici ce que Madame Jaëll m'apprend, et que j'ignorais encore : les célèbres études transcendantales de Liszt, publiées longtemps après, sont déjà tout entières dans une œuvre, pour le principal, écrite par Liszt en 1824, quand il n'avait que 13 ou 14 ans. Or, dit Mme Jaëll, dans ces «études», tous les «poèmes symphoniques» sont en germe. Ce fait est si extraordinaire qu'il faut le vérifier. Mais, s'il est vrai, la carrière de Liszt est encore plus surprenante. Il n'a pas été changé par l'âge, par le génie de

---

1   P. 13-14.

Wagner, par l'influence de Berlioz et des autres maîtres, pas même par le génie musical de son siècle : il n'a fait que suivre sa ligne, et développer tout son talent. Les autres n'auraient peut-être pas été tout ce qu'ils sont, sans lui ; et Liszt, sans eux, aurait encore pu être tout ce qu'il fut. C'est à considérer : telle lettre de Wagner semble le dire, et [...][1] Wagner n'en laisse pas arracher l'aveu : il le fait du cœur le plus sincère. D'autre part, jusqu'à preuve du contraire, c'est à Wagner que Liszt doit l'emploi symphonique du leitmotiv ; et l'abîme qui sépare la Symphonie définitive «Faust», du premier poème symphonique, le prouve à mon gré, loin de retirer cette invention à Wagner. Du reste, entre les mains de Wagner elle est sublime. Il s'en faut bien, entre celles de Liszt.

[...]

Amitié née de Wagner et de Liszt. Merveilleuse en tous deux, chacun selon son caractère. Les femmes ne la comprennent pas. Elles donnent un vilain rôle à Wagner ; elles en veulent toujours à l'obligé ; elles n'entendent pas que dans les grandes âmes, l'obligé oblige le bienfaiteur. Cette amitié admirable a eu de très belles, et très fortes conséquences. Malgré tout, l'art de Liszt s'est grandement fortifié des conseils, de l'exemple, de l'estime ardente que Wagner a prodigués. C'est l'homme, dans Wagner, que Liszt a rendu plus beau, et plus pur, sinon plus grand. *Parsifal* devait naître de là, à la longue, Liszt a cultivé, et fait épanouir la rose mystique, la fleur de la religion, si vivace en Wagner, mais à demi violentée par des jardiniers ennemis.

Témoignage formel, unanime. Pas un jour de sa vie, Liszt n'a manqué de religion. Un homme des plus religieux, qu'on pût voir, n'ayant pas cessé de prier, d'approcher les sacrements ; une foi entière, et une habitude prise dans l'enfance, pour la vie.

CARNET N° 20[2]

Dans le carnet n° 20, Suarès développe une idée qui peut paraître paradoxale. Il affirme en effet que le théâtre en musique n'a pas plus de sens que d'intérêt. On pourra être surpris de

---

1   Il manque ici deux mots illisibles.
2   Carnet n° 20. [Ms. 1183], 1900-1901 [et janvier 1902], 124 ff.

cette affirmation alors qu'il est tellement fasciné par les œuvres wagnériennes. Pour lui, l'opéra ne propose qu'un mélange de différents genres. Il fait supporter aux spectateurs la lourdeur des conventions musicales auxquelles s'ajoutent les conventions théâtrales. Suarès rejette la forme du théâtre en musique qui n'est jamais selon lui que de l'opéra. Wagner défendait exactement la même idée dans ses textes en prose. Mais que fait alors Wagner ? et quelle est la forme idéale pour Suarès ? Le «drame lyrique» recherché par le compositeur, comme par l'écrivain, n'a rien à voir avec l'opéra. Il s'agit, non pas de coller deux formes d'art l'une à l'autre (comme dans l'opéra donc) mais d'en inventer une nouvelle. L'art total dont ils rêvent l'un et l'autre présente une unité que Suarès ne trouve pas dans les tentatives de mêler le théâtre à la musique. C'est dans ce sens qu'il faut comprendre le terme de «drame» aussi bien chez Wagner que chez Suarès. Le «drame» (ou «drame lyrique») est l'œuvre d'art totale qui unit texte et musique dans l'unité d'une forme d'art nouvelle. Wagner a fait une proposition. Celle de Suarès est autre : il cherche le lien entre musique et littérature à l'intérieur même de la poésie.

> Théâtre et musique : À moins d'être un passe-temps, le théâtre en musique est absurde. C'est toujours l'opéra. Le drame, la musique, la scène, le jeu, le chant, tant de moyens, tant d'efforts, tant de dépenses, pour un si maigre résultat ? Cette disproportion seule condamne le genre[1].

CARNET N° 22[2]

Le carnet n° 22 présente quelques textes sur Wagner sans qu'il soit possible d'établir un lien particulier entre eux en dehors du compositeur. Le premier est une réflexion amusée sur Tristan et

---

1   P. 192.
2   [Ms. 1185].- B-V-1.- 113 ff [s.d.].

Isolde qui auraient mieux fait de se marier plutôt que de vivre un amour intense mais condamné à l'avance. Suarès fait parler le roi Marke, l'époux d'Isolde, qui serait par là bien vengé. Comme souvent chez Suarès, Marke est attachant par l'amour profond qu'il porte aussi bien à Isolde qu'à Tristan.

Tristan.

Voilà l'amour enfin, et la vérité en amour.

Lequel des deux est mort le premier, mort de l'autre ? C'est toi, il me semble, Tristan ? Je te survis de peu, je te survis pourtant[1].

*

Quel service vous vous êtes rendu l'un à l'autre, en mourant. On ne peut pas passer tous les jours à espérer la nuit, et toutes les nuits à éteindre la torche[2].

Pauvre Tristan, pauvre Isolde, mariez-vous. Vous n'aurez pas besoin de mourir.

Mariez-vous : c'est moi qui vous le dis ; le vieux roi Marke. Je serai bien vengé ; mais je ne veux pas l'être. Non. J'ai des cheveux blancs. Je ne suis pas un vieillard : à peine si j'ai cinquante ans. Je ne tiens pas à vous punir : je ne pense qu'à vous délivrer. Mariez-vous.

*

Je vous aime entre tous, et le savez tous deux. Nulle idée ne me vint jamais de vous nuire, ni à toi ma très belle, ni à toi, mon guerrier. Me venger de vous, ma blonde émeraude d'Irlande, me venger de toi, mon Héros aux noirs cheveux, ni de vous deux ensemble, mon plus beau rêve. Toutes ces noirceurs sont bonnes à [l'écho]. Notre océan a les yeux verts de la marine, la fraîcheur de l'algue, le front pâle ; notre ciel toujours pur est en nous.

Cet autre petit texte porte le titre de «Capitulation», allusion directe à un texte de Richard Wagner, une petite comédie «à la manière antique» écrite à l'automne de l'année 1870. Elle a souvent été reprochée à Wagner. Darius Milhaud y voyait un des textes les

---

1   P. 20
2   Allusion au début du second acte. Isolde, en éteignant sa torche dans la nuit, signifie à son amant, caché dans la forêt, qu'il peut la rejoindre.

plus anti-français de Wagner. L'action se passe dans Paris occupé. On voit Victor Hugo arrivant de Belgique par les égouts de la place de l'hôtel de ville, pour voler au secours de ses concitoyens. Les autres personnages sont, entre autres, Gambetta, Nadar et « les trois Jules » : Favre, Ferry et Simon... ainsi qu'un certain « Jack d'Offenback ». Wagner a déclaré vouloir dénoncer l'imitation que les Allemands faisaient du théâtre français. Mais, lorsque le texte parut en 1873, les Français considérèrent que le compositeur se moquait de la défaite. Ce texte a compliqué encore les relations de la France et de l'Allemagne et n'a pas aidé la compréhension de l'œuvre wagnérienne. Suarès rapproche Hugo de Wagner. Il le fait aussi dans le carnet n° 29[1] probablement daté de 1940. Selon ce carnet, Wagner est « injuste » envers Hugo alors que, finalement, ils ont « la même conception des décors et des caractères : toujours le moyen âge romantique, les chevaliers de théâtre ». Les deux génies sont assez proches l'un de l'autre et la « détestable parodie de Victor Hugo », dans *Une capitulation*, fait penser à Wagner lui-même. C'est le même type de propos que nous avons dans le texte qui suit, ce qui nous fait penser qu'il date lui aussi de la même année.

Capitulation.

Dans l'inexorable temps, les ennemis capitulent. Comme Wagner et Victor Hugo se ressemblent, et de plus en plus. Le même Rhin entre deux. Il unit autant qu'il sépare. Une suite de ponts, et les mêmes burgs sur les deux rives, les mêmes ruines.

Wagner plus profond, et tout Allemand, c'est-à-dire inhumain aux trois-quarts, puissant, méchant dans le combat, sans mesure dans la victoire, monstre d'orgueil, de mépris, de domination insatiable et de force pessimiste.

Victor Hugo bien plus humain, large comme l'horizon, ouvrant les bras à tous les hommes, comme l'éloquence, plus vaniteux que superbe, épris de bonté là même où il n'est pas bon, et toujours optimiste, étant possédé de l'amour du juste, même si on le sent le plus égoïste. La justice est le grand ressort dont le nerf toujours tendu est le verbe éloquent.

---

1 Carnet n° 29, [Ms. 1192], 1940, 189 ff. p. 111-112.

Victor Hugo tout pour la vie. Wagner tout contre la vie.

D'ailleurs, Victor Hugo ignore Wagner et la musique.

Et Wagner raille, envie et hait Victor Hugo : de là qu'il affecte de le rendre ridicule et qu'il le méprise.

Le mépris qui n'est pas sincère se retourne contre le méprisant. Et moins le mépris est sincère, plus il est injuste. [...][1]

Admirables dés du destin : Wagner cadet de Victor Hugo d'au moins dix ans, meurt deux ans avant lui, n'ayant jamais atteint à la gloire universelle de son rival, même à la fin de sa vie, et dans sa pleine victoire[2].

Plus je ressemble à mes deux poètes anglais[3], plus quelques sots me trouvent une ressemblance à une vieille femme. Malveillance et niaiserie. Je me rappelle le masque funèbre de Wagner, d'une telle douceur, d'une paix si sereine dans le sourire ; et la merveilleuse esquisse de Renoir, vieille femme aussi[4] ? — Soit. Mieux vaut une vieille sainte qu'un singe en exercice ou une jeune guenon[5].

Les deux textes suivants appartiennent à un projet reprenant le thème de *Parsifal* sans qu'on ait plus de détails sur sa nature. Le premier évoque un possible échec de Parsifal qui ne parviendrait pas à sauver les créatures et mourrait à son tour ou repartirait dans une nouvelle errance. On peut songer au Parsifal de Julien Gracq, qui, dans *Le Roi pêcheur*, se détourne du Graal. Cette lecture du mythe retire au personnage son caractère héroïque et rédempteur pour le rendre à son humanité. Le second présente un dialogue entre Parsifal et Kundry. Enfin, Le dernier est un étonnant dialogue entre Parsifal et son propre corps auquel il donne le nom d'Amfortas.

---

1   Phrase obscure.
2   Texte complet p. 17.
3   Sans plus de précision de la part de l'auteur.
4   Nietzsche disait de Wagner, qu'à la fin de sa vie, il était *femina generis*. Suarès fait allusion à un portrait de Wagner peint par Renoir à Palerme qui fut exposé pour la première fois à Paris après la mort du compositeur en 1883.
5   Texte complet, p. 21.

Parsifal

L'autre *Parsifal*. Je vois *Parsifal*, à la fin de la messe, quand on chante l'*Erlösung dem Erlöser*[1], revenu de l'extase et rentré dans ce monde : il trouve à ses pieds Kundry morte et Amfortas qui expire, les traits tirés dans une indicible terreur. Parsifal tombe alors, du plus haut de la coupole, il meurt sur eux. Il n'a pas sauvé les créatures de son salut. Le Graal s'éteint pour l'Ila missa est. Et Parsifal meurt, disant : «qui ai-je sauvé. Je n' peux survivre à mon désastre. C'est la condition de mon propre salut.»

À moins qu'il ne revête l'habit du pèlerin, et qu'il ne reprenne la route[2].

———

Parsifal
Pour l'Ecclésiaste[3].

1. Kundry — Quel bien vous m'avez fait.
2. Tous murmurent — Quel bien il lui a fait : peut-être, à présent elle pourra encore vivre.
4. Parsifal — […] Mais moi, personne ne m'en a fait.
3. Kundry — Ô quel bien tu m'as fait.

*

Kundry s'incline. Elle lui baise les mains avec adoration.

Parsifal — Laisse. Je ne veux pas, j'ai honte qu'on me baise les mains.
Kundry — Souffre-le : j'y dépouille tout ce que je fus : j'y mets toute ma vie future.
Parsifal — Tu n'as pas besoin de me toucher. Toute main est impure.
Kundry — La tienne non. Ne te dérobe pas ; mon sauveur : comment le pourrais-tu puisque tu me sauves ?

*

———

1 Ce sont les derniers mots de l'œuvre : «Rédemption au Rédempteur».
2 Texte complet p. 37
3 Comment comprendre cette allusion à *L'Ecclésiaste* ? Le lien entre l'œuvre wagnérienne et le texte biblique est-il dans la question du sens de la vie au-delà de la conscience de la vanité du monde ? Nous n'avons pas trouvé d'autres références du même type.

Kundry — Reste, reste encore. Je ne pleure plus.

Parsifal — Vous avez trop pleuré. Il n'est pas bon de verser trop de larmes : on s'ensevelit dans ses pleurs.

Kundry — J'ai tari mes yeux pour mieux vous contempler.

Parsifal — Ne regarde que la route.

Kundry — Je ne veux que te voir. Dès le premier jour, dès le premier instant, je vous ai vu et que vous avez des yeux divins. On ne peut pas les regarder longtemps.

Parsifal — Pourquoi je les détourne[1].

*

Si Parsifal donnait à son corps le nom d'Amfortas, il pourrait lui parler ainsi :

Ô mon pauvre corps, je t'en supplie.

J'ai tant de torts envers toi. Ne te venge pas trop. Ne te rebelle pas, comme si je t'avais trahi.

Je t'ai tant maltraité, mais je n'y pensais pas.

Je te vis toujours en hôte incommode, souvent sans pitié, impérieux, distrait même à la folie.

À présent tu as pris le dessus. Me voici presqu'en ta possession, et même si je me dérobe, je te suis. Tu me tiens quand je fuis.

Je ne commande plus. Ton mal est le mien. Hélas : il m'atteint au plus profond de mon être. Sinon par toi, je suis vaincu d'abord en toi. Ta propre défense [...] me défend [...].

Mon esprit souffre l'agonie de la Haine : elle m'enlace comme au berceau un reptile mord un enfant. Ces monstres abjects m'ont appris à haïr. Non, je ne savais pas ce qu'est la haine : une douleur à nulle autre pareille, un mal qui n'a pas de relâche ni de remède.

Et c'est mon âme qui te l'a transmis. Et maintenant le poison est en toi, mon corps, mon pauvre corps, et tu me le rends.

Il te pousse à la mort et tu m'y conduis[2].

---

1   P. 110-111.
2   P. 198-199. L'idée est surprenante. En donnant au corps de Parsifal le nom d'Amfortas, Suarès renforce l'identification du jeune homme au roi pêcheur. Parsifal intègre véritablement la souffrance du roi.

CARNET N° 23[1]

Cécile Jasinski propose l'année 1942 et les années d'occupation pour les textes du carnet n° 23. André Suarès attaque Nietzsche ici. Il lui reproche son manque de culture philosophique (« il n'y a pas un mot pour Voltaire ni pour Candide, et il vante Gyp[2] »), il se croit musicien[3] mais Suarès dénonce là encore son inculture. Il lui reproche aussi de devoir beaucoup à Wagner et de l'avoir dénigré violemment à la fin de sa vie. Il termine par une allusion à l'attirance du philosophe pour Cosima Wagner. On retrouve ici la verve polémique de Suarès.

> Ce qui juge Nietzsche, entre autres traits et les Antéchrists de collège qui l'admirent : il n'y a pas un mot pour Voltaire ni pour Candide, et il vante Gyp. Il se croit musicien et ses essais de musique sont le néant le plus conforme à tout zéro rabattu, à la mode de 1860 ; mais il ignore tout à fait Rameau ; il n'a pas la moindre idée du génie que ce grand musicien a mis dans la théorie et la musique. Trois parties sur quatre de Nietzsche sont d'un faiseur. Faux poète, faux esprit, faux artiste. Sans Wagner, dont il s'est nourri, en suçant toutes les racines, et de qui il a pris ensuite le contre-pied, dans la frénésie de l'orgueil et de l'invective, Nietzsche ne serait rien du tout. Quel bon tour lui eût joué Cosima en le prenant comme amant. Et d'une pierre deux coups, à tout le peuple élu, qui avait dans son sac Zarathoustra en guise d'Évangile. On ne saurait penser à tout[4].

On trouve encore dans ce carnet un texte sur un thème récurrent dans les carnets : celui du sang. Il serait intéressant de le mettre

---

1 [Ms. 1186], occupation, 1942, 188 ff.
2 Gyp, née Gabrielle de Mirabeau en 1849 est connue entre les deux siècles pour son antisémitisme et ses prises de positions antidreyfusardes. Elle est l'auteur de nombreux romans et son salon était le lieu de rencontre des écrivains nationalistes. Elle est morte en 1932. Suarès ne précise pas dans quel texte Nietzsche parle de cette figure de la Belle Époque aujourd'hui totalement oubliée.
3 Nietzsche composait et était aussi doué dans l'art de l'improvisation. *Cf.* Georges Liebert : *Nietzsche et la musique*, puf, 1995.
4 Texte complet, p. 120.

en rapport avec l'univers wagnérien. Le thème du sang est central chez Wagner. Celui du Christ d'abord, recueilli et célébré par les chevaliers de Montsalvat dans *Parsifal*. Celui de Tristan que le héros, blessé, appelle à couler joyeusement dans le délire qui le mène à la mort. Le sang coule encore de la blessure d'Amfortas. Dans *Le Crépuscule des Dieux*, Siegfried mêle le sien à celui de son ami Gunther pour une promesse de fraternité éternelle. C'est encore le sang du dragon qui donne à Siegfried la possibilité de comprendre le chant des oiseaux.

Pour Suarès, le sang est lié à la fois à la jubilation et à la mort. Il est pour Wagner la force vitale : celle naturelle et instinctive de Siegfried, celle mystique du Christ dans *Parsifal*. On a reproché à Wagner cette mythologie du sang, d'autant qu'elle a été utilisée par les nazis. Il serait intéressant de réunir des textes de Suarès sur ce thème et de les étudier dans ces différentes perspectives. Ici, il réunit les deux dimensions de la vie et de la mort :

> Une grande effusion de sang est la meilleure issue pour sortir de ce monde.
>
> Qu'il est beau, ce sang, si fragile et si puissant ! Qu'elle est belle, cette mer intérieure où trempe tout ce que nous sommes : il est le fluide merveilleux de notre vie, comme la mer salée l'a toujours été de notre terre et de tout ce qui, dès l'origine, y baigne. Et ce qu'il s'altère vite et crie au crime : il est noir, il fait mort et deuil ; sitôt répandu, il croupit, tache épaisse et sordide.
>
> J'ai remarqué plus d'une fois comme une très forte hémorragie rend la mort facile. J'envie de mourir ainsi et de couler hors de ce monde en même temps que mon sang.
>
> Ô sang trop chaud, trop cruel, trop vivant, source ardente, nourrice des passions et des crimes, flot qui porte la vie et qui la donne, je te vois et t'admire. Je t'aime et je te crains.
>
> Que mon sang coule pour que je me délivre[1].

---

1   Texte complet, p. 84.

CARNET N° 28[1]

Ce texte sur Siegfried date probablement de la fin du dix-neu-vième siècle. L'année proposée par Cécile Jasinski (1898) pourrait correspondre. Siegfried apparaît comme un héros positif, un Tristan tout entier voué à l'amour. Suarès ne le présentera plus ainsi après l'utilisation du héros par les nazis. Il déconstruira au contraire la falsification de la mythologie dans un but idéologique, en même temps qu'il montrera les aspects barbares de l'œuvre wagnérienne.

> Siegfried, un héros humain, et par là plus divin encore. Il a le sang des dieux, mais il est mortel. Et puisqu'il est grand, noble, joyeux et libre comme un dieu, lui qui est mortel, il est plus que divin. Il est égal à la vie et à la mort; ou plutôt il les domine. Tandis que les dieux ne connaissant que l'une ou l'autre, sont asservis à l'une ou à l'autre, et Wotan lui-même se résigne.
>
> Siegfried est né de l'amour. Siegfried vit dans l'amour. Siegfried ne connaît pas la mort : car il meurt dans l'amour. Siegfried est supérieur à la mort et à la puissance. C'est pourquoi il ignore la peur. Même vaincu, il vainc, rien ne lui résiste. Et la volonté même du Maître des dieux est de s'unir à lui. Brünnhilde veut être la femme de cet homme, plutôt que déesse. Elle préfère son amour mortel et ses douleurs à la grandeur du Walhalla.
>
> Siegfried est comme un enfant : mais il a la force incalculable du héros. Il est comme l'enfant : parfait en soi-même, en ce qu'il contient l'âme et la vie du monde : il est sans mensonge, sans crainte, sans calcul. C'est le héros dans sa pureté[2].

---

1   [Ms. 1191], vers 1898, 31 ff.
2   Texte complet, p. 7.

CARNET N° 37[1]

Quelques textes de ce carnet révèlent des éléments importants de l'écriture de Suarès. Depuis ses premiers projets, son style évolue vers toujours plus de simplicité et vers une écriture minimaliste comme dans ses *Antiennes du Paraclet* ou *Haï-Kaï d'Occident*. Ainsi, dans ce passage, il imagine «un livre où chaque ligne fût une tête de chapitre, un titre. Rien qui commente, développe ou explique». On perçoit ici l'esthétique des dernières années qui cherche à ne conserver que l'essence des choses.

> Livre du Paraclet
>
> Voilà déjà longtemps, j'ai dit : … Je voudrais écrire un livre où chaque ligne fût une tête de chapitre, un titre. Rien qui commente, développe ou explique.
> Ce livre serait l'ellipse de toutes les ellipses.
> Chaque ligne serait une invention et une découverte.
> Rien que des bonds, ceux de la flamme inextinguible. Ni chaos d'ailleurs, ni trou dans le tissu ardent : le feu est le fil. Quel livre est celui-là.
> Il demanderait autant d'intelligence au lecteur, que de génie à l'inspiré capable de l'écrire[2].

Cette pensée éclaire peut-être la forme même des carnets qui finissent par former un ensemble cohérent malgré le caractère dispersé. Les autres textes du carnet présentent les pensées de la fin de la vie de Suarès, à un moment où il contemple son œuvre, qu'il a derrière lui. Et, toujours, Wagner apparaît comme un point de référence :

> Chaque jour, je sens croître mon potentiel d'imagination. À cinq ou six œuvres près, je n'ai rien fait auprès de ce que je voudrais et pourrais faire.
> La jeunesse est l'essai de nos forces, et même l'âge mûr. Il est une espèce d'artistes, leurs plus grandes œuvres, et les plus belles naissent du temps

---

1   [Ms. 1199], 1942, 164 ff.
2   Texte complet, p. 72.

où les autres hommes sont censés vieillir : ce qu'on appelle ailleurs la vieillesse en eux est l'accomplissement : rien n'égale le Rembrandt, le Sophocle, le Dostoïevski, l'Ibsen, le Titien, Goethe, Beethoven à soixante ans, et au-delà.

Ce génie est le propre de l'Ouest et du Nord. Le midi s'achève plus vite, et ne va pas au-delà. Tout est de l'Ouest et même du Nord dans ma nature pensante et ma poésie.

*

Le plus grand Wagner est celui de *Tristan*.

Le plus beau, le plus dépouillé, le seul nu dans l'essentiel, est celui de *Parsifal*. Que serait Wagner mort avant cinquante ans ? Et même à soixante-cinq[1] ?

CARNET N° 55 BIS[2]

Ce petit texte rapporte un rêve dans lequel Suarès s'imagine être à Bayreuth. Il décrit son arrivée à *Wahnfried*, la maison du compositeur. Il exprime sa profonde déférence en baisant la pierre tombale. Il visite la maison et joue sur le piano du compositeur. D'un point de vue biographique, il semble bien que Suarès ne se soit jamais rendu à Bayreuth. Pour autant tous les critiques ne sont pas d'accord, il faut leur donner ici la parole. Thomas Doherty est formel : il ne s'y est jamais rendu. Alice Suarès, la seconde femme de l'écrivain, affirmait la même chose. C'est aussi ce que pensait son grand ami Maurice Pottecher.

---

1   Texte complet, p. 73. Pour illustrer le propos de Suarès, rappelons que la partition de *Parsifal* ne fut achevée qu'en janvier 1882, Wagner avait 69 ans. Il acheva la partition des *Maîtres Chanteurs* en 1867 à 54 ans. La partition d'orchestre du *Crépuscule des Dieux* fut achevée en 1874. Wagner avait 63 ans. Il faut encore ajouter qu'il a porté longuement en lui certains de ses projets et qu'il lui a fallu une lente maturation pour atteindre la forme que nous connaissons aujourd'hui. C'est le cas pour ce dernier exemple, dernière journée de la *Tétralogie*.

2   [Ms. 1370], 1922, 35 ff.

Par contre, Jean Astier pense qu'il a fait le voyage avec Gabriel Cognacq qui prit Suarès sous sa protection dès 1924. Selon les éléments fournis par Cécile Jasinski, le texte a été écrit avant cette date (1922).

Rêve

— Une large allée tout ombragée conduit à la maison.

Tout de suite, le gardien survient et montre le chemin de la tombe.

J'ai donc couru au tombeau et je l'ai baisé longuement.

Des gens arrivent. Je me cache dans le petit bois.

Quand ils sont partis, je reviens à celui qui dort.

De nouveau, je baise la grande pierre qui le couvre et le cache mais cette fois le baiser est sur la tête.

Ô pierre froide, pourtant ma bouche est toute chaude. J'ai le goût de la marguerite sur les lèvres.

— Et je pleure. J'ai beaucoup pleuré.

J'ai pleuré sur lui, sur toi, sur vous, sur l'amour, sur toute la joie, sur toute la peine, celles-là, sur les larmes de la vie et l'ivresse du monde.

— Il faisait calme et doux près de cette tombe. Le vent faisait doucement chanter les arbres. Le vent musicien.

— Dans sa maison, la grande salle de musique. J'ai mis les mains sur le grand Steinway offert au père de *Parsifal* par l'Amérique.

Puis, la vaste bibliothèque, où il travaillait toujours. Maintenant, elle regarde le tombeau.

Là j'ai encore joué sur le plus petit piano dont il se servait à l'ordinaire.

Cette chambre est pleine de souvenirs, un mélange bizarre de mauvais portraits et de choses touchantes.

Une douce voix a prononcé mon nom.

— Depuis que j'ai quitté Wahnfried, j'ai vu le Théâtre.

— Sur la colline j'ai cueilli des fleurs.

Au tombeau, j'ai ravi une branche de lierre qui montait sur la grande pierre juste à l'endroit où doit être sa tête, où furent ses yeux.

— J'ai rendu visite encore à Liszt qui dort tranquille sous les arbres[1].

---

1   Texte complet. p. 12-13.

CARNET N° 92[1]

Suarès s'indigne souvent du manque de reconnaissance sociale des grands génies. On perçoit derrière ce sentiment une certaine amertume face à sa propre situation. Ainsi, dans ce texte, « Lutte et création », il est question de la misère dans laquelle Beethoven ou Wagner ont pu vivre :

> C'est une pitié de voir Beethoven donner des leçons de clavecin pour vivre, au début de son séjour à Weimar et à 50 ans arranger des mélodies irlandaises, aux gages d'un éditeur. Qu'y a-t-il gagné ? Mais on y a perdu quelques symphonies et quelques sonates. Wagner a été fort prêt de mourir de faim à Paris : il faut le prendre à la lettre. Il avait 30 ans, mangeait et buvait comme un autre. Car le paradoxe de ces hommes-là est, en effet, qu'ils mangent, et qu'il ne leur déplairait pas quelquefois de boire. Il n'est pas mort, disent-ils... de quoi vous plaignez-vous ? Et de quoi en effet ? Seulement de ce qu'il eût pu mourir, misérable et Tristan, et Parsifal avec lui. Sa vie même, tirée de cette âpre honte où toute grande vie se sent d'être menacée, en a été gâtée pour vingt ans : il s'est vu forcé de faire le critique polémiste. Lui, plein du besoin de créer, il a été contraint à la besogne la plus ingrate pour le véritable artiste, et s'est consacré à la critique. Combien il lui en a coûté, il en a fait l'aveu[2]. Son œuvre, si grande soit-elle le serait encore plus si l'on avait un pendant à ces admirables « Meister[3] » nés de la joie de vivre, et d'où rayonne la gaîté d'être, compagne de la liberté[4].

---

1   [Ms. 1255] – La présentation et l'écriture sont les mêmes que celles des carnets 21 et 24 (ce sont des carnets du « Bon Marché » à 0, 85 frs. Cela permet de les dater sensiblement de la même période soit entre 1895 et 1897).

2   Wagner a écrit des textes de critique musicale et s'est exprimé beaucoup plus tard sur ses écrits de jeunesse. Cette petite remarque est révélatrice de la connaissance que Suarès avait des écrits de Wagner, au-delà de ses œuvres dramatiques et musicales.

3   *Les Maîtres chanteurs de Nuremberg.*

4   Paragraphe concernant Wagner, extrait d'un texte intitulé « l'art et la lutte », p. 13-14.

CARNET N° 93[1]

Ce carnet est très riche. De couleur marron, sa partie la plus ancienne (que Cécile Jasinski date de 1897) est celle du début, couverte d'une petite écriture claire et serrée très représentative de ces années-là. Dans le texte suivant, Suarès s'interroge sur le lien entre l'homme et l'artiste. Le premier prime sur le second ; l'œuvre d'art est liée à un parcours humain. À nouveau Suarès convoque Wagner, « le superbe mouvement de cette vie », son « courage héroïque ». Mais les quelques lignes qui sont consacrées au compositeur ne permettent pas de déchiffrer à son sujet plus que ces deux seules expressions. L'œuvre artistique naît de la vie et de la réalisation de soi (« je suis l'œuvre d'art, avant de la faire »). C'est en cela qu'il se différencie des créateurs « par métier ».

> Je suis — et je suis l'œuvre d'art, avant de la faire. En moi, l'homme et l'artiste sont un. Dieu sait si l'artiste, parfois, ne sembla point précéder l'homme. Et Dieu sait à quel amour de l'art cette apparence répond. Et pourtant, au prix de l'art même, je ne voudrais pas que l'artiste suppléât l'homme, si le divorce se faisait. Homme je suis d'abord, et je veux être tout homme. Voire femme s'il le faut[2]. Je suis artiste, parce que par le fait de l'homme, l'œuvre d'art est en moi. Je vis ; et l'œuvre suit. Mes images sortent de mes entrailles. De là ma différence à ces autres. Qu'ai-je à faire d'eux ? Ils se disent artistes : mais les noms sont des signes, et celui-ci ne signifie rien de commun de moi à eux. Ils sont artistes par métier. Et c'est pourquoi on en dit : « que ne font-ils autre chose[3] ? »

---

1   [Ms. 1256]. Avril-Octobre 1897 et 1910, 119 ff.
2   À propos de cette remarque, il faut se reporter aux textes de Suarès sur l'androgynie et sur la place de ce thème dans sa pensée esthétique.
3   Texte complet, p. 72.

CARNET N° 127[1]

Ce carnet contient quelques notes[2] sur Wagner, Beethoven et quelques œuvres musicales comme *Boris Godounov* de Moussorgski. Nous ne présentons que deux paragraphes qui sont consacrés à Apollon et Dionysos. Le texte serait daté de 1933 selon Cécile Jasinski. André Suarès reprend directement la distinction nietzschéenne du dionysiaque et de l'apollinien. Pour André Suarès, une force est tout de même supérieure à l'autre : Dionysos est une force de jaillissement qui ne serait rien sans l'organisation et le contrôle d'Apollon. Dionysos n'est rien sans lui : «Dionysos n'est que la monture : Apollon est le divin cavalier».

> Il nous faut Dionysos pour naître, et Apollon pour être. Dionysos nous fait jaillir de la nature : elle coule en nous. Apollon nous élève au-dessus. Apollon est le Dieu de la beauté, qui est le plus haut degré de la connaissance. Connaître, c'est chercher la beauté. Apollon connaît pleinement car il crée la beauté.
>
> Il est terrible. Qui crée, détruit. Apollon est impitoyable, il est imprévisible dès qu'il s'agit de détruire la laideur, et d'illuminer les ténèbres. Il est le tueur. Il tue dès le berceau : il se remue dans les langes, il se tourne sur le côté et il étouffe le serpent dans ses mains puériles : elles sont divines. Sa vocation est la beauté, et il tue tout ce qui s'y oppose, tout ce qui l'offense. Il n'a d'armes que pour ce combat. Il est toujours en guerre. La belle création est une lutte éternelle contre la laideur qui nie.
>
> [...][3]
>
> Sans Dionysos, Apollon perd sa flamme, pâlit et s'efface. Seul avec lui-même, il perd la foi en sa souveraine action. Il s'endort, il succombe. Moins Apollon, Dionysos n'est qu'un grossier délire, qui commence dans le rire du vin, et qui finit par ronfler dans la mort vomissante de l'ivrogne où il se précipite, il titube en tous sens, et ne sait où aller.

---

1   [Ms. 1289]. 1933, 63 ff.
2   P. 47-48.
3   Citation en grec impossible à déchiffrer.

> Il faut que Dionysos soit toujours là, prêt à l'orgie, en sortant et insatiable d'y rentrer ; plein de sang et d'ardeur, la bouche fumante, les naseaux jetant des flammes, et faisant jaillir du sabot les étincelles de la terre. Mais, s'il est le cheval, le pur sang, Dionysos n'est que la monture : Apollon est le divin cavalier[1].

CARNET N° 205

La question de l'androgynie est importante pour Suarès. Elle est liée à l'esthétique wagnérienne de la recherche d'une œuvre d'art totale qui exprime l'intégralité de l'être. Ainsi, chez Wagner comme chez Suarès, la poésie est masculine et la musique est féminine. Le mariage, l'amour même des deux contribue à constituer une nouvelle forme d'art, expression propre à exprimer l'unité de l'être. C'est ainsi qu'il faut entendre l'allusion au *Banquet* de Platon. Chez Platon, l'androgyne, à la fois masculin et féminin est un être parfait, qui n'a pas connu la division, la séparation des sexes. Chez Suarès, de la même façon, l'œuvre réunissant les deux caractères masculin et féminin est une œuvre parfaite.

> Poésie.
>
> La poésie est une musique intellectuelle.
> La musique est une poésie plus sensible.
> La poésie cherche la chair sonore. La musique cherche la parole qui pense.
> Ce sont deux moments du même amour, ou ces deux moitiés de l'être parfait que chante Aristophane au Banquet de Platon.
> La musique est la femme ; et la poésie, l'homme, celui qui crée. Notre temps a fini par comprendre la nature de la vraie poésie, puisqu'il l'a séparée de tout ce qui la corrompt et la divise.

---

1   Texte complet, p. 25 à 28.

La plus fâcheuse des erreurs, aujourd'hui et désormais, est de ne pas redonner à la poésie la langue la plus simple et la plus précise, la plus pure à la fois et la plus neuve, la plus essentielle enfin[1].

CARNET N° 207[2]

Le carnet n° 207 présente de très beaux textes sur la mystique et l'amour. Il s'agit probablement d'un des plus intéressants de tous. Nous avons relevé quelques textes en relation avec Wagner. Sur les années 1820, 1830 d'abord, période capitale car les anciens créateurs croisent les nouveaux :

> De 1820 à 1830, c'est une époque capitale pour la musique. À leurs débuts et sur leur fin, Beethoven et Schubert, Weber et Berlioz, Liszt et Wagner, Schumann et Chopin, respirent ensemble dans la musique. Sans parler de Chopin, et Rossini et Meyerbeer, Boieldieu et Harold, et dix autres[3].

Dans une réflexion sur les valses, en particulier, *L'Invitation à la valse* de Weber et la valse de la *Symphonie fantastique* de Berlioz, Suarès s'arrête un moment sur celle des filles-fleurs au second acte de *Parsifal*.

> Un autre moment de Valse admirable, la danse des filles-fleurs dans *Parsifal*. Elle est un balancement de la volupté dans l'encens. Cette extrême volupté est embaumée d'innocence, à l'image de la fleur elle-même. Et certes, le plus haut degré de la volupté, la perfection même de la volupté, c'est la volupté innocente.
> Les filles-fleurs ont un sexe qui délire ; mais elles délirent en purgatoire, elles sont les victimes de l'enfer bien plus que les instruments ; à mi-chemin de la tristesse infernale et de la joie toute lumière du paradis. De là, ce charme infini d'une tristesse tentatrice qui sourit : le poème de la mélancolie[4].

---

1 Carnet peut-être daté de 1918. Le texte cité a été repris par Yves-Alain Favre dans *Poétique*, Rougerie, 1980.
2 [Ms. I368] - 1913-1933-1938-1943 - 153 ff.
3 Suarès ajoute au-dessus d'Auber : « + Mendelssohn ».
4 Texte complet. Au second acte de *Parsifal*, le jeune héros est dans le jardin du magicien Klingsor. Six filles-fleurs tentent de le séduire par leurs chants mélodieux et leurs gestes lascifs sur un rythme de valse.

Toujours, autour du thème de la valse, ce passage sur Richard Strauss et Richard Wagner met en évidence l'influence du second sur le premier. Il compare leurs génies respectifs et la préférence va à Wagner. Sa grande supériorité est dans la modulation.

> On voit bien que sans Richard Wagner, Richard Strauss ne serait pas grand chose. Il a la force et la violence, et celle-ci plus que celle-là. Son orchestre est celui de la *Goetterdaemmerung* : il n'en diffère que par l'usage de l'instrument soliste, violon ou violoncelle ou tout autre, il le porte jusqu'à l'abus.
>
> Quand on est tenté de prendre Richard Strauss pour un grand musicien, et de lui faire la part trop belle, il n'est que de comparer la qualité de ses poèmes à ceux de Wagner, et plus encore sa platitude harmonique à l'enharmonie du titan. Wagner est la modulation faite homme. Strauss le contraire : il ne module pour ainsi dire jamais d'instinct ou si pauvrement qu'il vaut mieux n'en pas parler. L'âme musicienne de Wagner se révèle à la puissance, à la fécondité, à la prodigalité sans pareille de ses modulations. Là est le génie du drame et du sentiment : la modulation est l'unique moyen du caractère musical. Ou moduler ou être étranger en musique à la vie intérieure.
>
> Le sentiment et la pensée, tout ce qui informe l'émotion à la matière sonore, voilà ce qui pour un Richard Strauss n'est qu'un prétexte à un décor : le fait divers ou atroce ou divertissant, drame ou danse, tout est là pour ce peintre violent, vulgaire et monstrueux. Et les trois quarts de sa musique se cachent dans la mare creuse de la valse : il fait même valser Electre l'Atride à la viennoise. La valse, alpha et oméga de la musique, possède Richard Strauss plus que l'autre, celui du beau Danube bleu. Il s'ensuit que la musique de Strauss, là même où elle a une forte couleur et même une énergie qui tire les nerfs jusqu'à l'obsession la plus irritante, est étrangement vide. Cette musique agite les jambes, sans donner le plaisir, et elle fait parfois frissonner sans que l'on soit ému. L'âme n'y est pour rien, la modulation en est absente[1].

Enfin, nous avons conservé ce texte, écrit sur un petit morceau de carton (type marque-page), très difficile à déchiffrer mais étonnant : Suarès compare l'architecture de Saint-Paul à la musique de *Parsifal*[2] :

---

1   Texte complet.
2   P. 98.

Architecture dans le temps, la musique n'efface pourtant pas moins le temps que l'espace[1]. En comblant l'âme de volupté, elle l'affranchit de la matière. L'esprit est libéré du corps parce qu'il est saturé de sentiment. C'est l'intelligence sensible au cœur. Il n'y a rien de plus métaphysique et de plus réel qu'une profonde émotion musicale. La musique est une morale et une science de l'intuition. Elle est libre de tout préjugé. Elle est un intellect d'amour et l'amour étreint son objet à mesure qu'il le crée.

[…]

Amour est le corps de la musique. Les sons s'y tendent à l'excès jusqu'à ce qu'ils s'y épurent totalement et s'abolissent.

---

1   Cette remarque est une allusion à une phrase clef de *Parsifal*. Le chevalier Gurnemanz est avec le héros et ils se préparent à rejoindre Montsalvat. Gurnemanz a cette phrase qui a suscité de nombreux commentaires : « Tu vois, mon fils, l'espace ici naît du temps ». Suit alors une scène de transformation à savoir que l'espace change autour des personnages alors qu'ils avancent à peine. Plutôt que les personnages se déplacent dans l'espace, le décor se transforme autour d'eux de façon magique.

DOCUMENTS ANNEXES

PRINCIPALES ABRÉVIATIONS
DES ÉCRITS DE JEUNESSE

André Suarès ne désigne pas ses drames par leurs titres mais il utilise des abréviations. Le chercheur a parfois l'impression de devoir résoudre des énigmes ou de déchiffrer des messages codés. Nous en dressons ici une liste qu'il faudrait encore compléter.

ΦρΣ	*Phérostrate*
ΑΛΚ	*Alcibiade*
ΛΑΖ:	*Lazare*
ΘΣΘ	*Thersite*
TriomΦ Ψ	*Triomphe de Psyché*
Ψxn	*Chanson de Psyché*
P.F.	Le sens exact n'est pas connu mais les documents portant cette abréviation sont classés sous le nom de *Poésie française*
Θ	*Thulé*
ΔcΔ	*Décadence*
Α/Σ :	*Antisémites*
Hyp.	*Hypérion*
ParΘ	*Parthénon*
Luc.	*Lucrèce*
T.J	Sens inconnu
Θulé ou TΘ	*Thulé*
YV.	*Yvéril*
SPC ou SPL	*Spleen*
RMK	*Remarques*
H.M/B	*L'Homme de Beauté* ou *Hors de moi les barbares.*

Promθ	*Prométhée*
OedΠ	*Œdipe*
OrΦ	*Orphée*
AΘK	*Attiques* est composé de trois livres portant successivement les titres suivants :
A	*Attiques*
Σ	*Inscriptions*
O	*Olympe*
+++	*Semaine sainte (projet de 1893)*
+	*Semaine sainte (projet de 1894)*
P.M.	*Pensées sur la musique*

Valeurs et *nouvelles remarques*

ou Π V *Primavera*

Pampassio

D'une façon générale, les abréviations suivantes désignent

O – :	Les œuvres en cours de rédaction ou déjà rédigées.
Kρ :	Les critiques
Λ :	Le drame
Θ :	Le théâtre

PROJETS DE JEUNESSE ET RÉFÉRENCES

Yves-Alain Favre a dressé avec une grande précision la liste des projets de jeunesse d'André Suarès, et a donné pour chacun d'eux les références des textes disponibles à la Bibliothèque littéraire Jacques Doucet. C'est un outil incontournable pour le travail sur les manuscrits inédits. Pourtant, comme nous l'expliquons en détail dans notre premier volume, Favre décrit l'état du fonds Suarès de la Bibliothèque littéraire Jacques Doucet au moment de la publication de sa thèse, soit en 1978. Ce fonds a évolué depuis. Les références qu'il donne sont à mettre à jour. Nous n'avons pas fait ce travail de façon exhaustive car nous nous sommes limités à notre cadre de recherche sur le wagnérisme de Suarès. Nous avons pourtant, au cours de ce travail, mis à jour un certain nombre d'éléments. Nous les fournissons ici dans la liste des projets que nous avons été à même de consulter. Encore une fois cette liste n'est pas complète, loin s'en faut. Nous donnons les titres sous leur forme complète, et des éléments de datation.

LES ROMANS

Comme nous l'avons précisé précédemment, Suarès commence plusieurs romans, mais il en est peu satisfait et il brûle les manuscrits. On en connaît l'existence par les lettres à Romain Rolland et quelques feuillets conservés dans le Fonds Suarès. Voici la liste des principaux projets ainsi que quelques éléments de dates et de contenu. Les indications de dates sont celles d'Yves-Alain Favre[1]. Elles ont été mises à jour dans la mesure du possible.

La Vie promise

Le projet fut abandonné dès 1890 selon la correspondance avec Romain Rolland. Proche de la confession et du journal, le thème principal est la recherche d'un amour purement spirituel. Le temps du récit devait être celui de la lecture. Suarès déclare avoir «tout brûlé, 200 à 210 pages», (lettre à Romain Rolland du 6 septembre 1889).

L'Âme triomphale, 1890.

Primavera.

Commencé en mai-juin 1894, ce roman fut terminé en 1895. C'est un roman de l'amour. On trouvera le chapitre XXXII dans les documents en attente d'inventaire et actuellement indisponibles, ainsi que le chapitre «Mort de l'amour». Le cahier n°5 présente le lied du printemps, le cahier n°19 un plan et divers extraits. Selon la lettre à Romain Rolland n°405, datée de 1895, il s'agit d'un «court roman poème». La mythologie du printemps est à mettre en relation avec certains passages de la Walkyrie.

Atalante

Les personnages sont Partheno et Atalante. Le thème est la recherche du pur amour. Le roman célèbre l'amour spirituel et condamne l'amour charnel. On en trouve des fragments dans le cahier n°2.

Lise Candal

Le héros de ce roman s'éprend d'une jeune veuve et se délivre de sa passion par la mort. Prévu initialement en 3 parties et 39 chapitres on en retrouve des extraits dans le cahier n°3.

---

1   Yves-Alain Favre, *La Recherche de la grandeur dans l'œuvre de Suarès*, Klincksieck, Paris, 1978.

Andromède

Ce roman présente la passion amoureuse selon les saisons. La méditation d'un des personnages, Philippe (chapitre 5), est dans le cahier n° 5. Cette scène fait référence à l'arbre autour duquel la maison de Sieglinde est construite au premier acte de la *Walkyrie*.

LES POÉSIES

Les Récitatifs, Opus n° 2 – (1888-1891). Suarès est à « la recherche d'une complète musique verbale ». Plusieurs lettres y font allusion : la lettre n° 218 du 23 février 1891 et la n° 104 du 11 octobre 1889. Il faut aussi lire la dédicace de *Psyché martyre* [Ms. Ms 43.006]. De ce premier projet, qui a été repris en partie dans les projets poétiques suivants, il ne reste presque rien. La lettre inédite à Romain Rolland n° 218 en contient un extrait ainsi que la n° 220 de Mars 1891.

Psyché martyre, Opus 3 – 1890 (selon les indications de Suarès sur le manuscrit). Selon Yves-Alain Favre, l'ensemble fut composé de 1890 à 1892. Les lettres à Romain Rolland de 1893 y font allusion et donnent de nombreux détails. Ce projet dont nous présentons la plupart des textes disponibles à la Bibliothèque littéraire Jacques Doucet est composé de trois sonates :

- *L'Innocente Passionnée*
- *Douleur de Psyché*
- *Éros le repenti*

Le dossier *Douleur de Psyché* [Ms. Ms 43.006] (1892 – 1894) comprend les trois sonates recopiées dans leur état définitif. On peut trouver d'autres textes dans les cahiers n° 2 et 151 ainsi que dans la lettre n° 218 à Romain Rolland. Suarès fait, dans ce projet, l'essai d'une «musique verbale». Le terme de «sonate» marque la volonté de réaliser la fusion entre la musique et la poésie dans la perspective wagnérienne de la fusion des arts. Suarès écrit à Romain Rolland que cet essai date «du temps où [il] appartenai[t] à Mallarmé».

L'Heure Mortelle

Achevé le 24 juillet 1894, selon les indications de Suarès, il semble qu'il existe un dossier portant ce nom dans les documents en attente de classement sans que nous l'ayons retrouvé.

Éros Perdu

Mis à part les quelques lignes du carnet n°151 et le plan (p. 10-11), il n'existe plus rien de ce projet.

Triomphe de Psyché

La lettre à Romain Rolland du 25 juin 1892, n°309 y fait allusion.

Lylian ou Les Peines d'amour (1893-94)

Ce projet est composé selon Yves-Alain Favre d'un prélude, «Les Jardins d'Amour» (40 folios), d'une liasse de 34 poèmes et d'une autre de 62. Ces documents ont été en grande partie réunis sous les cotes [Ms. Ms. 42.973] et [Ms. Ms. 43.015] soit Les Jardins d'amour et La Mort d'amour.

Lieder (1894)

Suarès précise en 1900 en avoir écrit près de 700. Le carnet n°100 en présente un grand nombre.

Épigrammes, Élégies, Poèmes de la Brume (1898-1899)

Yves-Alain Favre propose le plan des Poèmes de la Brume dans l'article «Lais et Sones» de la Revue des Lettres Modernes, 346-350 - 1973. Les carnets n°58, 97 et 98 présentent une succession de brefs poèmes indépendants les uns des autres. Poèmes de la Brume comporte cinq parties pour un vaste ensemble de plusieurs centaines de vers. On trouve un dossier complet qui est consacré à ce projet, coté [Ms. Ms. 42.992].

Poèmes à Cléo

Ces textes sont antérieurs à 1900. On trouve dans le cahier n° 33 un projet détaillé. Dans le cahier n° 19, quelques poèmes dont :

I– « Feuilles d'Italie ».

II– « Prix de l'amour ». « Prix de la vie ».

III– « Manibus » - « Lilia Plenis ».

IV– « Lied de Rome »

Et d'autres feuillets intitulés « petits poèmes à Cléo ».

Amour d'Aimer

Quelques feuillets dans le cahier n° 16.

Tantale
Hérodiade
Sonnets de France
L'oiseleur de Vendôme

Les textes sont dispersés dans les carnets et cahiers mais on trouve des éléments dans le cahier n° 51.

La Sonate du Roi Aegée date de 1901.

Le carnet n° 20 (p. 115-117) présente plusieurs éléments dont la liste des onze poèmes qui devaient composer l'ensemble, une note sur le sens général de l'œuvre, une vingtaine de vers sur la mer destinés à servir de leitmotive et une suite de onze poèmes. La voile noire est un symbole très présent, annonce de la mort comme dans *Tristan*. Thésée représente l'ardeur héroïque et l'espoir de la Vie Belle.

Attiques

Ce recueil est composé de trois livres :

- *Attiques* (31 poèmes)
- *Inscriptions* (17)
- *Olympe* (21)
- *En vue de Sunium* (7 folios).

On trouvera à la Bibliothèque littéraire Jacques Doucet deux dossiers : *Attiques* [Ms. Ms. 43.025] et *En vue de Sunium* [Ms. Ms. 42.959] qu'on complètera par le carnet n° 152. Deux textes se sont aussi glissés dans le [Ms. Ms. 960], folios 74 et 75.

THÉÂTRE

À mi-chemin du théâtre et de la poésie, Suarès rêve d'écrire des comédies, des « féeries musicales ».

Offices

Ce projet est antérieur à 1900. On en trouve des extraits dans le carnet n° 151 : la *Messe de l'Idéal* (la rédemption par l'amour), un plan général, un *Stabat* (entre poésie et théâtre). Le sujet est la mort du Christ.

Office de l'Idéal

On trouve cinq partitions, les « Préludes de la Pénitence » dans le cahier n° 18 (repris le 4 avril 1893) ainsi qu'une seconde partie pour une seule voix d'alto. Voir aussi le cahier n° 53. Dans la lettre à Romain Rolland n° 444, André Suarès le présente comme : « un grand livre de musiques d'idées ». Il affirme le culte de l'Idéal et présente la Messe qui lui correspond : « Dieu est le nom de l'Idéal » (*cf.* l'avis du cahier n° 18). « Cette foi mérite son office et sa messe. C'est ce culte que je dresse. Et la poésie en est la langue plus qu'humaine. Dieu est le nom de l'Idéal. L'homme de chair est le pêcheur. »

Musique ou *Le Concert de l'amour.*

Suarès a commencé ce texte le 17 novembre 1893 selon une note du Cahier n°20. L'acte I est un «Adieu à la délicieuse vie antique». L'acte II est le «Voyage et la traversée du Moyen-âge et du monde du cœur». L'Acte III est l'union des deux mondes et annonce l'ère nouvelle qui les unit.

Des passages sont disséminés dans les cahiers n° 20, 21, 22 et 49. On trouve des éléments importants dans la lettre n°437 de 1895 ou 96.

Thulé est peut-être en relation avec le projet précédent. On en trouve des passages dans les cahiers n°20, 38 («rêve de fête poétique», *Thulé*). André Suarès présente *Thulé* comme un «Spectacle de fête poétique» ou une «Fête de joie poétique», faite pour célébrer la musique et l'amour. Il souhaite réaliser la synthèse de la pensée antique et du monde chrétien.

Les Étoiles (1893 – 1896)

Comédie. Le prologue devait se passer dans les parcs montagneux de Thulé et les trois actes dans la voie lactée. (Cahier n°46).

L'Île

Cahiers n°20 et 38.

Île d'Amour :

Le manuscrit portant la cote [Ms. Ms. 42.023] présente de nombreuses scènes de ce projet en trois actes et en vers, la scène se passe à Thulé. On voit combien les thèmes des derniers projets se mêlent. Certaines scènes des uns seront reprises pour les autres. Tous ont en commun le thème de l'île (Thulé, l'Atlantide...).

Léo

Commencé en 1888 et détruit huit mois plus tard, *Léo* est un drame «italien» comme Suarès l'explique à Romain Rolland dans sa lettre du 6 octobre 1888.

Gismonda

Yves-Alain Favre signale 5 feuillets datés de décembre 1893. Ils sont actuellement classés (par erreur) dans la chemise *Jésus*, [Ms. Ms. 43.039].

Béatrice (1893).

Tragédie en 5 actes et en vers, il en existe deux feuillets dans les documents en attente et un plan dans le cahier n° 28.

Nella Gondi

Il reste quelques feuillets dans les documents en attente.

Saint Loup de Naud

Carnets n° 125 et 183.

Vieux Roi

La pièce se passe aux Baux de Provence (5 feuillets dans les documents en attente).

Rêve de la Vie

C'est une pièce historique sur Inès de Castro[1] (4 feuillets dans les documents en attente).

Penthéo et Dedia

Cahier n° 40.

Paolo et Francesca

On trouvera 12 feuillets dans les documents en attente et dans le carnet n° 87. Il s'agit d'un «drame mystique» selon la lettre à Romain Rolland du 15 octobre 1894.

La Mort de Pâris

Projet de 1891, il est cité dans la lettre inédite à Romain Rolland n° 326, d'octobre 1892.

---

1   Inès de Castro (1320 ?-1355) a servi de modèle pour *La Reine morte* de Montherland.

Oedipe chassé
Quelques éléments dans le carnet n°151 (p. 31, 32).

Orphée
Tragédie antique à la gloire de l'amour et de la musique datée de 1892 ou 1894. Quelques éléments dans le cahier n°24.

Hélène
Il existe un dossier dans les documents en attente et quelques notes dans les cahiers n°39 et 53.

Danaé
Quelques notes dans le carnet n°153.

Thersite ou *Thersite Roi* (1892-1893)
Les cahiers n°20 et 41 en présentent des feuillets et une liste des personnages, tous issus de la mythologie grecque : Ulysse, Agamemnon, Nestor, Ménélas…

Érostrate
André Suarès présente son personnage comme le «possédé de toute révolution sociale.» Il présente son projet comme un «drame idéiste» en 5 actes. Sa rédaction date probablement de 1893. On trouve des extraits dans les cahiers n°20, 29, 30, 31, 48.

Prométhée
De ce drame de l'amour, de l'âme et de la mort, il reste 3 feuillets dans les documents en attente.

Les Héros (1891)
La lettre à Romain Rolland n°264 de novembre 1891 y fait allusion. Il reste quelques pages dans les documents en attente et dans le cahier n°20.

Haël ou *L'Homme* ou *Ego Rex*
Le cahier n°27 présente une liste des personnages. Le projet est dédié à Villiers de L'Isle-Adam.

Nylse

Il ne reste que 4 folios dans les documents en attente.

Le Drame du Taurus

Il s'agit d'une reprise de *Parsifal*. Yves-Alain Favre en fait une description dans sa thèse et parle de 6 folios complets. Nous ne les avons pas retrouvés. Il s'agirait d'un document important pour compléter le corpus des textes wagnériens de Suarès.

Tarpeia

Il en existe deux plans. Celui de 1889 est repris et transformé par le second de 1891. Suarès déclare dans sa correspondance vouloir retravailler ce projet en 1900, 1901. Le carnet n° 151 présente un plan détaillé (p. 28 à 21[1]). Voir aussi le carnet n° 20, pages 119 et 121. La tragédie en 5 actes est consacrée à Bismarck.

Les Pharisiens

On trouve 4 folios dans les documents en attente.

Drame de la Décadence

Il s'agit cette fois d'un sujet moderne, une histoire d'amour entre une Parisienne et un Breton (2 folios dans les documents en attente).

La Déesse

Là encore, Suarès parle d'un sujet « moderne. » Il y travaille en 1891 et on en trouve une ébauche dans les cahiers n° 21, 25 et 49. Il existe aussi un dossier dans les documents en attente. Il souhaitait utiliser des iambes non rimés. Voir à ce sujet la lettre à Romain Rolland n° 393 de 1894.

La Méduse

Un dossier existe dans les documents en attente.

---

1   La pagination de ce carnet est faite à l'envers.

Ventynian

Le dossier [Ms. 1458] contient 4 folios.

Les Vaincus

Le projet date de mai-juin 1892. Quelques feuillets dans les cahiers n°20, 50, 53 et dans les documents en attente. Une note en forme d'«avis» livre le sens de l'œuvre. Suarès voulait écrire un «spectacle de fête populaire». Il se passe dans le siècle prochain et doit être «un spectacle de fête idéale terminé par la Victoire» et «un drame tout humain terminé par la mort». La victoire est dans la naissance d'une humanité digne de Dieu.

Napoléon

Suarès ébauche un plan. Il prévoit trois drames précédés d'un prélude : «la révolution» puis un triptyque : «Bonaparte», «Napoléon», «Sainte-Hélène». Voir le cahier n°20.

Cromwell

Le cahier n°48 contient le plan et une présentation de «l'esprit» du drame. Il devait comporter trente scènes et trois actes. Chaque acte devait être composé de trois tableaux.

Alexandre

Commencé le 7 avril 1894, on trouve quelques éléments dans les cahiers n°20 et 48.

Néron

Il existe deux projets de drame sur ce thème. Voir les cahiers n°25 (portraits d'empereurs) et le cahier n°20 sur Héliogabale. Le cahier n°36 sur César date d'octobre 1893.

Caligula

On en trouve une ébauche dans le cahier n°20. Voir aussi la lettre à Romain Rolland du 13 juin 1892.

Saint Totem
Voir le cahier n° 12.

Les Pavés
Suarès envisage un «spectacle de vengeance», fin 1894 ou 1895. La partie I, «l'ami du peuple» est dans le cahier n° 25. Le cahier n° 44 présente le second volume de la trilogie : «L'homme libre». Le troisième, «La nuit», est dans le cahier n° 33. Une autre esquisse, «Les Spectres» est dans le cahier n° 53.

Yvéril
Commencé en 1888, les lettres à Romain Rolland n° 262 (du 18 novembre 1891), 290 (de mars 1892), 672 (du 7 octobre 1902) y font allusion. On en trouve quelques pages dans les documents en attente, dans le carnet n° 46 (p. 82-85), n° 186 (p. 13-22 et 31-37), dans les cahiers n° 2, 3, 20, 31, 49 et 53. Il devait être découpé en trois parties et trois actes.

Alcibiade
Suarès écrit à son ami Romain Rolland dans la lettre n° 75 du 10 novembre 1891 : «As-tu compris, cher ami, que j'avais écrit plus de cent actes pour Alcibiade ? […]». Comment interpréter cette remarque ? Il existe un dossier dans les documents en attente.

LA LÉGENDE DORÉE (UN PROJET À PART)

La légende idéale
Le plan existe dans les documents en attente. Suarès prévoyait le portrait de douze grands hommes. C'est une sorte de «Vie des Hommes illustres». En fait il s'agit d'un Panthéon personnel : Beethoven, Wagner, Saint François d'Assise, Goethe, Tolstoï. Elle ne figure dans aucune des listes de projets. L'œuvre est dédiée aux enfants.

LES DIALOGUES

Dans le carnet n° 152, Suarès propose de classer ses «dialogues» en trois livres (les *dialogues ombriens*, les *dialogues du Nord*, les *dialogues de l'Île*[1]).

Lucrèce

Cahiers n° 2, 6, 15, 32, 45, 49, 53 et un cahier entier dans les documents en attente.

Hypérion

Suarès examine la condition du poète parmi les hommes. Son isolement est exigé par sa vocation artistique. Hypérion est le prince de l'idéal qui réunit les deux sexes. Le thème de l'androgynie et la réunion de la poésie et de la musique se retrouvent dans le cahier n° 32. Un cahier dans les documents en attente.

Athéna

Il s'agit d'une méditation sur le savoir, passion dévorante et véritable dépravation selon Suarès. L'homme libre doit mettre fin à l'esclavage de la raison. Elle détruit petit à petit toutes les raisons de vivre que le cœur a pu se donner. Des extraits dans le cahier n° 3.

Pampassio

Médiation sur la force. Voir les cahiers n° 2 et 50 ainsi qu'un dossier dans les documents en attente.

H.M.B.

Homme de beauté ou *Hors de moi les Barbares*. Voir les carnets n° 20, 21, 24, 93, 100 et 102. Un dossier complet dans les documents en attente.

---

1   *Cf.* Yves-Alain Favre p. 61. Ce carnet date probablement de 1895.

PROJETS SUR L'ART

P.F.

Les principaux textes disponibles de ce projet au titre mystérieux sont réunis sous le titre trompeur et inexact de *Poésie Française* [Ms. Ms. 43.007]. Voir aussi le cahier n° 53. Il est possible qu'il existe encore des textes dans les documents en attente car ce dossier est encore incomplet.

Léonard

Ce grand projet a été commencé en 1891. Suarès cherche l'union de l'art et de la métaphysique et une forme nouvelle : le récit dramatique. Il rêve d'écrire un « évangile musical ». Dieu est défini, non plus comme le » tout-puissant » ou le « tout-amour », mais comme le « tout-beau ». Il existe un dossier dans les documents en attente et d'autres sont contenus dans les cahiers n° 2 et 35. Selon Yves-Alain Favre, il s'agirait de l'œuvre la plus importante que Suarès méditait.

INDEX DES NOMS DE PERSONNES
ET DE PERSONNAGES

TABLE DES MATIÈRES

CINQUIÈME PARTIE
LES CARNETS

DOCUMENTS ANNEXES

Achevé d'imprimer par Corlet,
Condé-en-Normandie (Calvados),
en octobre 2021
N° d'impression : 173370 - dépôt légal : octobre 2021
Imprimé en France